확실성탐구

확실성탐구

안건훈 지음

서광사

확실성탐구

안건훈 지음

펴 낸 이 김신혁, 이숙
펴 낸 곳 도서출판 서광사
출판등록일 1977. 6. 30.
출판등록번호 제 406-2006-000010 호

주 소 (413-756) 경기도 파주시 교하읍 문발리 534-1
전 화 (031)955-4331
팩 스 (031)955-4336
전자우편 E-mail: phil6161@chol.com
홈페이지 http://www.seokwangsa.co.kr / http://www.seokwangsa.kr

제1판 제1쇄 펴낸날 2008년 11월 10일

ISBN 978-89-306-2416-9 93170

| 머리말 |

본 저서는 철학에서 쟁점이 될 수 있는 사항들을 찾아내어 집중적으로 분석하여 정리한, 논문의 성격을 지닌 내용들의 묶음이다. 이를 위해 필자는 우리가 흔히 일상생활에서 사용하는 몇몇 주요 개념들의 관계를 분석하거나, 과학일반에서 그 기초개념으로 중요시되는 인과성문제를 다루었으며, 인식론이나 윤리학에서 불가피하게 다루어야 할 자유의지에 관한 문제를 거론하여 분석하기도 했다. 이어서 이론, 설명 및 예측의 논리구조를 탐구하여 정리하였으며, 기호논리학이 우리의 생활과 어떻게 관련되어 있는지를 현대에 이르러 우리 생활에 많은 영향을 미치고 있는 전기회로를 예로 들어 다루기도 했다. 아울러 기호논리학을 윤리적인 진술이나 논증에도 적용시키면서 정리하여 보았다. 그뿐만 아니라 우리의 마음이란 도대체 어떤 특성을 지니는지 의식과 관련시키면서 그 관계를 분석하여 보았다.

이 책은 이런 탐구를 위해 다음과 같이 전체 5부로 구성되어 있다. 1부 언어탐구에 속하는 1장과 2장에서는 '언어의 논리적인 분석'에 그 초점을 두었다. 이를 위해 1장에서는 '함축'과 '포함'의 예를 들어, 이 두 개념이 서로 같은 의미가 아님을 논증을 통해 밝혀냈다. 2장에서는 '적어도', '많아도', '정확히'라는 용어가 들어 있는 문장을 분석하여 '적어도'와 '많아도'의 교집합이 '정확히'임을 밝혔다. 1장과 2장에서 다룬 이런 개념들은 일상인들의 언어생활이나 학문의 세계에서, 개념이나 문장들 사이의 관계나 추론관계에서 두루 사용되지만 그 뜻이 자주 혼동을 일으키는 그런 개념들이다. 3장에서는 일상언어 생활에서 나타나는 언어가 지닌 애매성과 모호성이 지닌 특징들을 살펴보면서 해결하는 데 힘썼다.

2부 '인과성탐구' 영역에 속하는 4장에서는 일상언어수준에서 원인을 지적하는 데 사용되는 INUS조건의 특징을 살펴보고, 인과필요조건, 인과충분조건, 인과필요충분조건과의 관계를 규명했다. 5장에서는 인과관계가 대칭적인지 반대칭적인지의 여부를 대비되는 견해를 비교, 서술하면서, 반대칭적인 견해가 주류를 이루게 되는 근거는 주로 그 실용성에 있음을 밝혔다. 이어서 5장에서는 인과관계가 이행적인지의 여부를 알아보기 위해 관계의 특성을 분석하면서, 인과관계는 이행도 반이행도 아닌 비이행관계임을 밝혔다.

3부에서는 '자유의지문제'를 다뤘는데, 이를 위해 7장에서는 자유의지와 결정론의 관계를 양립가능론과 양립불가능론이라는 접근방법을 통해 다뤘다. 아울러 그 각각의 유형도 밝혔다. 8장에서는 자유의지가 도덕적인 책임의 필요조건인지의 여부를 중심으로 다뤘다. 여기서는 특히 양립가능론의 견지에서, 자유의지가 도덕적인 책임을 위한 필요조건이 되어야 함을 이끌어 내는 데 힘썼다. 9장에서는 '자유의지론', '반자유의지론', '결정론', '비결정론'의 관계를 함축과 포함이라는 개념을 통해 정리했다. 그 결과 자유의지론은 비결정론을, 결정론은 반자유의지론을 그 의미에서 각각 함축하며, 비결정론은 자유의지론을, 반자유의지론은 결정론을 외연적으로 각각 포함함을 밝혔다.

4부에서는 '법칙', '이론', '설명'이 지니는 특징에 관해 다루었는데 특히, 과학의 세계에서 펼쳐지는 법칙, 이론, 설명에서 나타나는 어떤 구조를 찾는 데 힘썼다. 이를 위해 10장에서는 법칙이 인과성이나 반사실조건문과는 어떤 관계를 유지하고 있는지를 살폈다. 이어서 11장에서는 이론이 지닌 논리구조를 공리체계를 중심으로 구명하는 한편, 이론의 확대와 정의문제도 시도했다. 12장에서는 과학에서 이루어지는 설명과 예측의 논리구조를 'D-N형설명', 'D-S형설명', 'I-S형설명'을 중심으로 구명하여 나가는 데 힘썼다.

5부 '추리와 응용'에 속하는 13장에서는, 제시된 조건언이 담긴 논증을 예로 들어, 보조전제의 역할을 제거규칙과 도입규칙을 동원하여 밝혔으며, 14장과 15장에서는 기호논리학이 응용되는 분야를 다뤘다. 이를 위해 14장에서는 전류의 세계에서 찾아볼 수 있는 스위치회로를 명제논리를 통해 분석했다. 스위치회로를 논리망과 회로망의 관계를 통해 밝히는 동시에, 선언표준형과 연언표준형도 제시하면서 표준형 사이에는 어떤 관계가 성립하는지도 살폈다. 이어서 15장에서는 의무논리에서 조건문이 지니는 역할을 진술형식과 논증형식을 통해 정리하는 데 힘썼다. 의무, 허용, 금지 등과 같은 용어들로 이루어져 있는 윤리적인 진술이나 논증들이 기호논리를 사용하여 어떻게 분석될 수 있는지를 말이다.

한편, 부록에서는 '마음상태'와 '의식상태'가 동연인지의 여부를 다뤘다. 마음이란 무엇인지를 의식과 관련지으면서 구명하여 나가면서, 마음과 의식은 서로 동연이 아님을 밝혔다. 마음은 의식을 포함하고 의식은 마음을 함축하는 그런 관계를 유지한다는 점이다. 이곳에 제시된 논문은 필자가 영문으로 발표했던 것인데 우리말로 옮겨 제시하려고도 했으나, 이 논문이 이 책에서 난지 부록으로 첨부되는 것이므로 원문 그대로 싣기로 한다.

이 책을 구성하는 논제와 내용들은 그동안 필자가 발표해 온 논문이나 글들 가운데, 특히 필자가 탐구하여 찾아내고자 했던 것들을 중심으로 엮어졌다. 필자가 이러한 탐구를 하게 된 이유는 주어진 논제에 관해 좀더 확실한 답을 얻기 위해서다. 그래서 이 책에서 다루어지는 내용이나 필자의 의도를 전체적으로 아우를 수 있는 적절한 문구로 '확실성탐구'라는 개념을 생각했고, 이를 이 책의 이름으로 정하게 되었다.

물론, 기회가 주어진다면 앞으로도 계속 보완해 나가겠다. 어려운 시기인데도 이 책의 출판을 감당해 주신 서광사 김신혁 사장님, 김찬우 부장님, 그리고 교정을 보아 주신 최민희 씨께 다시 한번 고마움을 전한다.

2008년 8월 15일

안 건 훈

| 차례 |

2부 인과성탐구

3부 자유의지문제

4부 법칙, 이론, 설명

1부
언어탐구

사고와 언어의 관계는 내용과 형식의 관계처럼 서로 불가분의 관계를 지닌다. 정확한 사고활동을 위해서는 그에 상응하는 언어사용이 필요하다. 언어의 논리적인 분석이 필요한 것도 이 때문이다. 혼동되기 쉬운 개념으로서 '함축'과 '포함'의 예를 들어 보자. 이 두 개념은 같은 개념인가, 아닌가? '적어도', '많아도', '정확히'라는 개념은 서로 어떤 관계인가? 이런 개념들은 일상인들의 언어생활이나 학문의 세계에서, 개념이나 문장들 사이의 관계나 추론관계에서 두루 사용되지만 그 뜻이 자주 혼동을 일으키는 그런 개념들이다.

일상언어 생활에서는 애매성과 모호성을 지닌 표현을 흔히 사용하는 경우가 있다. 사고활동의 유한성이나 부정확성으로 말미암아 잘못된 언어사용으로 그런 언어현상이 나타난다. 잘못된 언어사용은 큰 오해를 야기하기도 한다. 그렇다면, 애매성과 모호성이 지닌 각각의 특징은 무엇인가? 애매성을 제거한다는 것과 모호성을 감소시킨다는 것의 차이점은 무엇인가?

1장 '함축'과 '포함': 같은가, 다른가?*

1. 문제의 제기

철학적인 탐구가 지니는 중요한 하나의 일은 주어진 개념이 무엇을 뜻하는지 명확하게 밝히는 일이다. 우리가 사용하는 개념들 가운데는 사용 빈도수가 높으면서 주어진 문맥에서 중요한 몫을 담당하는 것들이 있다. 그런데 아쉬운 점은, 이런 개념들 가운데 어떤 것들은 그 뜻이 서로 잘못 혼동되어 사용된다는 점이다. 본 논문에서 다루려는 '함축'(implication)과 '포함'(inclusion)이라는 두 개념들의 경우도 그렇다. 이 두 개념들은 서로 밀접하게 관련되어 있지만 잘못 사용되기도 한다. 일상언어가 흔히 지니는 문제점인 애매성(ambiguity)과 모호성(vagueness) 가운데 특히 애매성과 관련되어 있다. 개념들이 잘못 선택되거나 사용되어, 문맥의 흐름이 흐트러지거나 잘못된 지식으로 이어진다면 이것 또한 큰 문제이다. 그러므로 애매성을 지닌 개념들은 그 애매성을 제거(elimination)할 필요가 있다. 그렇다면 이 두 개념

* 이 논문은 2004년도 강원대학교 학술진흥재단의 기성회연구비를 지원받아 연구되었다. 이 논문은 16회 전국철학자 연합대회 때, 서양철학 자유주제분야에서 발표된 논문인 「함축과 포함」의 내용을 수정, 보완한 것으로, 대한철학회(2005)에서 발행하는 『철학연구』 95집에 게재된 논문이다.

들이 지니는 의미는 각각 어떠하며, 그것들 사이에 이루어지는 관계들은 어떤 것일까? 각 개념들이 지닌 의미를 밝히고, 더불어 두 개념들 사이의 관계는 어떤지를 관련된 구체적인 문장들이나 개념들을 제시, 분석하면서 밝혀 보기로 한다. 아울러 관계논리를 통해서도 그 관계를 규명해 보기로 한다.

2. 함축과 포함의 특징

함축이라는 개념이 들어 있는 진술들을 살펴보면, 그 개념은 문장들 사이의 관계에서뿐만 아니라, 추론관계를 말할 때도 사용됨을 알 수 있다.[1)] 우선, 문장들 사이에서 사용되는 경우를 살펴보면, '문장 Φ가 문장 Ψ를 논리적으로 함축한다' 함은, Φ가 참이면 Ψ가 거짓이 되는 일이 없을 때이다. 다시 말해 Φ가 참이면 그에 따라 Ψ도 필연적으로 참이 될 때이다. 'Φ는 Ψ를 함축한다' 라는 말은 'Φ에서 Ψ가 추론

1) 경우에 따라서는 함축과 필연적 수반(entailment)이 동의어로 사용되는 경우도 있다. 이 경우는, D. Gabbay와 F. Guenthner(1986)가 엮은 *Handbook of philosophical logic*의 3권에서 J. Michael Dunn이 쓴 Relevance logic and entailment라는 논문, J. Hintikka(1969)가 지은 *Models for modalities*, A.E. Blumberg(1976)가 지은 *Logic*, S. Gorovitz, M. Hintikka, D. Provence, R.G. William(1979)이 함께 지은 *Philosophical analysis*라는 책 등에도 나타나 있다. J. Hintikka(1969)는 그의 책에서 '필연적 수반의 역설' (paradoxes of entailment)과 '함축의 역설' 을 서로 같은 것으로 서술하고 있으며(201), Blumberg(1976)는 주어진 논증에서 결론이 그 전제로부터 연역될 수 있거나 그 전제의 논리적인 귀결이 될 때, 전제는 그 결론을 필연적으로 수반하거나 논리적으로 함축한다고 함으로써, 함축과 필연적 수반을 동일시한다(10). *Philosophical analysis*에서도 함축과 필연적 수반은 서로 거의 동의어로 서술되어 있다(66). 물론, 그러나 이와는 다른 견해도 있을 수 있으므로, 필자는 본 논문에서 오직 함축에 국한하여, 그 특성을 밝힌다.

된다' 라는 말과 같은 뜻으로도 사용된다. 불룸버그(A.E. Blumberg)에 따르면, " '문장 A가 문장 B를 논리적으로 함축한다' 는 것은 B가 A의 논리적인 결과임을 뜻하며, A와 B를 전건(antecedent)과 후건(consequent)으로 각각 삼아 '만일 A이면 B이다' 라는 조건언을 구성하게 되면, 그 조건언이 논리적으로 참이 됨을 뜻한다"(1976: 111). A, B라는 두 문장을 'A → B' 라는 하나의 명제형식으로 재구성했을 경우, 그 명제형식이 논리적으로 참이면 A는 B를 함축한다는 점이다. 이처럼 '함축한다' 라는 말은 문장들 사이의 관계를 나타내는 것으로 다루어진다(Gorovitz, Hintikka, Provence, & William, 1979: 27). 이런 함축명제들이 지닌 공통된 특징은 그 전건이 참이고 후건이 거짓이면 그 명제는 거짓으로 간주된다는 것이다(Allwood, Andersson, & Dahl, 1979: 16).

그러므로 'S_1 : $\Phi \leftrightarrow \Psi$', '$S_2$: $\Phi \rightarrow \Psi$' 이라는 구문론적인 명제형식을 지닌 두 복합명제의 경우, S_1은 S_2를 함축한다. 다시 말해, S_1이 참일 때는 S_2도 필연적으로 참이므로, S_1은 S_2를 함축한다. 이것에 관한 증명은 S_1, S_2의 구문론적인 구조에 대응하는 의미론적인 해석인 진리표로 분명하게 나타내진다. 물론, 진리수 방법으로는 S_2의 부정과 S_1이 함께 이루는 진리수가지마다 모두 닫혀 있는 경우에 S_1은 S_2를 함축한다.

다음에는 전제와 결론으로 이루어진 논증에서 함축이라는 개념이 사용되는 경우를 살펴보자. 제프리(Richard C. Jeffrey)에 따르면, '전제가 결론을 함축한다' 함은 전제들이 참일 때 결론이 거짓이 되는 경우가 전혀 없다는 뜻이다(1967: 59-60). 그러므로 '$\Phi \rightarrow \Psi$' 와 '$\Phi \vee \Psi$' 라는 명제형식이 전제를, Ψ라는 명제형식이 결론을 이루는 논증의 경우는 전제가 참일 때는 결론도 필연적으로 참이므로, 전제는 결론을 논리적으로 함축한다. 다시 말해 진리표에서는 논증의 전제가 참일 때 결론도 예외 없이 참이므로, 주어진 논증에서 결론에 대한 전제의 관계는 함축에 관한 정의에 들어맞는다.[2)]

이제까지의 논의에서 분명해진 것은, 문장들 사이에서 어떤 문장이 다른 문장을 함축한다는 것과, 논증에서 전제가 결론을 함축한다는 것에는 공통점이 있다는 점이다. 어떤 문장이나 전제가 참일 경우에는, 다른 문장이나 결론도 필연적으로 참일 수밖에 없기 때문이다. 함축은 논증에서도 문장들 사이의 관계에서도 모두 사용되지만, 문장들 사이에서 더 많이 사용되는 경향이 있다. 그래서 고로비츠(Samuel Gorovitz)의 경우는 함축이란 문장들로 이루어진 두 집합 사이의 관계에서 주로 사용되는 것으로 간주하면서, "'모든 아테네 사람들은 슬기로우며 캘리어스(Callias)는 아테네 사람이다'라는 표현은, '캘리어스는 슬기롭다'라는 표현을 함축한다"(1979: 65)라고 간주하고, 그 관계를 규정짓는다.

한편, 포함이라는 개념은 주로 집합과 관련되어 있다. 포함이라는 개념은 크게 외연적인 포함과 내포적인 포함으로 나뉠 수 있다. 이런 두 가지 유형의 포함을 '참새'와 '새'의 관계를 예로 들어 살펴보기로

2) 다음의 논증 — $\Phi \rightarrow \Psi$. $\Phi \vee \Psi$. / $\therefore \Psi$ — 을 살펴보면, 1행과 3행에서 드러나듯이 전제가 참인 경우에는 결론도 필연적으로 참이 된다.

Φ	Ψ	$\Phi \rightarrow \Psi$	$\Phi \vee \Psi$	Ψ
T	T	T	T	T
T	F	F	T	F
F	T	T	T	T
F	F	T	F	F

한다.

우선, 외연적인 포함에 근거하여 살펴보면, 참새라는 개념이 지시하는 대상들로 이루어진 집합은 새라는 개념이 지시하는 대상들로 이루어진 집합 속에 포함된다. 좀더 일반적인 개념 속에 좀더 상세화, 구체화된 개념이 지칭하는 것이 포함된다는 점이다. 그러나 내포라는 측면에서 살펴보면 상황이 다르다. 내포와 관련된 포함에 근거하여 살펴보면, 참새라는 의미는 새를 정의하는 데 사용된 모든 속성들을 포함할 뿐만 아니라 참새에게만 적용되는 속성들도 지닌다. 그러므로 참새에 관한 정의 속에 새에 관한 정의가 포함된다(Asher & Simpson, 1994, vol. 3: 1625). 요컨대, 개념들 사이에 형성되는 포함관계에서 외연과 내포는 그 방향이 정반대라는 점이다.

이제까지 함축과 포함이라는 개념들이 지닌 각각의 특징들을 살펴보았다. 그렇다면 이런 특징들 이외에, 이 두 개념들은 어떤 관계들을 지니는가? 구체적인 문장들이나 표현들을 예로서 제시하면서 그 관계를 밝혀 보기로 한다.

3. 함축과 포함의 관계

함축과 포함의 관계는 논리적으로 다음과 같은 4가지 측면에서 논의될 수 있다. 논의의 편의상 여기서는 주로 문장들 사이의 관계를 중심으로 살펴보기로 한다. 물론, 필요한 경우에는 개념들 사이의 관계도 부분적으로 제시하면서 말이다.

첫째, 어떤 문장이 다른 문장을 포함할 뿐만 아니라 함축하기도 하는 경우이다. '모든 사람은 어떠한 사람도 사랑한다(S_3)' 와 '모든 사람은 어떠한 사람의 사랑도 받는다(S_4)' 라는 한량논리(限量論理)에 속하는 두 문장이 그런 경우에 속한다. 우선, S_3와 S_4가 각각 지시하는 세계는 집합의 세계에서 서로 등가개념(等價概念)이며 동연(同延. coextension)이므로 전자는 후자를 포함한다. 그렇다면 전자는 후자를 함축도 하는가? 앞에서 이미 밝힌 바 있는 함축에 관한 개념규정에 따라 아래와 같이 검증하여 보기로 한다.

〈식 1〉

Rxy : X라는 사람은 Y라는 사람을 사랑한다.

S_3 : (x)(y)Rxy

S_4 : (x)(y)Ryx

1. (x)(y)Rxy
2. (x)(y)Ryx
3. ~(x)(y)Ryx ✓
4. (∃x)(∃y)~Ryx ***a***
5. (∃y)~Rya ***b***
6. ~Rba
7. (x)(y)Rxy ***b***
8. (y)Rby ***a***
9. Rba

×

위의 진리수에서 알 수 있듯이, S_4의 부정은 S_3와 모순을 일으킨다. 따라서 S_3는 S_4를 함축한다. S_3와 S_4를 각각 전건과 후건으로 하여 하나의 조건언을 구성했을 때, '$(x)(y)Rxy \rightarrow (x)(y)Ryx$' 라는 명제형식은 논리적으로 참인 것으로 드러나기 때문이다. 이렇게 해서, '모든 사람은 어떠한 사람도 사랑한다' 와 '모든 사람은 어떠한 사람의 사랑도 받는다' 라는 두 문장의 관계는, 전자가 후자를 포함할 뿐만 아니라 함축도 한다. S_3와 S_4가 지칭하는 집합의 세계는, 우리의 머릿속에 그려진 상상의 세계에서뿐만 아니라 계산을 통해서도, 포함관계에서나 함축관계에서나 서로 같음이 증명되기 때문이다.

둘째, 어떤 문장이 다른 문장을 포함하지만 함축하지는 못하는 경우를 생각할 수 있다. 한량논리에서 다루는 '대당의 정방형(the square of opposition)' 을 예로 들어 살펴보자. 대당의 정방형에서 대소대당관계에 있는 명제들이 이에 해당한다. 예컨대, '모든 사람은 동물이다' (S_5)라는 문장과 '약간의 사람은 동물이다' (S_6)라는 문장에서, S_5는 S_6를 포함하지만 함축하지는 못한다. 그래서 대당의 정방형에서 대소대당의 특징을 말할 때, 'S_5가 참이면 S_6도 필연적으로 참이다' 라는 표현은 S_5의 외연과 S_6의 외연관계에서 논의될 때이지 내포관계에서 논의될 때 나타나는 특징이 아니다. 이를 구별하지 못하고 사용할 경우는, 그 문장이 지닌 애매성을 제거하지 못한 채 사용하기 때문에 언어 사용의 혼란을 야기하는 길로 접어들기 쉽다.

이런 특징은 주어진 개념들이 지시하는 대상들로 이루어진 집합인 외연들 사이의 관계에서 잘 드러난다. 예를 들어 '모든 동물은 생물이다' 와 '모든 사람은 생물이다' 라는 두 문장의 관계에서 각 문장들 속에 들어 있는 '동물' 과 '사람' 이라는 개념을 살펴보면, 동물이라는 개념이 지시하는 대상들로 이루어진 집합은 사람이 지시하는 대상들로 이루어진 집합을 포함하는 반면에, 사람이라는 개념이 지니는 의미는 동물의 의미를 함축한다. 개념들의 외연들 사이에 이루어지는 포함관계는 논리적인 도형에서도 쉽게 드러난다. 사람과 동물이라는 두 개념의 경우, 모든 사람은 동물이지만 그 역은 성립되지 않는다. 외연으로 보면 동물이 사람을 포함하지 사람이 동물을 포함하지는 않는다.

그러나 내포 — 개념이 지시하는 대상들이 공통으로 지니는 특성들로 이루어진 집합 — 라는 관점에서 본다면, 사람에 관한 정의 속에 동물에 관한 정의가 포함되어, 사람이라는 개념은 동물이라는 개념이 지니는 모든 뜻을 지니므로, 전자는 후자를 함축하게 된다. 함축관계는 주어진 개념들 사이에 이루어지는 외연들의 관계가 아니라 내포들의 관계에서 그 특징이 잘 드러난다. 동물이 공통으로 지니고 있는 특징을 '스스로 움직이며 살아가는 생물'(a)이라 한다면, 사람은 '스스로 움직이며 살아가는 생물'(a)이면서 또한 '사고하는 능력을 지닌 생물'(b)이다. 동물은 'a'라는 특성을 지니고 있지만 사람은 'a & b'라는 특징을 지닌다. 이 경우에 'a & b'가 참이면 'a'도 참이다. 그러나 그 역은 성립하지 않는다. 이처럼 사람과 동물에 관한 각각의 내포적인 정의에서는, 사람에 관한 정의가 동물에 관한 정의를 포함하면서 또한 함축하지만, 그 외연에서는 동물이 사람을 포함한다. 그 의미로 보면 사람이 동물을 포함하지만, 외연에서 보면 동물이 사람을 포함한다는 점이다.

요컨대, 외연에서는 좀 더 유(類)적이며 일반적인 상위개념이 지시하는 것이 좀 더 종(種)적이며 구체적인 하위개념이 지시하는 것을 포함한다. 반면에, 내포에서는 좀 더 상세화되고 구체적인 것에 관한 정의 속에 좀 더 일반적인 것에 관한 정의가 포함된다(Asher & Simpson: 1625). 유개념은 종개념에 비해 외연이 넓게 마련이지만, 내포의 양으로 본다면 정반대이다.

셋째, 어떤 문장이 다른 문장을 함축하지만 포함하지는 못하는 경우를 들 수 있다. 예컨대, 'A'와 'B ∨ ~B'라는 두 명제형식의 관계가 그것이다. 전자는 후자를 논리적으로 함축하지만 포함하지는 못한다. 곧, 'A'가 참일 때 'B ∨ ~B'도 예외 없이 참이므로 전자는 후자를 논리적으로 함축한다. 그 증명은 진리표, 진리수, 대입을 통한 추론방법 등 어떤 논리적인 방법으로도 필연적으로 이루어진다. 그러나 전자와 후자의 구성원들에는 서로 공통된 부분이 없으므로 그들 사이에는 어떠한 포함관계도 성립되지 않는다. 물론, 후자는 전자를 함축하지도 포함하지도 못한다.

이와는 달리 어떤 문장이 다른 문장을 함축하면, 후자 속에 있는 어떤 표현의 외연이 전자 속에 있는 대비되는 표현의 외연을 포함하는 경우는 있다. 예컨대, 'P가 Q를 살해했다'라는 명제는 'Q는 죽었다'라는 명제를 함축한다. 마찬가지로 '나는 어떤 소년을 보았다'는 '나는 어떤 사람을 보았다'를, '그의 연설은 나를 몹시 당혹케 했다'는 '그의 연설은 나를 당혹케 했다'를 각각 함축한다.

그런데, 위의 문장들 사이에 대비되는 표현들에서 나타나는 포함관계를 살펴보면, 함축되는 문장들 속에 있는 표현들인 '죽었다', '사람', '당혹케 했다'는 '살해당했다', '소년', '몹시 당혹케 했다'를 각각 외연적으로 포함한다. 이처럼 어느 문장이 다른 문장을 함축하면, 후자 속에 있는 표현은 전자 속에 있는 대비되는 표현을 포함하는 경우가 있다.

이런 특징들은 관계논리를 통해서도 뚜렷이 드러난다. '…는 …를 함축한다'라는 관계술어는 이행관계(transitive relation)[3)]를 지닌다. 예컨대, '어떤 여자 어린이가 학교로 뛰어 갔다(p)'라는 문장은 '어떤 어린이가 학교로 뛰어 갔다(q)'라는 문장을, '어떤 어린이가 학교로 뛰어 갔다'라는 문장은 '어떤 사람이 학교로 뛰어 갔다(r)'라는 문장을 각각 함축한다. 이 경우에 '어떤 여자 어린이가 학교로 뛰어 갔다'라는 문장은 '어떤 사람이 학교로 뛰어 갔다'라는 문장을 함축하게 되어, '(pRq & qRr) → pRr'이라는 이행관계가 성립한다.

한편, 앞의 문장들 속에 있는 대비되는 표현들 사이에 형성되는 외연적인 포함관계라는 측면에서 본다면, 사람(a)은 어린이(b)를, 어린이는 여자 어린이(c)를 각각 외연적으로 포함하므로, 사람은 여자 어린이를 포함하게 된다. 'x는 y를 외연적으로 포함한다'를 'xIy'로써 나타낸다면, '(aIb & bIc) → aIc'라는 이행관계가 성립된다. 이처럼 문장들 사이에 나타나는 함축관계와, 그런 문장들 사이에 대비되는 표현들 사이에 나타나는 포함관계는 이행관계라는 측면에서 본다면 그 방향이 서로 정반대이다.

넷째, 한 문장이 다른 문장을 함축하지도 포함하지도 않는 경우를 생각할 수 있다. 예컨대, '모든 사람은 어떤 사람을 사랑한다'와, '모든 사람은 어떤 사람의 사랑을 받는다'라는 두 문장에서 전자와 후자의 관계가 그것이다. 편의상, 'X라는 사람은 Y라는 사람을 사랑한다'를 양항관계를 드러내는 'Rxy'로 나타내면, 위의 두 문장들은 '(x)(∃y)Rxy', '(x)(∃y)Ryx'라는 관계술어를 지닌 명제형식으로 각각 나타내진다. 진리수방법을 통해 전자가 후자를 함축하는지 우선 검증하여 보기로 한다.

---

3) 예컨대, 'xRy'를 'x는 y를 함축한다'라는 문장을 나타내는 기호라고 한다면, 모든 x, y, z에서, 만일 x가 y에 대해 그리고 y는 z에 대해 R이라는 관계를 지니면, x도 z에 대해 그런 관계를 지니게 된다는 점이다. 곧, '(x)(y)(z)[(xRy & yRz) → xRz]'라는 명제형식이 성립된다.

〈식 2〉

S_7: (x)(∃y)Rxy

S_8: (x)(∃y)Ryx

1. ~(x)(∃y)Ryx ✓
2. (∃x)(y)~Ryx *a*
3. (y)~Rya ✓
4. (x)(∃y)Rxy *a*
5. (∃y)Ray *b*
6. Rab
7. (y)~Rya *b*
8. ~Rba

○

〈식 2〉에 나타나 있듯이 S_7은 S_8를 함축하지 못한다. 물론, S_8도 S_7을 함축하지 못한다. 각각의 외연이나 의미가 다르므로 서로 어떠한 포함관계도 성립될 수 없다.

이제까지 함축이라는 개념과 포함이라는 개념 사이에 성립하는 네 가지 논리적인 결합가능성과 그 각각에 대응하는 사실적인 확인을 시도해 보았다. 물론, 포함은 주로 두 개념이나 문장 사이의 집합관계를 나타내기 위해 사용되며, 함축은 두 문장이나 논증에서 사용되는 경향이 있기는 하다. 여하튼 이제까지 밝힌 이런 결과들을 통해 우리가 알 수 있는 것은, 함축과 포함이라는 두 개념은 앞의 분석과 예들에서는 첫째 경우를 제외하고는 서로 동연이 아니라는 점이다. 물론, 의미도 다르다.

4. 서로 포함하거나 함축하는 경우

나아가서 포함과 함축의 관계를 밝히려 할 경우에는 앞에서 제시한 4가지 측면 이외에도 서로 포함하는 경우나 함축하는 경우들도 생각할 수 있다. 물론, 이런 경우들은 아주 특별한 경우들에 해당한다.

우선, 서로 포함하는 경우로서는 집합 'A = {0, 1}'과, 'B = {1, 0}'이라는 두 집합을 각각 들 수 있다. 이 경우 두 집합들은 'A = B'이 되어, 'A ⊆ B'와 'B ⊆ A'이 된다.

서로 함축하는 경우로서는 앞에서 세시한 바 있는 '모든 사람은 어떠한 사람도 사랑한다'(S_3)와 '모든 사람은 어떠한 사람의 사랑도 받는다'(S_4)라는 두 문장의 관계나, '철수와 영수는 서로 쌍둥이다'(S_9)와 '영수와 철수는 서로 쌍둥이다'(S_{10})라는 두 문장의 관계에서 찾아볼 수 있다. S_3와 S_4의 관계에서나 S_9과 S_{10}의 관계에서, 각각의 두 문장들은 서로 함축하는 처지에 있다. 두 문장이 서로 함축한다는 말의 의미는 그 가운데 어느 하나가 참이면 다른 하나도 반드시 참이 된다는 뜻이다.

그래서 위에서 제시한 S_3와 S_4, 그리고 S_9와 S_{10}은 각각 서로 의역(意譯, paraphrase)이 가능하다. 일자와 타자 사이에 서로 의역이 되는 경우는 서로 함축하게 마련이다. 그래서 두 문장이 서로 함축한다는 것과, 두 문장이 서로 의역된다는 것은 두 문장이 서로 필요충분조건인 상태에 있음을 뜻한다(Hurford & Heasley, 1983: 108). 두 문장이 서로 함축한다는 말은 그 가운데 어느 하나가 참이면 다른 하나도 반드시 참이 된다는 말이나. 위에서 세시한 '모든 사람은 어떠한 사람도 사랑한다'는 '모든 사람은 어떠한 사람의 사랑도 받는다'를, '철수와 영수는 서로 쌍둥이다'는 '영수와 철수는 서로 쌍둥이다'를 각각 서로 함축하며, 상대방의 의역이 되는 경우들이다. 이처럼 의역이라는 것은 일자와 타자 사이에 이루어지는 대칭적인 함축(symmetrical implication)을 가리킨다. 두 문장이 서로 함축하고 의역이 된다는 것은 두 문장 사이에 서로 필요충분조건이 성립됨을 뜻하며, 이런 경우는 서로 동연관계도 성립된다. S_3와 S_4, S_9과 S_{10}이 바로 그런 관계에 있는 경우들이다.

한편, 일방적인 포함이나 함축의 예로서는 '적어도', '많아도' 와 '정확히' 라는 용어가 들어 있는 문장들 사이의 관계에서 찾아볼 수 있다. '적어도' 라는 용어가 들어 있는 문장과, '많아도' 라는 용어가 들어 있는 문장을 연언결합사로 결합한 것은, '정확히' 라는 용어가 들어 있는 문장을 포함이나 함축한다는 점이다. 그러나 '정확히' 라는 용어가 들어 있는 문장이 있기만 하면, 그것이 '적어도' 와 '많아도' 라는 용어가 각각 들어 있는 문장들의 연언적 결합을 포함하거나 함축한다고 할 수 없다. 이런 사실에 관한 증명은 교집합(交集合)의 경우를 들어 논증하여도 된다. '정확히 2' 인 것으로만 되어 있는 집합을 {2}라고 할 경우, {2}는 '{적어도 2} ∩ {2}', '{많아도 2} ∩ {2}' 등으로도 나타낼 수 있기 때문이다. 그러므로 '정확히' 라는 용어가 들어 있는 문장과, '적어도' 와 '많아도' 라는 용어가 각각 들어 있는 문장들의 연언결합은 서로 필요충분조건이지도 않다(안건훈, 1990: 227).

5. 요약 및 결론

함축이라는 말은 문장들 사이의 관계에서도 추론에서도 모두 사용된다. 그래서 'A라는 문장이 B라는 문장을 함축한다' 는 말은, A와 B

를 조건언의 전건과 후건으로 각각 삼으면, 그 조건언이 논리적으로 참이 됨을 뜻한다. 추론에서는 논증을 구성하는 전제들이 참일 때 결론이 거짓이 되는 경우가 없을 때이다. 물론, 함축은 일상언어에서는 '넌지시 비친다'는 뜻도 있기는 하나, 필자는 본 논문에서 그 의미를 일상언어수준까지 확대시키지 않고, 가능한 한 순수 논리학적인 의미로 한정하여 사용했다. 정형정식(well formed formula; wff)의 형태로 기호화하고 계산도 가하였다.

한편, 포함이라는 개념은 함축과 서로 병행하면서 사용되는 경우도 있지만, 그렇지 않은 경우도 있다. 어떤 문장이 다른 문장을 외연적으로 포함하면서 그 의미에서도 함축하는 경우가 있는가 하면, 다른 문장을 외연적으로 포함하지만 함축하지 못하는 경우도 있다. 전자의 경우는 일자와 타자가 서로 외연적으로 동연일 때 나타나며, 후자의 경우는 일자가 타자를 일방적, 외연적으로 포함할 때만 나타난다. 주어진 두 개념에서는, 어떤 개념이 다른 개념을 외연적으로 포함하는 경우, 후자는 전자를 내포적으로 포함할 수밖에 없다. 그런데 이런 경우는 후자가 그 외연으로 보아 전자의 부분집합인 경우에 한해서이다. 경우에 따라서는 어떤 문장이 다른 문장을 함축하지만 포함하지는 못하는 경우도 있고, 함축관계도 포함관계도 성립되지 못하는 경우도 있다. 본 논문을 통해, 포함이라는 개념은 함축과는 그 특징이 상당히 다른 것으로 밝혀졌다. 서로 포함하는 경우는 두 집합에서 집합원들이 서로 같을 때이며, 서로 함축하는 경우는 두 문장이 서로 의역이 될 때 나타난다.

관계논리를 통해 살펴보면, 함축과 포함은 각각 이행관계가 성립된다. 그러나 주어진 개념들의 경우, 외연적으로 이루어지는 이행관계의 방향과 내포적으로 이루어지는 이행관계의 방향은 서로 반대방향을 이룬다. 문장들 사이에서 이루어지는 함축관계와 그런 문장들 속에 있는 대비되는 개념들 사이에서 이루어지는 포함관계도 이행관계라는 측면에서 본다면 서로 반대방향을 이룬다. 한편, 서로 의역되는 문장들 사이에는 대칭관계를 이룬다. 의역은 그 표현들 사이의 관계로 보면, 서로 대칭관계를 이루는 함축이다.

요컨대, 필자는 본 논문에서 함축과 포함의 의미를 문헌 연구를 통해 규정하고, 이어서 포함과 함축의 관계를 네 가지 경우들 — '어떤 한 표현이 다른 표현을 포함하면서 함축하는 경우', '포함하지만 함축하지 못하는 경우', '함축하지만 포함하지 못하는 경우', '함축도 포함도 하지 못하는 경우' — 을 예로 들면서 각각 밝혔다. 나아가서 서로 포함하는 경우나 함축하는 경우도 살펴보았다. 이런 각 경우는 예로 택해진 표현이 지시하는 외연이나 뜻하는 내포에 따라 결정된다. 여하튼, 포함이라는 개념은 함축과는 그 특성이 여러 면에서 다르다. 한편, 함축과 포함은 관계논리를 통해 그 특성들을 나타내기도 한다. 문장의 경우, 서로 의역되는 문장들 사이에는 대칭관계가 형성된다. 반면에 개념의 경우에는, 그 외연과 내포에서 이루어지는 이행관계의 방향은 각각 서로 반대이다.

2장 '적어도', '많아도', 그리고 '정확히'의 관계*

1. 머리말

우리가 사용하는 문장들 가운데는 '적어도', '이상(以上)', '많아도', '이하(以下)', '기껏해야', '정확히', '단지' 등과 같은 용어들이 문장들 속에 들어 있어, 그 문장이 지니는 특징이 강조되는 경우가 있다. 필자는 이러한 용어들이 들어 있는 문장들 가운데 '적어도(at least)', '많아도(at most)', 그리고 '정확히(exactly)'라는 용어들이 들어 있는 문장들을 선택하여 기호화하고 분석함으로써, 이러한 문장들의 특징뿐만 아니라 문장들 사이의 관계를 좀 더 분명히 밝히려고 한다. 특히, 이런 용어들이 들어 있는 문장들을 택한 이유는 이런 용어들은 앞에서 제시된 '이상', '이하', '기껏해야', '단지' 등과도 각각 관련을 맺고 있으므로, 이런 용어들의 특징이나 그 관계가 해명되면 이와 관련된 다른 용어들의 특징이나 관계도 상당히 해명될 수 있기 때문이다. 그리고 위의 용어들은 수(數. number)를 나타내는 문장들의 특징을 나타내기 위하여, 또는 한정기술(限定記述. definite description)[4]의 논리구조를 밝히기 위하여, 논의의 대상이 되곤 하기

* 이 글(1990)은 한국철학회에서 발행하는 『철학』 33집에 게재된 논문임을 밝힌다.

때문이다. 특히 이런 문장들 사이의 관계에 관한 기존의 연구들이 미흡하였으며, 문장들 사이의 관계에 관한 부분적인 주장조차도 그러한 주장의 논거를 밝히는 논증과정이 결여되어 있었기 때문이다.

다행히 이런 문장들은 기호화될 수 있는 ― 특히, 동일성기호를 사용하여 기호화될 수 있는 ― 것들이다. 필자는 이런 문장들에 관한 논의를 수를 나타내는 문장들에 국한시켜 그 논리적인 특징을 살펴보려 한다. 아울러 문장들 사이에 이루어질 수 있는 관계에서 특이한 점 ― 예컨대 '적어도 2'와 '많아도 2'는 결국 '정확히 2'를 함축한다는 사실 ― 을 구체적인 몇 가지 논증방법을 통하여 증명하려 한다.

2. 동일성기호를 사용한 기호화

문장들 가운데는 동일성을 명시적(明示的. explicit)으로는 드러내고 있지 않으나 암시적(暗示的. implicit)으로는 지니고 있어, 동일성기호를 사용하여 기호화할 수 있는 경우가 있다. '적어도', '많아도', '정확히'라는 용어가 들어 있는 문장들도 그러한 경우에 속한다고 하겠다. 물론, 동일논리는 둘 이상의 대상들로 이루어지는 관계논리의 한 형태이다. 관계논리는 관계술어를 통해 나타내지는데, 관계술어는 일반적으로 둘 이상의 대상들이 특정한 상황 속에서 서로 지니는 특성을 드러낸다. 관계술어 가운데서도 동일논리를 나타내는 동일성기호는 언제, 어디서나 둘 이상의 대상이 동일함을 드러낸다.

---

4) 한정기술과 관련된 논의는 Bertrand Russell(1905)의 논문인 On denoting, P.F. Strawson(1950)의 논문인 On referring, W.V.O. Quine(1948)의 논문인 On what there is 등에서 찾아볼 수 있다.

그렇다면 우선, '적어도'라는 용어가 담긴 문장을 동일성기호를 사용하여 나타내보자. 예컨대, '적어도 하나의 P가 있다'라는 문장과, '적어도 P가 둘이 있다'라는 문장에서처럼 P에 관한 문장들이 있다고 할 경우, 이런 문장들에 관한 기호화는 각각 아래와 같이 나타내질 수 있다.

Px : X는 P이다.

$(\exists x)Px$

$(\exists x)(\exists y)[Px \& Py \& (x \neq y)]$

앞에서 제시한 문장들에 관한 기호화방법에 근거하여, '적어도 P가 n이 있다'라는 문장은 아래와 같이 기호화될 수 있다.

$(\exists x_1)(\exists x_2) \cdots (\exists x_{n-1})(\exists x_n)[Px_1 \& Px_2 \& \cdots \& Px_{n-1} \& Px_n \& (x_1 \neq x_2) \& (x_1 \neq x_3) \& \cdots \& (x_1 \neq x_n) \& (x_2 \neq x_3) \& \cdots \& (x_2 \neq x_n) \& \cdots \& (x_{n-1} \neq x_n)]$

곧, '적어도'라는 용어가 들어 있는 문장의 경우는 그 문장에 나타나 있는 수와 대응하는 똑같은 개수의 서로 다른 변항(變項, variable)들을 제시하고, 그런 변항들이 서로 같지 않음을 보여줌으로써 그것의 논리구조를 밝혔다.

다음에는, '많아도'라는 용어가 담긴 문장을 동일성기호를 사용하여 나타내 보기로 한다. 예컨대, '많아도 P는 하나이다'라는 문장과, '많아도 P는 둘이다'라는 P에 관한 문장들이 있다고 하자. 그렇다면 이런 문장들은 아래와 같이 각각 기호화될 수 있다.

Px: x는 P이다.

$(x)(y)[(Px \& Py) \rightarrow (x = y)]$

$(x)(y)(z)[(Px \& Py \& Pz) \rightarrow \{(x = y) \vee (x = z) \vee (y = z)\}]$

마찬가지 방법으로 '많아도 P는 n이다' 라는 문장은 아래와 같이 기호화될 수 있다.

$(x_1)(x_2) \cdots (x_n)(x_{n+1})[(Px_1 \& Px_2 \& \cdots \& Px_n \& Px_{n+1}) \rightarrow \{(x_1 = x_2) \vee (x_1 = x_3) \vee \cdots \vee (x_1 = x_{n+1}) \vee (x_2 = x_3) \vee (x_2 = x_4) \vee \cdots \vee (x_2 = x_{n+1}) \vee \cdots \vee (x_n = x_{n+1})\}]$

이처럼 '많아도' 라는 용어가 들어 있는 문장의 경우는 그 문장에서 제시된 수보다 하나 더 많은 서로 다른 변항들을 제시하고, 그 가운데 서로 다른 두 변항들을 한쌍으로 하여 택하는 곧, ${}_nC_2$라는 조합(組合. combination)에서 얻어지는 변항들을 동일성기호를 사용하여 결합시켰다. 그런 후에 그런 쌍들을 다시 선언결합사로 결합시킴으로써 그것의 논리적인 구조를 밝혔다.

마지막으로, '정확히' 라는 용어가 담긴 문장들을 기호화하여 보기로 한다. 예컨대, '정확히 하나의 P가 있다' 라는 문장과, '정확히 P가 둘이 있다' 라는 문장처럼 P의 개수와 관련된 문장들이 있다고 하자. 그렇다면 이런 문장들은 아래와 같이 각각 기호화될 수 있다.

Px: x는 P이다.

$(\exists x)[Px \& (y)\{Py \rightarrow (y = x)\}]$.

$(\exists x)(y)[Py \leftrightarrow (y = x)]$ 또는,

$$(\exists x)(\exists y)[Px \,\&\, Py \,\&\, (x \neq y) \,\&\, (z)\{Pz \rightarrow ((z = x) \vee (z = y))\}]$$

마찬가지 방법으로 '정확히 P가 n이 있다'라는 명제는 다음과 같이 기호화될 수 있다.

$$(\exists x_1)(\exists x_2) \cdots (\exists x_{n-1})(\exists x_n)[Px_1 \,\&\, Px_2 \,\&\, \cdots \,\&\, Px_{n-1} \,\&\, Px_n \,\&\, (x_1 \neq x_2) \,\&\, (x_1 \neq x_3) \,\&\, \cdots \,\&\, (x_1 \neq x_n) \,\&\, (x_2 \neq x_3) \,\&\, (x_2 \neq x_4) \,\&\, \cdots \,\&\, (x_2 \neq x_n) \,\&\, (x_3 \neq x_4) \,\&\, \cdots \,\&\, (x_{n-1} \neq x_n) \,\&\, (x_{n+1})\{Px_{n+1} \rightarrow ((x_{n+1} = x_1) \vee (x_{n+1} = x_2) \vee (x_{n+1} = x_3) \vee \cdots \vee (x_{n+1} = x_{n-1}) \vee (x_{n+1} = x_n))\}]$$

물론, '정확히'라는 용어가 들어 있는 문장은 앞에서 이미 제시한 두 용어들이 들어 있는 문장들과 관련지움으로써뿐만 아니라, 다른 방법으로 나타내질 수 있는 논리형식도 있음을 예컨대, '$(\exists x)(y)[Py \leftrightarrow (y = x)]$'[5]라는 기호화를 통하여 제시하여 보았다.

3. 논리계산을 통한 관계분석

이제까지 '적어도', '많아도', '정확히'라는 용어가 들어 있는 문장들을 수와 관련시키면서 동일성기호를 사용하여 보았다. 이제부터는

---

5) '$(\exists x)[Px \,\&\, (y)\{Py \rightarrow (y = x)\}]$'와 '$(\exists x)(y)[Px \leftrightarrow (y = x)]$'는 서로 같은 의미이므로, 동치이게 마련이고 또한 서로 함축관계에 있게 마련이다. 두 명제형식이 이런 관계에 있음은 검증을 통해 — 예컨대, 진리수방법을 사용한 검증을 통해 — 확인될 수 있다.

이러한 용어가 담긴 세 유형의 문장들 가운데, 어느 하나 또는 두 문장들로부터 나머지 문장(들)이 추론될 수 있는지를 살펴보겠다. 만일 '적어도', '많아도', 그리고 '정확히' 라는 용어가 담긴 문장을 각각 A, B, C라고 한다면, 추론관계를 고찰하여 볼 수 있는 경우는 아래와 같다. 논의의 편의상 아래의 각 집합 가운데 처음 원소는 전제, 나중 원소는 결론으로 삼겠다.

{A, B}, {B, A}, {B, C}, {C, B}, {A, C},
{C, A}, {A, B & C}, {B & C, A}, {B, A & C},
{A & C, B}, {C, A & B], {A & B, C}

그런데 논리계산에 따르면, 위의 집합들 가운데 추론이 타당한 논증 — 주어진 논증에서 그 전제가 참이라고 하면 결론이 거짓이 되는 그런 해석이 없는 경우, 주어진 논증에서 그 결론이 그 전제로부터 추론규칙을 통해 필연적으로 이끌어 내지는 경우(Gorovitz, 1979: 176) — 으로 밝혀지는 것은 '{A & B, C}' 뿐이다. 'A & B' 를 참이라고 하면 'C' 가 거짓이 되는 그런 해석은 없다. 'A & B' 로부터 'C' 는 추론규칙을 통해 필연적으로 이끌어 내지며, 'A & B' 속에는 'C' 의 내용이 이미 들어 있다. 곧, '적어도' 라는 용어가 들어 있는 문장과, '많아도' 라는 용어가 들어 있는 문장의 연언적인 결합은 결국 '정확히' 라는 용어가 들어 있는 문장으로 귀결된다. 이런 사실을 추론규칙을 통해 — 여기서는 진리수를 사용한 검증방법으로 — 논증하여 보기로 한다. 진리수를 사용한 검증방법을 채택한 이유는 검증의 신속성과 그 응용 범위가 비교적 넓기 때문이다.

논의의 편의상 A, B, C에 각각 속하는 문장들 가운데 가장 기본적인 문장들인 '적어도 하나의 P가 있다', '많아도 하나의 P가 있다', 그리고 '정확히 하나의 P가 있다'라는 세 문장을 택하여, 앞의 두 문장이 결합된 것으로부터 나중의 문장이 추론되는 과정을 살펴보려고 한다. 세 문장을 A′, B′, C′로써 나타내면 A′, B′, C′는 앞에서 이미 살폈듯이 아래와 같이 각각 기호화된다.

A′ : 적어도 하나의 P가 있다.

B′ : 많아도 하나의 P가 있다.

Px : x는 P이다.

A′ : $(\exists x)Px$

B′ : $(x)(y)[(Px \& Py) \rightarrow (x = y)]$

∴ A′ & B′ : $(\exists x)Px \& (x)(y)[(Px \& Py) \rightarrow (x = y)]$

C′ : 정확히 하나의 P가 있다.

$(\exists x)[Px \& (y)\{Py \rightarrow (y = x)\}]$ 또는,

$(\exists x)(y)[Py \leftrightarrow (y = x)]$

그리고 A′ & B′를 전제로 하였을 때 C′가 전제로부터 추론규칙을 통해 필연적으로 추론된다는 사실은 다음의 검증방법으로 확인된다.

$$\frac{A' \;\&\; B'}{C'} = \frac{(\exists x)Px \;\&\; (x)(y)[(Px \;\&\; Py) \rightarrow (x = y)]}{(\exists x)(y)[Py \leftrightarrow (x = y)]}$$

$(\exists x)Px \;\&\; (x)(y)[(Px \;\&\; Py) \rightarrow (x = y)]$

$\sim(\exists x)(y)[Py \leftrightarrow (x = y)]$ ✓

$(x)(\exists y)\sim[Py \leftrightarrow (x = y)]$ ***a***

$(\exists x)Px$ ***a***

$(x)(y)[(Px \;\&\; Py) \rightarrow (x = y)]$ ***a***

Pa

$(\exists y)\sim[Py \leftrightarrow (a = y)]$ ***b***

$\sim[Pb \leftrightarrow (a = b)]$ ✓

$\sim Pb$	Pb
$a = b$ ✓	$a \neq b$
Pb	$(y)[(Pa \;\&\; Py) \rightarrow (a = y)]$ ***b***
×	$(Pa \;\&\; Pb) \rightarrow (a = b)$ ✓

$(Pa \;\&\; Pb) \rightarrow (a = b)$ 가지:

$\sim(Pa \;\&\; Pb)$ ✓	$a = b$
	×

$\sim(Pa \;\&\; Pb)$ 가지:

$\sim Pa$	$\sim Pb$
×	×

∴ 타당한 논증

앞의 검증방법을 보면 알 수 있듯이, '진리수를 사용한 검증방법' 에서, 주어진 논증의 결론을 부정한 것과 전제가 연언적으로 서로 결합된 것이 필연적으로 모순을 일으키고 있으므로 — 모든 진리수가지들에서 모순을 일으키고 있으므로 —, 주어진 논증의 전제로부터 결론이 필연적으로 추론됨이 증명된다.

그러나 역으로 C′로부터 A′& B′가 추론된다는 것은 필연적이지 않다. 그 이유는 다음의 검증과정에서 드러나 있다.

$$\frac{C'}{A' \,\&\, B'} = \frac{(\exists x)(y)[Py \leftrightarrow (x = y)]}{(\exists x)Px \,\&\, (x)(y)[(Px \,\&\, Py) \rightarrow (x = y)]}$$

$(\exists x)(y)[Py \leftrightarrow (x = y)]$

$\sim[(\exists x)Px \,\&\, (x)(y)\{(Px \,\&\, Py) \rightarrow (x = y)\}]$

$\sim(\exists x)Px$ ✓

$(x)\sim Px$ ***a***

$(\exists x)(y)[Py \leftrightarrow (x = y)]$ ***c***

$(y)[Py \leftrightarrow (c = y)]$ ***a***

$\sim Pa$

$Pa \leftrightarrow (c = a)$ ✓

Pa	$\sim Pa$
$c = a$	$c \neq a$
×	○

$\sim(x)(y)[(Px \,\&\, Py) \rightarrow (x = y)]$ ✓

$(\exists x)(\exists y)\sim[(Px \,\&\, Py) \rightarrow (x = y)]$ ***a***

$(\exists y)\sim[(Pa \,\&\, Py) \rightarrow (a = y)]$ ***b***

$\sim[(Pa \,\&\, Pb) \rightarrow (a = b)]$ ✓

$(Pa \,\&\, Pb)$ ✓

$a \neq b$

Pa

Pb

$(\exists x)(y)[Py \leftrightarrow (x = y)]$ ***c***

$(y)[Py \leftrightarrow (c = y)]$ ***a***

$Pa \leftrightarrow (c = a)$

Pa	$\sim Pa$
$c = a$	$c \neq a$
○	×

∴ 부당한 논증

이처럼 진리수를 사용한 방법은 'c ≠ a, ~Pa' 로써 이루어진 진리수가지와, 'c = a, Pa, Pb, a ≠ b' 로써 이루어진 진리수가지에서는, 비록 전제가 참이라 할지라도 결론이 참일 수 없음을 보여 준다.

앞의 논증들을 통하여, '적어도' 와 '많아도' 라는 용어가 들어 있는 문장들을 연언결합사로 결합시킨 것으로부터, '정확히' 라는 용어가 들어 있는 문장이 추론된다는 것이 타당함이 밝혀졌다. 이런 사실을 근거로 '적어도 2' 와 '많아도 2' 의 연언적인 결합으로부터 '정확히 2' 가 추론되며, '적어도 3' 과 '많아도 3' 의 연언적인 결합으로부터 '정확히 3' 이 추론됨을 알 수 있다. 요컨대, '정확히 n' 과 '많아도 n' 을 연언결합사로 결합시킨 것으로부터, '정확히 n' 이 추론된다는 점이다.

한편, '적어도 n' 은 'n이상' 과 그 지시하는 것이 같다. 예컨대, 정수(整數. integer) 가운데, '적어도 2' 임을 나타내는 집합을 원소나열법으로 제시하면 아래와 같다.

{2, 3, 4, 5, ⋯ }

그리고 정수 가운데 '2이상' 임을 나타내는 집합을 원소나열법으로 제시하여도 또한 앞에서 제시한 것과 같다. 그러므로 '적어도 2' 와 '2이상' 은 용어는 서로 다르더라도 지시하는 바는 같다.

'많아도 n' 이라는 용어와 'n이하' 라는 용어도 마찬가지다. 예컨대, 정수 가운데 '많아도 2' 임을 나타내는 집합을 원소나열법으로 제시하면 아래와 같다.

{⋯ -1, 0, 1, 2}

물론, '2이하'라는 것을 제시하여도 위와 같다. 그러므로 '많아도 2'와 '2이하'의 경우도 용어는 서로 다르더라도 지시하는 바는 같음을 알 수 있다. 요컨대, 'n이상'과 'n이하'를 연언결합사로 결합시킨 것으로부터도 '정확히 n'이 필연적으로 추론된다.

그러나 '정확히 n'이라고 하여 이것이 곧 '적어도 n'과 '많아도 n'의 연언결합과 같다는 것은 아니다. 그리고 전자로부터 후자가 추론규칙을 통해 필연적으로 이끌어 내진다는 것도 아니다. 이런 사실은 이미 앞에서 진리수를 사용한 검증방법을 통하여 밝혀졌다. 다시 말해, C로부터는 'A & B'가 필연적으로 추론되지는 않는다는 점이다. 그 이유 가운데 하나는 C가 'A & B'만으로써 추론되지는 않기 때문이다.

이런 사실에 관한 증명은 교집합을 예로 들어 논증하여도 된다. 예컨대, '정확히 2'인 것으로만 되어 있는 집합을 {2}라고 할 경우, {2}는 '{적어도 2} ∩ {많아도 2}'로부터만 추론되지는 않는다. {2}는 '{적어도 2} ∩ {2}', '{많아도 2} ∩ {2}'에 의해서도, '{-1, 0, 1, 2, …} ∩ {2}'에 의해서도 추론된다. 그러므로 {2}라고 하여 곧, '{2, 3, 4, 5, …} ∩ {-1, 0, 1, 2, …}'라고 단정할 수는 없다. {적어도 2}를 {2이상}으로, {많아도 2}를 {2이하}로 각각 대체하였을 경우도 그렇다. 정수를 예로 들어 살펴보면 '{2, 3, 4, 5, …} ∩ {2}'에 의해서도, '{-1, 0, 1, 2, …} ∩ {2}'에 의해서도 추론된다.

4. 요약 및 결론

필자는 지금까지 '적어도', '많아도', '정확히'라는 용어가 각각 들어 있는 문장들을 기호화하고, 이런 문장들 사이의 상호관계를 밝혔다. 이어서 '적어도' 라는 용어가 들어 있는 문장과, '많아도' 라는 용어가 들어 있는 문장을 연언결합사로 결합시킨 것으로부터, '정확히' 라는 용어가 들어 있는 문장이 추론된다는 것을 논증을 통하여 밝히는 데 힘썼다. 이어서, '정확히' 라는 용어가 들어 있는 문장이 있기만 하면, 그것으로부터 '적어도' 와 '많아도' 라는 용어가 각각 들어 있는 문장들의 연언적인 결합이 항상 추론된다고는 할 수 없음도 밝혔다. 그러므로 '정확히' 라는 용어가 들어 있는 문장과, '적어도' 와 '많아도' 라는 용어가 각각 들어 있는 문장들의 연언적인 결합은, 서로 필요충분조건관계에 있지 않다. 단지, 전자는 후자로써 나타내질 수 있을 뿐이다.

논증과정을 통하여 나타난 이러한 사실은 수를 나타내는 문장들 사이에 이루어질 수 있는 논리적인 관계를 구명하는 데, 그리고 우리가 사용하는 일상언어에 관해 논리적인 분석을 하는 데 도움을 줄 수 있다. 이런 용어들의 논리적인 구조와 이런 용어들이 들어 있는 문장들 사이의 논리적인 관계가 명확하게 해명됨으로써, 이와 관련된 논의에서 야기될 수 있는 여러 가지 문제점들도 상당히 해소될 수 있다.

3장 애매성과 모호성*

1. 머리말

자연언어(natural language)인 일상언어(ordinary language)는, 정도의 차이는 있지만, 애매성(曖昧性. ambiguity)과 모호성(模湖性. vagueness)을 지니는 경우가 많다. 학문의 세계에서도, 애매성과 모호성이 없는 인공언어(artificial language), 이상언어(ideal language)가 비교적 많이 사용되는 경우는 형식논리학, 수학, 물리학, 화학 등이며, 사회과학분야는 자연과학분야에 비해, 인문학분야는 사회과학분야에 비해 덜 사용하는 경향이 짙다.

일상인들의 언어생활에서는 애매성과 모호성을 지닌 용어들이 너무 많이 사용되어 대화에 어려움을 겪는 경우가 흔하다. 이런 경우는 언어가 사용되는 문맥이나 상황 속에서 언어의 뜻을 파악하거나, 피상적으로 이해하면서 지나는 수밖에 없다. 그러나 중요한 문서작성이나 대화에서는 가능한 애매성이나 모호성을 지닌 용어들은 피해야 할 것이다.

---

* 이 글은 필자(2007)가 지은 『현대영미철학』 가운데 '4.32 애매성의 제거와 모호성의 감소'를 수정한 것이다.

우리가 사용하는 언어가 애매성이나 모호성을 지녔다고 해서 언제나 소극적으로 보아서도 부적절하다. 왜냐하면 언어도 역동적인 면이 있으며 진화하기 때문이다. 경우에 따라서는 애매성과 모호성 덕분에 언어가 열려 있어 그 뜻이 더 넓어지고 풍부해지는 면도 있다. 이런 측면들을 고려하면서, 3장에서는 우선 애매성과 모호성의 뜻을 밝히고 그것을 제거하거나 감소시키는 방법을 다루기로 한다. 이어서 이런 소극적인 측면과 더불어 그런 언어가 지니는 적극적인 측면에 관해서도 살펴보기로 한다.

2. 애매성의 특성 및 제거

애매성이란 "어떤 단어가 둘 이상의 의미를 지닌 채 사용되는 경우이다"(Hospers, 1973: 14). 애매성의 특징은 결정가능성(decidability)과 적용가능성(applicability)을 지닌다는 점이다. 개념이나 문장 그 자체가 애매한 것이 아니라 사용자가 애매하게 사용한다는 점에서, 서로 다른 의미를 명확하게 구별하거나 인접한 언급이나 후속되는 설명을 통해 이런 애매성을 제거(elimination)할 수 있다.

그러므로 이런 애매성을 제거하기 위해서는 동일한 표현이라 하더라도 서로 다른 의미를 명확하게 구별하면서 나타내야 한다. 이를 위해 그런 단어나 문장이 있다고 할 경우에는 후속되는 설명이 있어야 한다. 애매성과 관련된 몇몇 개념이나 문장들을 예로 들어 살펴보기로 한다.

예컨대, '밤'이라는 낱말을 사용할 경우에는 이 낱말이 '낮과 밤'이라고 할 때의 '밤'을 뜻하는지, '먹는 밤'을 뜻하는지 분명히 밝혀질 수 있도록 후속적인 설명이 필요하다. '눈물이 흐른다' 라는 문장도 마찬가지다. 이 문장이 '눈이 녹은 물이 흐른다' 는 뜻인지, '눈[眼]의 물이 흐른다' 는 뜻인지 명확하게 밝히기 위해서는 후속되는 설명이 요청된다. '나는 깨끗한 눈을 좋아한다' 라는 문장의 경우도 마찬가지다.

애매성은 어떤 용어를 수식하여 주는 수식어의 범위(範圍. scope)와 관련되어서도 야기될 수 있다. 콰인(W.V.O. Quine)이 지적한 것처럼, '큰 유럽의 나비' (big European butterfly)라는 말에서, '큰' 이라는 형용사가 미치는 범위가 '유럽의 나비' (big European butterfly)인지, 단지 '나비' (big, European butterfly)인지 하는 문제이다(1964 : 138). 만일 후자를 뜻한다면 '큰 유럽의 나비' 라는 표현은 잘못된 것임에 틀림없다. 물론, 만일 전자와 후자를 구별하지 못하고 무심코 '큰 유럽의 나비' 라고 썼다면, 애매성을 제거하는 방법을 알지 못하고 쓴 것이다.

애매성은 동일성을 나타내는 술어와 그렇지 않은 술어를 구별하지 못할 때도 야기된다. 예컨대, 문장 속에서 '…이다' 라는 술어는 분명하게 사용되어야 한다. '숭례문(崇禮門)은 옛 도성의 문이다' 라는 문장에서의 '이다' 라는 단어와, '숭례문은 1398년 한양도성의 남쪽에 건립된 가장 큰 문이다' 라는 문장에서의 '이다' 라는 단어는 표현은 같지만, 의미는 서로 다르다는 사실을 이해하는 일이 필요하다. 위의 두 문장을 기호화한다면 다음과 같이 각각 나타낼 수 있다.

'숭례문은 옛 도성의 문이다.'

Gx : x는 옛 도성의 문이다.

a : 숭례문

Ga

'숭례문은 1398년 한양도성(漢陽都城)의 남쪽에 건립된 가장 큰 문이다.'

a : 숭례문

b : 1398년 한양도성의 남쪽에 건립된 가장 큰 문

a = b

앞의 두 문장 가운데 '숭례문은 옛 도성의 문이다'에서의 '이다'는 '포함된다'라는 뜻이고, '숭례문은 1398년 한양도성의 남쪽에 건립된 가장 큰 문이다'라는 문장에서의 '이다'는 '와 같다'라는 의미를 지니고 있음을 유의해야 한다. 그래서 후자의 경우는 동일성기호를 사용했다.

▲ 1900년대 무렵의 숭례문

애매성은 문장유형(sentence type)과 문장사례(sentence token)를 구별하지 못하고 문장이라는 낱말을 사용할 경우에도 야기된다. 예컨대, '나는 사람이다', '나는 사람이다', '나는 동물이다'라는 3개의 연속적인 문장들이 사용되었을 경우, 문장유형으로는 두 문장이고 문장

사례로는 세 문장인데, 이것을 구별하지 못하고 어느 하나만을 주장해도 혼란이 야기된다. 이런 문제점은 문장이라는 의미의 애매성 때문에 빚어지는 것으로, 유형-사례 애매성(類型事例曖昧性. type-token ambiguity)이라고 한다.

논증(論證. argument)을 구성하는 데도, 전제에서 사용된 같은 표현의 용어가 둘 이상의 다른 의미로 사용될 경우, 그런 용어들이 전제로부터 추론된 결론은 이상한 것이 될 수 있다는 사실에도 주목할 필요가 있다. 다음의 논증을 살펴보자.

> 사랑이란 자신을 희생하는 것이다.
> 자신을 희생하는 것은 죽음이다.
> 따라서 사랑은 죽음이다.

위의 논증에서 이끌어 내진 결론이 상당수의 사람들에게 이상하게 느껴지는 것은, 위의 삼단논법에서 대전제에서 사용된 '자신을 희생하는 것'과 소전제에서 사용된 '자신을 희생하는 것'이, 표현은 같지만 의미는 서로 다른 애매어인데도 같은 의미로 간주하며 논증을 펴나감으로써 빚어진다. 대전제에서는 도덕적인 의미로 사용된 반면에, 소전제에서는 생물학적인 의미로 사용되었음을 우리는 구별할 필요가 있다.

이와 같이 우리들이 사용하는 개념이나 문장들 가운데 상당수는 애매성을 지닌다. 그러나 우리가 애매성을 지닌 개념이나 문장들을 사용할 경우, 후속적인 설명을 충분히 한다면 그런 개념이나 문장에서 나타나는 애매성은 피할 수 있다. 요컨대, 그런 개념이나 문장들은 제거(除去. elimination)될 수 있다.

3. 모호성의 특성 및 감소

한편, 모호성이란 용어는 어떤 용어나 문장이 적용되는 한계가 명백하지 않은 경우를 뜻한다. 모호성의 특징은 결정불가능성(undecidability)과 불확정영역(indeterminate)을 지니며, 참과 거짓이 밝혀지기 힘들며, 개념이나 문장 그 자체가 모호할뿐더러 사용자도 모호하게 사용한다는 점이다. 그렇지만 가능한 한 명확한 정의를 시도하거나 또는 인접되어 있는 언급이나 후속되는 설명을 함으로써 이런 모호성을 어느 정도 감소(reduction)시킬 수 있다.

" '모호한' (vague)이라는 용어는 '정확한' (precise)이라는 용어와 대비되므로, 모호한 단어와 구절은 엄밀성이 결여되어 있다"[6](Hospers, 1973: 67). 이런 모호성의 특징은, 세플러(Israel Scheffler)의 말에 따르면, "만일 'a' 라는 용어가 있다고 할 경우에, a가 P도 아니고 ~P도 아닌 경우이다. 이런 진술은 '~Pa' 와 '~~Pa', 곧 '~Pa' 와 'Pa' 를 모두 함축한다"[7](1979: 65). 그리고 블랙(Max Black)의 말에 따르면, "L도 L의 모순도 모두 다 적용되지 못하는 그런 용어가 존재하는데 그런 용어가 모호한 용어[8](1949: 36)"라는 점이다. 물론, 이런 주장들은 모호한 용어란 정의가 불가능하다는 것을 우리에게 알려 준다.

이처럼 모호성은 주어진 용어나 문장들이 적용될 수 있는 곳과 적

---

6) …'Vague' is the opposite of 'precise', and words and phrases that are vague are accordingly lacking in precision.

7) In brief, 'a' is neither P nor not P. This statement implies '~Pa' and '~~Pa' — hence (allowing the inference from the latter to 'Pa') both '~Pa' and 'Pa'.

8) There is at least one term to which neither L (typical example of a vague symbol) nor its contradictory applies : $(\exists x)[\sim L(x) \cdot \sim(\sim L(x))]$. That is, $(\exists x)[\sim L(x) \cdot L(x)]$.

용될 수 없는 곳 사이가 명확하게 구별되지 않을 때 발생한다. 곧, 확정영역(確定領域. determinate area)과 불확정영역(不確定領域. indeterminate area)의 경계선이 다음의 도형에서 볼 수 있듯이 명확하게 정하여질 수 없을 때 발생한다.

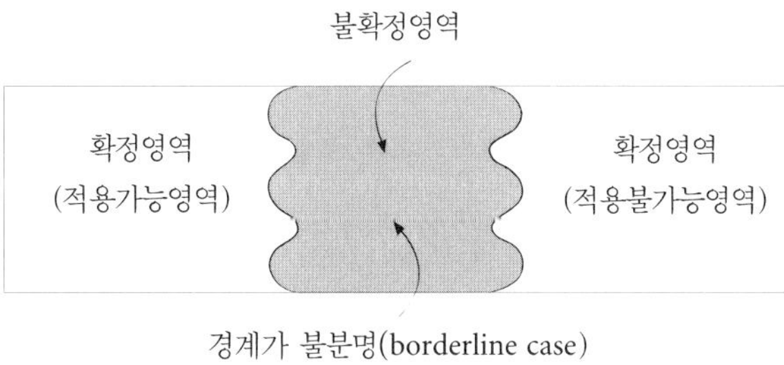

그러므로 모호한 표현이 있을 경우에는 불확정영역을 가능한 최소화시켜야 한다. 곧, 모호성을 감소시키기 위해서는 좀 더 명확하게 정의가 내려져야 한다. 이런 모호성을 지닌 용어들로는 예컨대, '젊은이', '중년(中年)', '시내중심부' 등을 들 수 있다. 이런 용어들은 그 용어들이 지칭하는 경계선이 분명하지 못한 경우들이다.

4. 자연언어와 인공언어의 강점과 약점

자연언어인 일상언어에는 애매성과 모호성이 담겨 있는 경우가 많아서, 뜻을 분명하게 파악하거나 전달하지 못하는 경우가 많다. 특히, 추상적인 용어나 문장들 가운데는 애매성과 더불어 모호성을 지니는 경우가 많다. 그러므로 애매성을 제거하고 모호성을 감소시키기 위해 노력해야 하고, 주어진 용어나 문장들이 어떠한 상황이나 문맥 속에서 사용되는지에 관해서도 항상 유념할 필요가 있다.

어떤 사람의 생각이 언어라는 매체를 통해 다른 사람에게 그대로 전달되지 않는다면, 대화에도 어려움이 발생한다. 그렇게 되면 서로 오해를 불러일으키며, 언어생활에 불편이 온다. 이는 언어의 효율성이라는 측면에서 볼 때, 문제가 된다. 물론, 애매성의 경우는 후속적인 설명을 통해 제거할 수 있으나, 모호성의 경우는 후속적인 설명을 통해 단지 감소시킬 수만 있다는 측면에서 더욱 어려운 점이 있다.

그러나 자연언어인 일상언어에 애매성과 모호성이 있다 하여 항상 소극적, 부정적인 측면만 있는 것은 아니다. 언어의 특성을 역동적인 측면에서 생명력이 있는 것으로 파악하면서, 그 뜻이 더 넓게 사용되어지는 곧, 열려 있는 것을 긍정적으로 이해해 보는 일도 가능하다. 언어의 역사를 보면 상당수의 언어가 세월이 지남에 따라, 그리고 상황의 변화에 따라, 그 의미가 더해지거나 변해져 왔음을 볼 수 있다. 환경의 변화에 따라 그에 부응하는 언어가 나타나고, 기존의 언어도 환경에 맞게 그 의미를 변화시켜 나갔다는 점이다. 이처럼 언어역사의 큰 흐름으로 보면 긍정적인 측면도 있다. 물론, 주어진 상황 속에서는 이해를 극대화하기 위해 애매성을 제거하고 모호성을 감소시키는 것이 더 효과적일 것이다.

인공언어, 이상언어에서 드러나듯이 주어진 언어가 언제 어디서나 공통의 의미를 지니면서 사용된다면, 오해(誤解)의 소지가 원천적으로 축소되어 이해를 증진시키게 될 것이다. 문맥이나 상황 속에서 제시된 개념이나 문장들을 파악해야 하는 어려움도 줄어들 것이다. 아울러 필요이상의 소모적인 논쟁도 많이 사라질 것이다. 경우에 따라서는 진리표나 진리수, 나아가서는 기계를 사용한 언어계산을 통해 언어사용자들의 문제점이나 부당성을 객관적으로 검증할 수도 있을 것이다.

그러나 한편으로는 언어의 역동성이나 생명력이 위축되는 일을 피할 수 없다. 새로운 개념을 만들어 내어 그것에 관한 공통된 의미를 부여하고, 다시 그것을 교육하여 계속해서 보급시키는 일이 없는 한 말이다. 더욱이 언어가 지니는 은유적인 표현이나 상당수의 시적인 표현은 그 기반을 상실하게 된다. 그런 경우, 그런 언어생활이 우리에게 미치는 영향도 생각해 볼 문제다. 어떤 언어생활이 우리의 삶을 더 풍부히 하는 것으로 이어질 것인가 하는 점에서다. 이런 이유로 제시된 상황 속에서는 주어진 언어가 담고 있는 애매성제거와 모호성감소를 위해 노력해야 하고 더불어, 긴 역사적인 안목에서는 언어의 역동성이나 생명력을 함께 생각하는 그런 묘안(妙案)을 찾아야 한다.

5. 요약 및 결론

이제까지 일상언어 사용에서 드러나는 문제점들을 주어진 용어나 문장의 의미에서 찾아볼 수 있는 애매성과 모호성을 중심으로 살펴보았다. 그 결과 애매성과 모호성에서 드러나는 각각의 특징과 해결방안들은 다음과 같이 정리될 수 있다.

우선, 애매성은 그 특징으로 결정가능성(決定可能性. decidability)과 적용가능성(適用可能性. applicability)을 지닌다. 개념이나 문장 그 자체가 애매한 것이 아니라 사용자가 애매하게 사용한다는 점에서, 서로 다른 의미를 명확하게 구별하거나 또는 인접한 언급이나 후속되는 설명을 하여 이런 애매성을 제거(除去. elimination)할 수 있다.

한편, 모호성의 특징으로는 결정불가능성(決定不可能性. undecidability)과 불확정영역(不確定領域. indeterminate)을 지니고 있으며, 참과 거짓이 밝혀지기 힘들며, 개념이나 문장 그 자체가 모호할뿐더러 사용자도 모호하게 사용한다는 점에서, 마찬가지로 가능한 한 명확한 정의를 시도하거나 인접한 언급이나 후속되는 설명을 통해 이런 모호성을 어느 정도 감소(減少. reduction)시킬 수 있다.

그런데 일상언어들 가운데서도 특히, 추상적인 용어나 문장들에는 애매성과 더불어 모호성도 함께 지니는 경우가 많다. 그러므로 애매성을 제거하고 모호성을 감소시키기 위하여, 주어진 용어나 문장들이 어떠한 상황이나 문맥(文脈. context) 속에서 사용되고 있는지 항상 유념하면서 분석할 필요가 있다. 이상언어, 인공언어가 주류를 이루는 언어생활이 합의의 어려움 때문에 도래할 것 같지도 않고, 언어가 지니는 생명력을 인정한다면 인공언어 구축을 위해 노력하는 것이 바람직하지만은 않다고 여기는 사람들이 있는 현실에서는 더욱 그렇다.

2부
인과성탐구

우리가 사용하는 언어는 크게 인공언어(이상언어)와 일상언어(자연언어)로 나뉘기도 한다. 전자가 애매성과 모호성이 없는 그런 언어라면 후자는 그렇지 않다. 그 각각은 강점과 약점들이 있다. 인과성탐구에서도 이런 측면을 고려할 필요가 있다. 그렇다면 인과성분석에서 INUS조건은 어떤 특성을 지니고 있는가? 인과필요조건이나 인과필요충분조건의 경우는 어떤가? 나아가서 이들 사이의 관계는 어떤가?

인과관계를 관계논리를 통해 분석하는 것도 그 특성을 밝히는 하나의 방법이 될 수 있다. 대칭관계, 이행관계, 재귀관계 등을 통해서 말이다. 그렇다면 인과관계는 대칭관계인가, 반대칭관계인가? 각 관점의 특징은 무엇인가? 어떤 관점이 주류이며, 그 논거는 무엇인가? 나아가서 이행성여부는 어떤가? 인과관계는 이행적인가, 반이행적인가, 비이행적인가?

4장 INUS조건과 원인*

— 인공언어와 자연언어를 중심으로 —

1. 문제의 제기

이 세상에 많은 사건들은 어떤 관계들을 유지하면서 발생한다. 이런 관계들 가운데 어떤 것은 인과관계로 간주되기도 하고, 또 어떤 것은 단순히 우연적인 상관관계로 밝혀지기도 한다. 인과관계를 논의하는 데도 여러 가지 접근방법이 있을 수 있다. 필자는 이 가운데서도 무엇을 원인으로 간주할 것인지에 그 논의의 초점을 두고자 한다. 그런데 이런 원인이 무엇인지를 밝히는 일에도 여러 방법이 있을 수 있다. 무엇을 원인으로 삼는 것이 가장 설득력이 있을까?

필자는 4장에서 우리가 사용하는 언어를 크게 과학적인 인공언어와 일반인들이 사용하는 일상적인 자연언어로 대별하여 놓고, 이런 두 유형의 언어를 사용하여 주어진 사건의 원인을 각각 분석, 정리해 보려 한다. 이런 방법을 통해 분석한다면 무엇이 원인인지에 관한 논쟁점도 상당히 해소될 수 있으리라 여겨진다. 이 가운데서도 후자를 사용한 분석은 상황이나 문맥을 중요시하면서 이루어지는 분석이다. 여

* 이 글은 필자가 12회 전국철학자 연합대회 과학철학 분과학회 발표에서 「인과성과 INUS조건」이라는 논제로 발표했던 내용을 수정, 보완한 것으로, 대한철학회(2007)에서 발행하는 『철학연구』 101집에 게재된 논문이다.

기서는 일상인들이 제시하는 원인과 가장 유사하다고 할 수 있는 INUS조건에 초점을 두어 그 조건의 특성 및 적극적인 측면과 소극적인 측면을 밝히려 한다.

2. 인과충분조건으로서의 원인

인과관계는 사실의 세계인 경험계와 관련지으면서 논의되는 경우가 많다. 그래서 인과적인 필요조건이나 충분조건을 논리적인 필요조건이나 충분조건과 구별 지으면서 논의를 전개하면 편리한 경우가 많다.[9] 이 논문에서도 그런 구별 지움을 중시하면서 원인이 무엇인지를 밝히는 데 힘쓰려 한다. 논리적인 조건언에서는 A가 B에 대하여 충분조건이기만 하면 B는 A에 대해 반드시 필요조건이 되지만, 인과조건에서는 충분조건과 필요조건의 관계가 그렇지 않다.[10]

인과조건에서는 일반적으로, 'A가 B의 원인이다' 라는 인과적인 표현은 'A는 B에 대해 독립적이라는 것' 과, 'A도 B도 모두 사실의 세계에서 발생하였던 것' 을 가리킨다. 이 경우에 인과필요조건이란 인과관계에서 결과의 발생을 위해 경험적으로 필요불가결한 요인으로 흔히 간주된다. 어떤 사건의 발생에 대한 필요조건은 '만일 그 조건이

---

9) 물론, 구별하지 않으려는 학자들도 있다. 예컨대, Richard Taylor는 원인-결과 동시 발생설과 상호조건설을 들면서 이런 경향을 드러냈다.

10) 이런 견해는 J.S. Mill(1843)의 *A system of logic*(bkIII, ch. V), John Hospers(1973)의 *An introduction to philosophical analysis*(291-293), 그리고 Irving M. Copi(1978)의 *Introduction to logic*(399-400)과 같은 저서에서 살 느러나 있다. 이런 저서들 속에는 인과필요조건과 더불어 인과충분조건에 관해서도 언급되어 있다. 아울러 인과충분조건이란 인과필요조건들의 전체를 가리키는 것으로, 원인과 같은 뜻으로 서술되어 있다.

없다면 그런 사건은 발생하지 않는다' 라는 언명으로 대체할 수 있다. 예컨대, 화재발생에 대한 산소[O_2]의 역할이 그것이다. 산소가 화재발생에 대해 필요조건이라고 할 때, 이런 언명의 진위는 산소가 없는 경우에도 화재가 발생하는지의 여부에 의존한다. 다른 조건이 충족된다 하더라도 이제까지의 경험으로 보아 '산소가 없는 경우에는 화재가 발생하지 않는다' 라는 것이 검증되면, 이 경우에 산소는 화재발생에 대해 필요조건이 된다. '산소가 화재발생을 위하여 인과필요조건이다' 라는 언명은 경험적인 진술이다. 물론, 산소 하나 때문에 화재는 발생하지 않는다. 연소점이나 연소물질도 화재발생에 대해 각각 인과필요조건이 된다.

인과필요조건을 이처럼 규정하고 사용한다면, '화재가 발생하였을 경우에는 산소도 존재했었다' 라는 진술이 참인 것으로 성립된다. 그래서 산소가 화재발생에 대해 인과필요조건이라는 말은, '만일 산소가 없다면 화재는 발생할 수 없다' 라든가, 또는 그 대우명제(對偶命題)로 '만일 화재가 발생한다면 산소가 존재한다' 라는 문장으로 정리될 수 있다. 요컨대, 원인을 구성하는 필요조건을 'C_i', 원인으로 야기된 결과를 'E' 로써 각각 표현한다면, C_i와 E의 관계는 'C_i가 없이는 E는 발생할 수 없다' 라든가, 'E가 발생한다면 C_i가 존재한다' 라고 정리된다. 그러나 산소가 화재발생을 위해 필요불가결한 요인이라 할지라도 산소 하나 때문에 화재가 발생할 순 없다. 그러므로 '산소가 있다면 화재가 발생한다' 라든가, '화재가 발생하지 않는다면 산소가 없다' 라고는 말할 수 없다. 산소와 같은 필요조건은 화재발생을 위한 필요불가결한 요인이지 화재발생의 원인은 아니다. 다시 말해 산소의 존재는 화재발생에 대해 필요조건이지 충분조건이 아니다.

반면에, 논리적인 조건언에서는 일자(一者)가 타자(他者)에 대해 필요조건일 경우 후자는 전자에 대해 충분조건이 되게 마련이다. 그러나 인과조건을 논리조건과 구별하는 경우는 그런 관계가 성립되지 않는다. 이런 경우에서는 인과충분조건이란 '어떤 사건의 발생에 필요불가결한 필요조건들 전체'를 뜻한다. 어떤 사건의 발생을 위해 요청되는 필요조건들 전체가 모여 그 사건에 대해 충분조건이 된다. 따라서 화재발생을 위해 꼭 필요한 3가지 요인들 ― 산소의 존재, 연소점에 다다름, 연소물질의 존재 ― 이 함께 충족되어야 화재는 발생하게 되고, 이 3요인은 함께 모여 인과충분조건이 된다. 여기서 화재발생을 위한 인과충분조건은 화재발생의 원인과 같은 것으로 귀결된다.

위에 제시된 각 요인은 화재발생을 위해 필요불가결한 필요조건들이다. 위의 조건들 가운데 어느 하나만이라도 결여된 상태에서는 화재는 발생하지 않는다. 이것들 모두가 함께 모여야 화재가 발생한다. 이런 필요조건들의 전체가 화재발생에 대해 충분조건이 된다는 점이다.[11] 곧, 충분조건이 충족될 때 비로소 결과가 나타난다. 그래서 원인이란 바로 인과충분조건을 가리키며, 두 개념은 서로 동연(同延. coextension)이다.

이런 측면에서 본다면, 화재발생의 원인은 화재발생에 대해 충분조건을 지칭하는 것이 되고, 탄산가스의 발생원인은 탄산가스 발생을 위한 충분조건을 지칭하는 것이 된다. 물방울이 맺히는 과정을 보면, 산소 1분자, 수소 2분자, 전기스파크(spark) 각각은 물방울에 대해 인과필요조건이 되고, 함께 모여서는 충분조건이 된다. 그래서 이를

---

11) 예컨대, '연소물질의 존재'는 '화재발생'에 대해 인과필요조건이지만, 화재가 발생할 때 '연소물질의 제거'는 '화재진화(火災鎮火)'에 대해 충분한 조건이 된다. 여기서는 논의의 편의상 화재진화가 아니라 화재발생과 같은 긍정적인 사건(positive event)을 중심으로 고찰하고자 한다.

일반화시키면, C가 E에 대해 충분조건이라 하는 것은 다음과 같이 정리될 수 있다.

> '만일 C가 있다면 E가 발생한다' 라든가, '만일 E가 발생하지 않는다면 C가 없다.'

앞의 서술이나 예들에서 알 수 있듯이, 인과필요조건이나 충분조건을 통한 인과성분석이나 원인규명은, 애매성(ambiguity)이나 모호성(vagueness)이 배제된 이상적인 인공언어를 사용한 분석이나 규명과 특히 관련되어 있다. 인과필요조건이나 충분조건이 참인지의 여부는 실험이나 관찰, 곧 경험에 의해 객관적, 사실적으로 검증된다. 이런 방식으로 사실을 규명하고 서술하는 것은 자연과학을 다루는 과학자 사회에서 사용되는 태도나 언어에서 종종 찾아볼 수 있다.

초기에 논리실증주의자들이 강조했던 점도 바로 이런 측면에서다. 사실상 그들은 자연과학자들의 학문탐구방법이나 서술방법을 높이 평가하면서, 애매성이나 모호성이 담긴 자연언어, 일상언어를 이상언어, 인공언어로 번역하여, 주어진 사건이나 사실들을 객관적으로 검증하여 서술하는 데 힘썼다. 언어의 교통정리를 중시했던 그들이 기술이론(descriptive theory)과 같은 환원적인 분석방법을 통해 애매성을 제거(elimination)하고 모호성을 감소(reduction)시키려 했던 것도 그 좋은 예들에 속한다.

그러나 자연언어에 익숙한 일상인들은 위와 같은 방식으로 원인이나 인과성을 파악하지 않는다. 경우에 따라서는 과학자들 가운데 상당수도 마찬가지다. 상당수의 사람들은 언어가 지니는 애매성과 모호성을 부정적으로만 바라보지 않고, 바로 이런 점들 덕분에 언어의 의미가 풍부해지고 생명력을 지닌다고 하면서 그 적극적인 측면도 찾으려 한다. 이들은 오히려 주어진 언어가 사용되는 상황이나 문맥을 중시하면서 그 의미를 파악하려 한다. 그렇다면 이런 측면에서는 어떤 원인파악이나 인과성고찰이 또한 가능한가?

3. INUS조건으로서의 원인

어떤 결과의 발생에 대해 그 원인을 제시할 경우에는, 앞에서 제시한 화재발생의 예와는 달리, 일상인들처럼 주어진 상황이나 문맥 속에서 결정적인 역할을 한 구체적인 요인을 제시하면서 밝히는 방법도 있다. 자동소화기(自動消火器)가 설치되어 있지 않은 초가집이 불타버렸을 경우, 과학사들이 사용하는 과학용어로 화재원인을 설명하려면, 앞에서 밝혔듯이 '연소물질이 있었다', '연소점에 도달했다', '산소가 존재했다'를 함께 제시하면서 그 원인을 말해야 한다. 그러나 대부분의 일상인들은 그런 식으로 화재의 원인을 지적하지는 않는다. 일상인들은 그보다는 그 집에서 전기합선이 있었다거나, 근처에서 어린이들의 불장난이 있었음을 화재발생의 원인으로 내세운다.

이처럼 주어진 상황 속에서 결정적인 역할을 한 구체적인 요인을 찾아내어 그것을 원인으로 간주한다면, 그런 특정 상황에서의 원인과 결과 사이에는 '그런 요인이 있다면 결과가 발생한다'라든가, '결과가 발생하지 않는다면 그런 요인이 없다'라는 진술이 성립된다. 그러나 이런 결정적인 역할을 한 구체적인 요인을 일반화하여 '만일 그런 요인이 없다면 결과는 발생하지 않는다'라든가, '만일 결과가 발생한다면 그런 요인이 존재한다'라고 일반화하여 말하기는 힘들다.

이런 일상인들의 원인규명방식을 비교적 잘 대변하는 견해가 바로 매키(J.L. Mackie)가 제시한 INUS조건으로서의 원인이다.[12] INUS(an insufficient but necessary part of a condition which is itself unnecessary but sufficient for the result)조건을 통한 접근방법은 매키가 적극적으로 제시하고, 수피(Patrick Suppes, 1970), 하우스만(Daniel M. Hausman, 1998), 카트라이트(Nancy Cartwright, 2002) 등도 언급해 왔다.[13] 매키(1965)의 견해에 따르면, INUS조건이란 "어떤 결과의 발생에 대해 필요하다기보다는 충분한 조건들 속에서 결정적인 역할을 한 요인"(245)을 가리킨다. 그의 견해는 사건을 야기하는 데 특히 결정적인 역할을 한 구체적인 요인을 찾아내어, 그 요인을 그 사건의 원인으로 간주한다는 점에서, 일상인들이 상식적인 수준에서 사건

---

12) J.L. Mackie는 INUS조건의 성격에 관해, "예컨대, A, P, X, Y가 경험적인 조건들이거나 요인들이며, 이 가운데 X는 조건들의 연언(conjunction)이고, AX는 어떤 결과 P의 발생을 위해 인과적으로 요청되는 최소한의 충분한 조건이고, 그리고 Y는 P의 발생을 위해 AX 이외에 인과적으로 요청되는 다른 모든 충분한 조건들이라 할 경우, A는 P에 대해 요청되는 하나의 INUS조건이다"라고 설명한다(Myles Brand가 1976년에 편집한 *The nature of causality*의 38면, J.L. Mackie가 1965년에 발표한 Causes and conditions의 248면과 1966년에 발표한 The direction on causation의 445-446면을 각각 참조). 이 경우에 AX는 P에 대해 주어진 상황에서 요청되는 최소한의 충분한 조건이므로, A도 X도 홀로는 P에 대해 그 원인이 될 수 없다. X가 단독으로는 P에 대해 원인이 될 수 없다는 사실은 AX라는 일종의 충분한 조건에서 A라는 것이 있으나 마나한 존재가 아님을 알려 준다. 물론, A는 AX에 의한 P의 발생을 위해서는 필수적이지만 AX가 아닌 상태에서는 그렇지 않을 수도 있다. 그래서 'A1, A2, …, An'과 같은 INUS조건들은 그런 조건들이 소속되어 있는 각각의 충분한 조건들 속에서만 결정적인 역할을 한 필수적인 요소들이다.

13) INUS조건은 J.L. Mackie(1965)가 그의 논문인 Causes and condition에서 적극적으로 제시하였다. INUS조건에 관한 논의는 그 후 그(1966)의 논문인 The direction of causation, Patrick Suppes(1970)의 저서인 *A probabilistic theory of causality*, Daniel M. Hausman(1998)의 저서인 *Causal asymmetries*, Nancy Cartwright(2002)의 저서인 *Nature's capacities and their measurement* 등에서 계속해서 논의되고 있다.

의 원인을 지적하는 방식과 비슷하다. 이어서 카트라이트(2002)는 INUS조건을 "필연적이지는 않지만 충분한 조건 속에서 충분하지도 중복적이지도 않은 부분"(an insufficient but non-redundant part of an unnecessary but sufficient condition)(25)으로 규정하여 사용했다. 그의 이런 규정은 INUS조건이 지닌 개별성을 특히 강조한 그런 표현이라 하겠다.

앞에서 제시한 화재발생과 전기합선의 관계를 다시 논의해 보자. 그 화재는 가뭄이 계속되던 어느 맑은 봄날에 초가집에서 발생했다고 하자. 그 화재의 발생원인을 조사하던 조사원들은 전기합선 때문에 화재가 발생했다고 결론을 내렸다. 이 경우 그 조사원들이 지적한 전기합선은 그 당시 화재가 일어날 수 있게끔 갖추어진 여러 요인들 — 가뭄의 계속, 맑은 날씨, 마른 볏짚과 서까래, 봄바람 등 — 가운데 특히 결정적인 역할을 한 구체적인 요인이 된다.

어떤 결과의 발생을 위해 필요하다기보다는 충분한 조건 속에서 결정적인 역할을 한 요인을 원인으로 간주할 경우에는, 그런 충분한 조건 속에 있는 다른 조건들과의 관련 속에서만 그 논의가 가능하다. INUS조건은 어떤 사건이 발생할 수 있는 무르익은 특정한 상황 속에서 그 사건을 야기하는 데 결정적인 역할을 한 요인을 가리키기 때문이다. 전기합선만으로는 화재가 발생하지 않는다. 근처에 있는 마른 볏짚과 서까래, 화창한 날씨 등등의 요인이 더불어 있어야 한다. 아울러, 주변에 자동소화장치가 설치되어 있지 않았다든가, 불을 끌 수 있는 사람이 없었다든가 하는 등등의 요인도 있어야 한다. 이런 충분한 조건을 구성하는 복합적인 요인들 가운데 전기합선이 화재발생에 대해 특히 결정적인 역할을 하였을 뿐이다. 전기합선 이외에 다른 요인들도 그때 그 상황에서는 화재발생과 관련이 있지만 말이다. 하지만

이때 그 화재발생의 원인을 전기합선으로 여기는 것은 인공언어 수준에서의 인과필요조건도 충분조건도 되지 못한다. 전기합선은 화재발생을 위해 언제 어디서나 꼭 필요한 요인도 아닐뿐더러, 충분한 요인도 아니기 때문이다.

INUS조건이나, INUS조건과 관련된 요인들의 관계를 밝히기 위해서나, 인과관계를 구명하기 위해서는 그 조건이나 요인들을 기호로 나타내면서 설명하는 것이 효과적이다. 예컨대, '전기합선' (A_1)이 INUS조건에 해당하고, '봄바람이 부는 화창한 날씨였다' (B), '마른 볏짚과 서까래로 된 초가집이었다.' (C), '불을 끌 수 있는 능력을 지닌 사람이 없었다' (~D)는 사실이 각각 그 초가집의 화재를 야기하기 위해 A_1과 함께 요구되는 요인들이라 가정하자. 매키의 견해에 따른다면, 'A_1 · B · C · ~D' 라는 연언명제형식은 화재발생에 대해 하나의 인과충분조건과 비슷한 역할을 한다. 비록 일상인들이 하는 설명방식이지만 말이다.

물론, 초가집에 불이 난 것은 앞에서 제시한 경우와는 달리, 다음과 같은 요인들의 집합으로도 발생할 수 있다.

> '어떤 어린이가 부엌에서 불장난을 하면서 놀았다.' (A_2)
> '불을 끌 수 있는 사람이 근처에 없었다.' (~D)
> '그 근처에는 마른 건초더미가 쌓여 있었다.' (E)
> '자동소화장치가 없었다.' (~F)

곧, 'A_2 · ~D · E · ~F' 라는 연언명제형식도 일상용법에서는 화재발생에 대해 충분한 조건이 될 수 있다. 이런 방식으로, 'A_3 · G · H', 'A_4 · I · J · ~K', 'A_5 · L · M · N' 등과 같은 새로운 유형의 충분한 조건들도 얼마든지 생각할 수 있다. A_i이 INUS조건을 나타낸다고 하면, 'A_1, A_2, A_3, … , A_n' 등은 위에서 제시된 것과 같은 연언명제형식들 속에서는 각각 INUS조건들로 간주된다. 물론, 이런 INUS조건들은 화재를 발생케 하는 각각의 충분한 조건들 속에서만 결정적인 역할을 한 조건들에 불과하다. 상황이 다르면 INUS조건도 다를 수 있다. 그렇다면 이런 INUS조건과 인과필요조건 사이에는 어떤 유사점과 차이점이 있는가?

4. INUS조건과 인과필요조건

이상에서 알 수 있듯이, 매키는 원인을 밝히기 위해 어떤 사건이 발생하는 데 결정적인 영향을 미쳤다고 여겨지는 일상적, 구체적인 요소를 지적하는 것을 중요시한다. 그러므로 이런 INUS조건은 한편이 충분조건이면 다른 편은 필요조건이 되게 마련인 논리적인 조건언과는 구별된다. 논리적인 조건언과는 구별된다는 점에서는, 앞에서 소개한 '어떤 사건 발생을 위해 요청되는 경험적으로 필요불가결한 요인'으로서의 인과필요조건이나, 이런 요인들의 집합인 충분조건의 경우도 그렇다.

인과필요조건이나 INUS조건이나 단독으로는 어떤 결과를 발생시킬 수 없다는 면에서, INUS조건은 그 기능이 인과필요조건과 유사하다. INUS조건을 어떤 특정상황과 관련시키면서 논하고, 인과필요조건을 어떤 상황에서나 필수적인 요인으로 간주한다고 하더라도, 전자도 후자도 모두 우리의 경험에 근거한다는 공통점도 지닌다.

INUS조건이 들어 있는 AX와 같은 표현형식[14]과 인과충분조건 사이의 관계에서도, AX나 인과충분조건은 둘 다 여러 요인들이 함께 모여 어떤 결과를 발생시킨다는 점에서 유사하다. 전자의 경우는 INUS조건과 그 연언지(conjunct)들이, 후자의 경우는 인과필요조건들의 결합이 그것이라 하겠다. AX도 인과충분조건도 결국은 모두가 우리의 경험에 근거하고 있다는 점도 또 다른 유사성이다.

이런 특성을 지니는 INUS조건이나 INUS조건이 들어 있는 충분한 조건을 관계논리를 통해 살펴보면 인과필요조건이나 충분조건은 다음과 같은 측면에서 또한 유사하다.

INUS조건은 인과필요조건이나 충분조건과 마찬가지로 그 결과에 대해 반대칭관계(asymmetrical relation)[15]를 지닌다. 물론, 원인과 결과 사이의 관계나 인과필요조건과 충분조건 사이의 관계가 반대칭관계라고 할 경우에는, 인과필요조건들이 함께 모여 인과충분조건이 되고 그런 충분조건이 결과에 대해 원인이 된다는 견해에 근거한다. 이런 경우에는 충분조건이 필요조건의 역할을 할 수도 없고, 필요조건이 충분조건의 역할을 할 수도 없다. 인과충분조건인 원인과 이런 원인에 의해 야기된 결과 사이의 관계도 반대칭관계일 수밖에 없다. 원인에서는 볼 수 없었던 상당한 질적인 변화가 결과에는 나타났기 때문이다. 마찬가지로, INUS조건이 그 결과에 대해 지니는 역할을 그

14) 'AX' 라는 표현형식에서, A는 INUS조건을 나타내고, X는 A의 연언지(conjuncts)로서 어떤 사건의 발생에 대해 A와 더불어 요청되는 조건들을 나타낸다. 그러므로, AX는 어떤 사건의 발생을 위해 요청되는 일상적인 용어로 표현된 최소한의 충분조건이라 하겠다. 필자는 INUS조건이 들어 있는 최소한의 충분조건을 편의상 'AX' 로 표기하여, 인과적 충분조건과는 구별 지으려 한다.

15) 만일 일자가 타자에 대해 어떤 관계를 지니면, 후자는 전자에 대해 그런 관계를 지니지 않는 경우다. 예컨대, a는 b에 대해 R이라는 관계를 지니지만, b는 a에 대해 그런 관계를 지니지 않는 경우다. 그래서 R이 관계를 나타내는 관계술어라고 할 때는, 'aRb → ~bRa' 라는 명제형식으로 나타내진다.

결과는 INUS조건에 대해 지니지 못한다. AX와 같은 표현형식 속에서 A와 AX 사이의 관계도 그렇다. 특히, 이런 반대칭관계는 INUS조건과, 그 결과 사이의 관계에서 잘 드러나 있다. 왜냐하면 INUS조건은, 어떤 특정한 상황에서 어떤 특정요인이 결과를 야기한 요인이었다고 하는, 단칭적인 인과언명(singular causal statement)과 결부되어 있기 때문이다.

한편, 인과필요조건과 INUS조건을 서로 비교하면 다음과 같은 차이점들이 드러난다. 우선, 인과필요조건의 경우는 화재발생에 대한 산소의 역할에서 알 수 있듯이, 어떤 결과의 발생을 위해 언제 어디서나 요청되는 필수적인 요인이다. 산소가 없다면 화재는 발생할 수 없다. 다른 조건이 충족된다고 하더라도 지금까지의 경험으로 보아, '산소가 없는 경우는 화재가 발생하지 않는다' 라는 것이 검증되면, 이 경우에 산소는 화재발생에 대해 인과필요조건이 된다. 그래서 '만일 산소가 없다면 화재는 발생할 수 없다' 라든가, 또는 그 대우명제형식으로서 '만일 화재가 발생한다면 산소가 있다' 라는 표현으로 정리될 수 있다. 그러나 산소가 화재발생을 위해 경험적으로 필요불가결한 요인이라 할지라도 산소만으로는 화재가 발생될 수 없다. 그러므로 '산소만 있다면 화재가 발생한다' 라든가, 또는 '화재가 발생하지 않는다면 산소는 없다' 라고 말할 수는 없다.

그러나 화재발생의 원인을 전기합선으로 간주한다면, 전기합선과 그 집의 화재발생 사이는, '만일 전기합선이 없다면 그 집은 화재가 발생하지 않는다' 라든가, '만일 그 집에 화재가 발생한다면 전기합선이 있다' 라고 일반화할 수는 없다. 물론, '전기합선이 있다면 화재가 발생한다' 라든가, '화재가 발생하지 않는다면 전기합선이 없다' 라는 말도 성립될 수 없다. 비록 전기합선이 있으면 화재가 발생하는 경우가 많다 할지라도, 산소의 경우와는 달리 전기합선이 화재발생을 위해 항상 필요한 것은 아니기 때문이다. INUS조건의 경우는 앞에서 제시한 '전기합선'의 예에서 볼 수 있듯이 특정한 상황에서만 결정적인 역할을 한다. 다른 상황 속에서는 화재발생을 위해 전기합선 대신에 담뱃불, 불장난, 성냥불, 모닥불, 낙뢰, 화약폭발 등과 같은 다른 INUS조건들이 있을 수 있다. 앞에서 예시한 '$A_1 \cdot B \cdot C \cdot \sim D$'라는 연언명제형식에서는 A_1이 INUS조건이지만, 다른 상황 속에서는 A_1이 INUS조건이 아닐 수도 있다.

인과필요조건과 INUS조건의 차이는 과학적인 용어와 일상적인 용어를 각각 사용한다는 점에서도 찾을 수 있다. 예컨대, '화재가 전기합선 때문에 발생했다'라고 할 경우에는 일상적인 용어로서 표현된 설명이지만, 산소를 화재발생의 한 요인으로 지적한 것은 전자보다는 과학적인 용어를 사용한 설명이다(안건훈, 2005b: 28). 아울러, 인과충분조건의 경우는 언제 어디서나 요청되는 인과필요조건들의 집합이지만, AX와 같은 경우는 그렇지 않다. INUS조건과 유사하게 AX의 경우는, 주로 구체적인 물체나 사실들을 제시하면서 인과관계를 설명하는 일상인들의 설명방식이다. 반면에 인과충분조건의 경우는, '산소', '연소점', '연소물질'의 집합으로 화재발생의 원인을 논하려는 설명방식에서 볼 수 있듯이, 좀 더 과학적인 용어를 사용하는 과학자 사회에서의 설명이다. 이 경우에 인과충분조건은 원인을 가리킨다.

이런 INUS조건은 일상인들이 사건발생에 대해 그 원인을 제시하려 할 때 주로 사용된다. 그러나 INUS조건에 따른 원인제시는 그런 제시가 언제나 참된 원인(genuine cause)으로 이어진다는 보장이 없다는 데 문제가 있다. 매키의 경우도 이런 문제점을 예를 들면서 서술한 바 있다(Cartwright, 2002: 26).

우리는 다음과 같은 경우를 생각해 볼 수 있다. 예컨대, 오후 6시에는 하루의 일과가 끝나도록 되어 있는 어떤 회사의 경우를 예로 들어보자. 그 회사의 시계탑시계가 6시를 가리키면서 종소리가 울려 퍼지면 말이다. 종소리는 하루에 한 번만 울리게 되어 있다. 시계의 부품들이 정상적으로 작동을 하고, 시계바늘이 6시를 가리키면서 종소리가 울려 퍼지면, 사람들은 일손을 놓고 퇴근 준비를 한다. 사람들이 퇴근을 하는 행위의 원인은 이런 일련의 조건들 속에서 울려 퍼진 시계탑 종소리이다. 그런데 어떤 직원이 일에 싫증이 나서 그보다 이른 시간에 종소리가 나도록 시계탑의 시계에 조작을 가했다. 종소리가 나자 사람들은 퇴근을 서둘렀다. 이 경우에 INUS조건에 근거하여 설명한다면, 사람들로 하여금 일찍 퇴근하게끔 한 것은 일에 싫증이 난 그 직원의 잘못된 행위이다. 가장 결정적인 조건이 되기 때문이다. 그러나 퇴근을 서두르는 사람들이 일반적으로 믿는 것은 그 시계의 부품들이 정확하게 작동한다는 것과, 시계바늘이 6시를 가리키면서 종소리가 울려 퍼졌을 거라는 점이다. 사람들이 종소리를 듣고 퇴근을 서두르는 경우, 그런 행동을 야기하는 참된 원인은 그들이 일반적으로 믿는 6시를 가리키는 종소리이지, 그 사람 때문에 조작된 일찍 울려 퍼진 종소리 때문이 아니다. 이 경우에 그 사람의 행위는 INUS조건에 해당하지만, 회사직원들의 행위를 야기한 참된 원인은 아니다.

이제까지 INUS조건과 인과필요조건, AX와 같은 최소한의 충분한 조건과 인과충분조건이 각각 어떤 점에서 서로 유사한지, 또는 유사하지 않은지 살펴보았다. 아울러, INUS조건이 참된 원인이 될 수 없는 경우도 살펴보았다. 그런데 매키는 이런 INUS조건과 결부시켜서 인과필요충분조건까지도 주장한다. 그의 주장에서 드러나는 특이한 점은 인과필요충분조건은 논리적인 필요충분조건과는 달리, 전건과 후건 사이의 관계에서 그 역할이 반대로 될 수는 없다는 점이다. 그는 “어떤 사건에 대해 충분조건이 되는 것들로 이루어진 전체적인 집합” (Mackie, 1965: 248)을 인과필요충분조건으로 규정지으면서, 인과필요충분조건도 일종의 반대칭관계로 간주한다. 그렇다면, 그의 이런 견해는 어떤 논거에 따라 이루어지는가? 그런 논거는 설득력이 있는가?

5. INUS조건과 인과필요충분조건

INUS조건에 관한 일련의 주장을 펴 나가는 가운데 매키는, “A가 INUS조건이고, X가 INUS조건 이외의 다른 조건들의 연언이고, AX가 P라는 어떤 결과의 발생에 대해 요청되는 최소한의 충분한 조건이고, 그리고 Y가 P의 발생에 대해 ‘AX 이외의 다른 모든 충분한 조건들의 결합’을 나타낸다고 하면, (AX ∨ Y)가 P라는 결과에 대해 인과필요충분조건이 된다”[16]고 했다. 예컨대, 앞에서 예시한 ‘A_1 · B · C · ~D’, ‘A_2 · ~D · E · ~F’와 같은 연언명제형식들이 화재발생에 대해 각각 충분한 조건들이라 할 경우, 이런 모든 충분한 조건들을 AX와 선언결합사(disjunctional connective)로 결합시킨 것이 화재발생에 대해 인과필요충분조건의 구실을 한다는 점이다(안건훈, 2005b: 30).

물론, 각각의 연언명제형식 속에서 ‘A_1’, ‘A_2’, …, ‘A_n’은 소위 INUS조건임을 나타낸다. 여기서 만일 A_1이라는 INUS조건과 결합된 ‘B · C · ~D’를 X로서 나타내고, ‘A_2 · ~D · E · ~F’나 ‘A_3 G · H’

16) J.L. Mackie(1965)의 논문인 Causes and conditions (*American Philosophical Quarterly 2*)의 248면과 Myles Brand(1976)가 편집한 책인 *The nature of causality* (University of Illinois Press)의 38면 참고.

등으로 표현된 다른 모든 충분한 조건들을 선언결합사로 결합시킨 것을 Y로 나타낸다면, 어떤 사건 P의 발생에 대해 (AX ∨ Y)는 인과필요충분조건이며 A는 AX라는 충분한 조건 속에서 INUS조건이 된다(Sosa, 1975: 17-19).

그래서 A가 AX에 대해 그리고 AX가 P에 대해 일방향성(one direction)을 지닌 것처럼, (AX ∨ Y)도 P에 대해 그런 특성을 지닌다. 곧, A가 AX에 대해 지니는 관계를 AX는 A에 대해, AX가 P에 대해 지니는 관계를 P는 AX에 대해, 그리고 (AX ∨ Y)가 P에 대해 지니는 관계를 P는 (AX ∨ Y)에 대해 각각 지니지 못한다. 이어서 매키(1966)는 원인은 결과에 대해 인과적인 우선성(causal priority)을 지니며, 그런 인과적인 우선성의 증거로 시간적인 우선성(temporal priority)이 제기된다는 사실을 중시했다(466). 그러나 그는 인과적인 우선성이 바로 시간적인 우선성을 가리킨다고는 여기지 않는다.

결국, 그는 인과필요충분조건이 논리적인 필요충분조건과 다른 점으로 위와 같은 예들을 제시하면서, 반대칭관계를 그 중요한 특징으로 삼는다. 이런 그의 견해를 따른다면 인과필요충분조건은 논리적인 필요충분조건과는 분명히 다르다. 논리적인 필요충분조건은 A가 B의 충분조건이면 B도 A에 대해 반드시 충분조건이 된다. 요컨대 양조건언(biconditional)을 뜻하며 'A ↔ B' 나, 'A ≡ B' 로써 나타내진다(안건훈, 2005: 31).

한편, INUS조건도, INUS조건을 포함하는 AX와 같은 최소한의 충분한 조건도, (AX ∨ Y)와 같은 필요충분조건도 모두 우리의 경험에 의존하므로, 이런 조건들의 결합관계나 이런 조건들과 P라는 결과의 발생 사이의 관계는 필연성이 아니라 개연성을 통해 나타내진다.[17)] 예컨대, AX라는 형식이 충족될 때 P가 발생할 개연성 R은 'R(P / AX)

= 1' 과 같은 형식으로, A만이 발생하거나 AX라는 형식이 충족되지 않을 때 P가 발생할 개연성은 'R(P / A) = 0' 나 'R(P / ~AX) = 0' 으로 각각 나타내진다는 점이다. 물론, 매키가 제시하는 인과필요충분조건은 'R(P / AX ∨ Y) = 1' 로써 나타내진다.

그러나 그의 이런 견해는 독특하기는 하지만 개념사용에는 문제가 있다. 그는 인과필요충분조건을 논리적인 필요충분조건과는 달리 해석하고 있지만, 이런 그의 견해는 필요충분조건이 뜻하는 일반적인 통념과는 상당히 다르다는 데 문제가 있다. 필요충분조건은 상호조건적인 측면을 이미 함축하고 있기 때문이다.

6. 요약 및 시사점

주어진 사건에 관한 원인을 규명하는 데, 크게 2가지 측면에서 접근하는 방법이 있다. 하나는 인공언어 이상언어수준에서 접근하는 방법으로, 인과충분조건을 원인으로 파악하는 경우이고, 다른 하나는 자연언어수준에서 일상인들이 소위 INUS조건을 원인으로 파악하는 경우이다. 후자의 경우는 일상인들이 흔히 사용하는 원인개념으로, 애매성과 모호성이 개재될 여지가 있다. 필자는 이 글에서 INUS조건이 지니는 특징을 규명하기 위해 인과필요조건이나 인과충분조건과 각각 비교하면서 살펴보았다. 아울러 INUS조건이 들어 있는 인과필요충분조건에 관해서도 살펴보았다. 이런 논의를 통해 다음과 같은 사실들이

---

17) 예컨대, 개연성을 나타내는 기호를 사용하면서, 인과성이 지니는 특성을 밝히는 대표적인 저서로는 Patrick Suppes의 저서(1970)인 *A probabilistic theory of causality* (Amsterdam: North-Holland Publishing)를 들 수 있다.

밝혀졌다.

우선, 어떤 특정상황에서 발생한 사건을 위해 결정적인 역할을 한 요인인 INUS조건은, 그런 사건의 발생을 위해서라면 언제 어디서나 요청되는 필수적인 요인인 인과필요조건과는 구별된다. INUS조건은 일상인들이 흔히 지적하는 상식적인 수준에서의 원인개념을 대변한다. 예컨대, 집이 전기합선으로 화재를 당했다고 할 경우에 '전기합선'은 전자에 속하는 사례이고, '연소점'은 후자에 속하는 경우이다. INUS조건이 포함된 AX와 같은 최소한의 충분한 조건도 인과필요조건들로써 구성된 인과충분조건과는 구별된다. 일상언어수준에서는 INUS조건이 원인이지만, 인공언어수준에서는 인과충분조건이 원인이 되기 때문이다. 이런 점에서 INUS조건이 들어 있는 인과충분조건과, 과학자 사회에서 말하는 인과충분조건과는 서로 다르다.

이처럼 INUS조건에 따른 인과성설명은, 대체로 구체적, 일상적인 사실들을 제시하면서 자연언어를 사용하여 이루어진다는 점에서, 일상인들이 흔히 사용하는 설명방법이다. 반면에, 인과필요조건이나 인과충분조건에 따른 설명은 좀 더 객관적, 과학적인 사실들을 제시하면서 이루어진다는 점에서, 이상언어, 인공언어를 사용하는 과학자 사회에서 종종 사용하는 설명방법이다. 전자와 같은 설명방법은 좀 더 구체적이고 일상적인 사실을 제시하는 것과 관련을 맺고 있다는 점에서, 일상인들의 이해에 편의를 준다면, 후자의 경우는 어떠한 상황이든지 화재발생과 같은 사건발생을 위해서는 동일한 인과필요조건과 인과충분조건이 제시된다는 점에서 간결하고 용이하다.

그러나 INUS조건에 의한 인과성논의에는 다음과 같은 문제점이 있다. 앞에서 예시하였듯이 가뭄이 계속되던 어느 맑은 봄날에 어떤 초가집에 화재가 발생했으며, 그때의 상황이 '전기합선이 있었다'(A_1),

'봄바람이 부는 화창한 날씨였다' (B), '마른 볏짚과 서까래로 된 초가집이었다' (C), '불을 끌 수 있는 능력을 지닌 사람이 없었다' (~D)라는 사실들로 이루어져 있고, 이런 상황 속에서 A_1을 INUS조건이라고 주장했을 경우를 생각하여 보자. 이런 상황 속에서 과연 A_1만이 화재 발생에 대해 결정적인 역할을 하였다고 모두가 인정할 수 있겠는가? 어떤 사람의 경우는 B를 INUS조건으로 간주할 수도 있지 않을까 하는 점이다. C나 ~D의 경우도 마찬가지다. 곧, 주관적 판단이 어느 정도 가능하다는 점이다. 그러므로 이런 주관적인 판단들 가운데 어느 것을 원인으로 간주할 것인가 하는 기준설정의 문제가 당연히 따른다. 다양한 의견 가운데 가장 설득력이 있는 요인이 무엇인지를 찾아내거나 합의를 이끌어 낼 수 있는 기준을 말이다. 일상인들이 흔히 생각하는 원인이라는 개념을 INUS조건이라는 용어를 통하여 정리하려 했다는 점에서, 그의 독창성은 엿보이지만, INUS조건이 지닌 주관성의 문제를 어떻게 해결하여야 하는지에 관해서는 아쉬운 감이 있다.

아울러, 매키의 견해처럼 인과필요충분조건의 특징을 규정짓고, 그 조건과 결과의 관계를 반대칭관계로 간주하는 데는 문제점이 따른다. 왜냐하면 '필요충분조건'이란 용어는 상호조건적인 의미를 함축하기 때문이다. 이런 측면들을 고려한다면, 매키가 주장하는 인과필요충분조건은 기존의 통념과는 다름을 알 수 있다. 특히 아쉬운 점은 '인과필요충분조건'이라는 그 개념선정의 기준이 무엇인가 하는 점이다. 인과필요충분조건이라는 용어가 왜 채택되어야 하는지, 그리고 인과필요충분조건이 논리적인 필요충분조건과는 어떤 점에서 유사하거나 차이가 있는지에 관해 그 스스로 언급하는 데 소홀했다. 그것에 관한 논거를 제시하지 못한다면, 그 혼자만의 독특한 의미부여라고 보아야 한다.

5장 인과관계는 반대칭적인가, 아닌가?*

1. 문제의 제기

원인이란 개념은 결과와 짝을 이루는 대어(對語)로 결과를 설명하기 위해 사용된다. 어떤 사건이 결과로서 발생하면, 그것에 대한 원인이 무엇인지를 밝히고 싶어한다. 그런 사건을 야기한 요인이나 조건(들)을 찾아내어, 그것을 원인으로 간주하는 것이 일반적인 경향이다. 그런 조건으로는 필요조건, 충분조건이라는 용어가 많이 사용되나, 최근에 이르러서는 필요충분조건이나 INUS조건이라는 용어도 종종 등장한다. 그렇다면 이런 조건들은 인과결합과는 어떤 관련을 맺고 있는가?

인과관계에서 그 결합의 특성을 파악하기 위해서는 여러 가지 접근방법이 있을 수 있다. 그 가운데 관계의 특성을 들어, 원인과 결과가 어떤 관계를 지니는지 파악하는 방법도 있다. 그렇다면 원인과 결과는 어떻게 결합되어 있을까? 인과적인 조건은 그 결과에 대해 어떤 역할을 하는가? 인과적인 조건은 원인에만 들어 있는 것일까? 결과는

* 이 글은 필자(2005b)가 지은 『인과성분석』 내용 가운데 '2장 인과결합'에서 발췌하여 수정, 보완했음을 밝힌다.

원인에 따라 나타나는 수동적인 그런 것일까?

여기서는 관계의 논리 가운데서도 대칭관계(symmetrical relation)와 반대칭관계(asymmetrical relation)에 따른 인과결합을 살펴볼 것이다. 물론, 대칭관계란 '만일 일자(一者)가 타자(他者)에 대해 어떤 소정의 일정한 관계를 지니면 후자도 전자에 대해 그런 관계를 지니는 경우'이며, 반대칭관계는 후자는 전자에 대해 결코 그런 관계를 지니지 않는 경우이다. 물론, 대칭관계도 반대칭관계도 아닌 곧, 경우들에 따라 반대칭적인 성향을 지니기도 하고, 그렇지 않은 경우도 있으면 비대칭관계를 지닌다.

그렇다면 인과결합에서 원인과 결과는 어떻게 결합되어 있을까? 그 결합은 반대칭적인가, 아닌가? 그 각각의 주장에서 드러나는 특징 등은 무엇이며, 강점과 약점은 무엇인가?

2. 반대칭관계로서의 인과결합

관계논리로 보면 인과관계는 일자와 타자와의 관계를 서술하는 2항술어(二項述語. two place predicate)를 지니는 양항관계(兩項關係. binary relation)로 사건들 사이의 관계이다. 그리고 인과관계를 반대칭관계로서 규정하는 경우는, 만일 일자(一者)가 타자(他者)에 대해 어떤 관계를 지니면, 후자는 전자에 대해 그런 관계를 결코 지니지 않는다. 예컨대, A가 B의 원인이라고 할 때, 거꾸로 B는 A의 원인이 될 수 없을 때이다. 그런데 인과결합에 관한 이제까지의 통설은 원인이란 그 결과에 대해 시간적으로 선행할 뿐만 아니라 능동성과 일방향성을 지니면서 결합한다는 점이다. 물론, 최근에 와서는 '원인은 결과 이후에 발생하지 않는다'거나 '결과가 원인에 앞서지는 못한다'라는 수정된 주장도 통용되고 있다. 그렇다면 원인은 결과에 대해 이런 특성들을 지니면서 결합하며 그 관계는 반대칭적인가? 우선, 이와 같은 물음에 대해 적극적, 긍정적인 견해부터 살펴보기로 한다.

첫째, '힘'(power)이나 '동력인'(動力因, efficient cause)의 존재 여부나 시간의 선후관계를 들어 결과에 대한 원인의 특성을 규정짓는 경우가 있다. 물론, 이런 경우에 인과관계는 일방향성을 지닌 반대칭 관계로 간주된다. 예컨대, 목적론적 세계관을 가진 아리스토텔레스(Aristotle, 기원전 284-322년)나 인과성을 주관적인 신념으로 간주하는 흄(David Hume, 1711-1776년)의 견해에서 찾아볼 수 있다. 아리스토텔레스는 개체들은 고유한 본질(nature)과 더불어 앞으로 변모될 수 있는 가능성(potential)을 지닌다고 주장했다. 그런 가능성은 다시 다른 개체에 변화를 일으키는 능동적인 가능성(active potential)과 다른 개체로부터 영향을 받을 수 있는 수동적인 가능성(passive potential)으로 나뉜다. 물론, 궁극적인 원인인 신은 부동(不動)의 동자(動者, the unmoved mover)로서, 다른 개체에 변화를 일으키기는 하지만 자기 자신은 변하지 않는다(Gotthelf, 1976: 226-254). 이처럼 아리스토텔레스는 원인과 결과를 주로 '힘'이나 '동력인'(動力因)과 관련시키고, 원인은 능동적(active)이고 결과는 수동적(passive)인 것으로 규정하면서, 인과관계를 반대칭적인 것으로 간주했다.

▲ 아리스토텔레스

한편, 근세 철학자인 흄은 인과결합을 필연적인 결합으로 간주하였던 이성주의적인 통념에 반대하면서, 인과적인 결합이란 우리의 습관과 믿음에 근거한 주관적인 결합에 불과하다고 본다. 그래서 이런 이성주의적인 통념뿐만 아니라 아리스토텔레스 이래의 인과성에 관한 견해와도 돋보이게 구별되는 견해를 알기 위해서는 흄의 견해를 살펴보는 것이 도움이 된다. 왜냐하면 그는 그 나름대로 인과성에 관한 견해를 체계적으로 정리하여 서술하였을 뿐만 아니라, 다음과 같은 몇 가지 규칙들[18)]을 제시하면서 인과성에 관한 이해를 새롭게 하는 데 기여하였기 때문이다(Hume, 1978: 173).

(1) 원인과 결과는 시간과 공간적으로 인접하여 있다.

(2) 원인은 결과에 우선한다.

(3) 원인과 결과 사이에는 항상적인 결합이 있다.

(4) 동일한 원인은 언제나 동일한 결과를 불러일으키지만 동일한 결과가 동일한 원인을 야기하지는 못한다.

위의 규칙들 가운데 (1)과 (2)는 기존의 통설(通說)과 부합되는 견해이다. 그러나 (3)은 그렇지 않다. 그는 인과결합을 필연적 결합으로

---

18) David Hume(1978)은 그의 저서인 *A treatise of human nature*에서 인과성이 지닌 특징들에 관해 아래와 같이 서술한다(173).

(1) The cause and effect must be contiguous in space and time.

(2) The cause must be prior to the effect.

(3) There must be a constant union betwixt the cause and effect. 'Tis chiefly this quality, that constitutes the relation. …

(4) The same cause always produces the same effect, and the same effect never arises but from the same cause.

This principle we derive from experience, and is the source of most of our philosophical reasonings.

▲ 흄의 저서

간주하던 통설에 이의를 제기하고, 인과결합은 항상적 결합임을 주장했다. 이런 점에서 (3)은 인과성에 관한 역사적인 고찰에서는 매우 중요하다. 인과결합은 이성론자들이 흔히 주장하듯 선험적인 본구관념(本具觀念. innate idea)과 관련되어 있는 것이 아니라, 우리의 주관적인 신념에 근거한 항상적인 습관(habit)과 관습(custom)에 불과하다는 점이다. 이런 습관과 관습은 반복된 경험에 따라 형성된다. 이처럼 그는 인과성을 일종의 심리적 · 경험적 측면에서 논의했다.

그는 인과성을 인접성(隣接性. contiguity), 반대칭성(反對稱性. asymmetry) — 원인은 결과에 우선하지만 결과는 원인에 우선하지 않는다 —, 항상성(恒常性. constancy) 등과 관련지으면서 논의했다. (1)과 (2)는 그의 새로운 주장이 아니다. 이런 견해는 그뿐만이 아니라 다른 학자들로부터 지금까지도 많은 호응을 얻고 있다. 예컨대, 네이글(Ernst Nagel, 1961)은 수소 분자와 산소 분자가 일정한 비율로 섞여진 곳에 스파크(spark)를 가하면 물방울이 맺히는 경우를 예로 들면서, 원인과 결과의 인접성을 인정한다. 동시에 수소 분자, 산소 분자, 그리고 스파크라는 조건들로 이루어진 원인과 물방울의 맺힘이라는 결과 사이의 관계는, 전자는 후자를 야기해도 후자는 전자를 야기하지는 못하므로, 반대칭적임을 지적한다(74).

그러나 (1), (2), (3)과 같은 규칙을 충족시킨다고 하더라도 인과관계가 성립되지 않을 수도 있다. 예컨대, 듀카스(C.J. Ducasse, 1951)도 지적하였듯이, 종을 쳐서 시간을 알리는 두 괘종시계가 인접하여 있다고 가정하여 보자. 그리고 그 가운데 하나는 다른 시계 바로 직전에 항상 종을 쳐서 시간을 알려 준다고 가정하여 보자. 흄의 견해에 따른다면 전자는 후자의 원인이라고 해야 하지 않을까? 그러나 전자는 후자의 참된 원인이 아니다. 전자와 후자는 시간적인 선후관계를 이루면서 단지 규칙적으로 발생하고 있을 따름이다. 물론, 시계들이 종을 치는 원인은 다른 곳에 존재한다(93–94).

나아가서 호스퍼스(John Hospers, 1973)도 지적하였듯이, '원인이 결과에 선행하여 발생한다' 라는 주장 대신에, '원인은 결과 이후에 발생하지 않는다' 라는 주장도 가능하다. 그의 말에 따르면, "우리가 아주 안전하기를 원한다면, '원인이 항상 결과에 선행한다' 고 말할 것이 아니라, '원인은 결코 그 결과 이후에 오지 않는다' 라고 말해야 한다" (280)는 점이다. 왜냐하면 '유리창을 향해 돌을 던진 사건' 과 '유리창이 깨진 사건' 을 예로 들어 인과관계를 논의하면 시간적인 선후관계가 성립되지만, 예컨대, 중력(重力)과 돌의 낙하(落下)와의 관계를 예로 들어 인과관계를 논의하면 동시적인 것으로도 여겨지기 때문이다. 나아가서 원인이란 결과가 발생하기 전까지는 인식될 수 없다는 점에서 '원인과 결과의 발생은 동시적이다' 라는 주장도 가능하다.

이처럼 흄의 견해에 대해 적극적인 견해와 소극적인 견해가 있다고 할지라도, 그의 견해가 이런 논의들에 직접적, 간접적으로 영향을 미치고 있음은 사실이다.

이어서 그는 인과적인 결합이란 개연성(蓋然性. probability)을 지닌 신념이라고 규정하면서, 인과관계에 경험적인 성격을 부여한다(69–179).[19]

둘째, 인과적 연쇄(causal chain)라는 개념을 사용하면서 원인과 결과의 관계를 반대칭관계로 간주하는 경우도 있다.[20] 예컨대, 굿(I.J. Good, 1961)은 최초의 사건(initial event) F를 최후의 사건(final event) E에 연결시키고, 그 사이에 'Gi' 이라는 다양한 중간사건들(intermidiate events)을 개입시키면서 그의 주장을 펼쳐 나갔다. 이런 인과적 연쇄에서는 각 부분을 형성하는 모든 사건들이 시간적으로 선형(線型. linear)을 이루면서 배열되어 있다. 예컨대, 인접하여 있는 사건들인 F_{i-1}과 F_i는 시간적으로 선후관계를 유지한다. 그렇다면 이런 반대칭관계로서의 인과결합이 이행관계도 지닐 수 있는지에 관하여 살펴보기로 한다.

3. 대칭관계로서의 인과결합

이제까지의 통념은 인과관계에서 원인과 결과의 위치와 역할은 고정되어 있으며, 그 관계는 반대칭적이라는 논거 위에서 이루어졌다. 그러나 인과결합을 반대칭관계로서 간주하는 것에 대해 이견이 제기되기도 한다. 예컨대, 호스퍼스(John Hospers, 1973)는 '중력(重力. gravitation)과 공의 낙하' 와의 관계에 관해, "공중에 공을 던졌을 경우 던졌던 공이 다시 지면에 낙하하기까지 시간이 걸린다는 것은 사

---

19) 특히, 이런 견해는 David Hume(1978)의 저서인 *A treatise of human nature* (In L. A. Selby Bigge (Ed.), Oxford University Press) 가운데 Book I의 Part III : Of knowledge and probability(69-179)에 자세히 언급되어 있다.

20) 인과적 연쇄라는 개념을 사용하면서 원인과 결과 사이의 결합관계를 논의하고 있는 논문들로는, N.R. Hanson(1955)의 Causal chains (*Mind, LXIV*(255), 289-311), I.J. Good(1961)의 A causal calculus(I) (*The British Journal for the Philosophy of Science, XI*, 307-311), Wesley C. Salmon(1980)의 Probabilistic causality (*Pacific Philosophical Quarterly, 61*, 50-74), 그리고 Paul Humphreys(1980)의 Cutting the causal chain (*Pacific Philosophical Quarterly, 61*, 305-314) 등을 들 수 있다. 이 가운데 특히 I.J. Good은 원인과 결과 사이에 중간 사건들을 설정하면서 그의 주장이 옳다는 것을 밝혔다.

실이지만, 중력을 원인으로 간주할 경우에는 '중력'과 '공이 지면으로 낙하한다는 사실' 사이에는 시간적인 간격을 생각할 수 없다"(280)고 했다. 중력이란 우주에 언제나 존재하는 것으로, 공이 공중에 던져졌을 경우에도 땅에 떨어질 경우에도 존재하기 때문이다. 또 다른 예로서 '진자(振子)의 주기(週期)'와 '진자의 길이'의 관계에 관해 생각하여 보자. 진자의 주기는 진자의 길이에 비례하여 달라진다. 그런데 만일 진자의 길이의 변화와 그에 따른 진자 주기의 변화를 각각 원인과 결과로서 간주한다면, 원인과 결과 사이에는 시간적인 선후관계가 성립되기 힘들다. 진자 길이의 변화가 아니라 중력이 진자 주기의 원인이라고 하더라도, 원인과 결과 사이에 시간의 선후관계를 상정한다는 것은 어려운 일이다. 물론, 중력이라는 것은 사건이 아니므로 중력을 원인으로 간주하는 데에는 이론(異論)이 제기될 수도 있다.

한편, '원인과 결과는 시간적으로도, 그 역할에 있어서도 모두 일방향성(一方向性)만을 지니면서 이루어진다'는 반대칭관계로서의 인과성분석과는 달리, 원인과 결과는 상호조건적인 대칭관계이므로 시간적으로 동시성을 지니게 마련이라는 주장도 가능하다. 후자의 경우는 인과성에 관한 지금까지의 통념과는 다른 새로운 접근방법이기도 하다. 동시적 인과관계설에 관한 논거는 특히 러셀(Bertrand Russell)의 주장에서 암시되어 있고, 테일러(Richard Taylor)의 주장에서 구체적으로 나타나 있다.

러셀(1950)은 그의 저서인 『신비주의와 논리』(*Mysticism and logic*)에 실린 「원인개념에 관해」(On the notion of cause)라는 논문에서, 이제까지의 여러 견해들에 대해 의문을 제기하면서, 인과관계에 관해 새로운 접근방법이 요청됨을 말했다. 그는 인과관계를 주어진 시간에 사건들 사이에 발생하는 함수관계(functional relation)로 간주했다.

테일러(1963) 또한 인과필요충분조건에 따라 인과관계를 설명하면서 인과관계가 형성되는 순간에는 두 사건 사이에 서로 영향을 주고받는 관계가 되므로 상호조건적이라는 것이다(309-313).[21] 예컨대, 돌에 부딪쳐서 유리창이 깨지는 경우, 유리창이 깨지는 그 순간에는 돌은 유리창에 대해 유리창은 돌에 대해 서로 영향을 미치게 마련이므로 그 접촉점에서는 원인과 결과 사이에 시간적인 차이가 존재하지 않는다고 본다. 아울러 그는 사건이 발생하기 전까지는 그 사건의 원인이란 인식될 수 없으므로, 결과 또한 그 원인에 대해 충분조건의 역할을 하고 있음을 내비치고 있다. 유사한 방법으로 바람에 꽃잎이 떨어진 경우에도 바람의 저항이 꽃잎의 저항을 능가하는 순간까지는 바람과 낙화(落花) 사이의 인과관계를 말할 수 없으며, 전염병을 앓다가 죽는 경우에도 그렇다. 테일러는 "만일 원인과 결과 사이에 시간적인 간격이 존재한다면, 결과가 발생하는 것을 저해하는 것도 그 사이에 있을 수 있는데, 이런 경우 전자를 후자에 대해 충분조건으로 간주하는 데는 문제가 있다"(141)고 말했다. 이어서 그(1975)는 그의 논문인 「인과성의 형이상학」(The metaphysics of causation, 39-43)에서, 인과관계와 관련시켜 동시성, 충분조건 등에 관해 언급하였다. 더밑(M.A.E. Dummett, 1954)도 "만일 원인이 결과에 선행한다면, 원인이 그것의 결과를 야기시킬 것이라는 데에는 어떠한 확실성도 있을 수 없다"(28)고 보면서, 시간간격이 존재할 경우에는 다른 여러 저해요인들이 개재될 수 있으므로 충분조건이 될 수 없다고 주장했다(안건훈, 2005a: 146-149). 그러면서도 그는 관찰자의 처지에서는, 원인

21) 한편, Myles Brand와 Marshall Swain은 인과필요충분조건이란 동일관계를 전제하지 않고서는 성립될 수 없다고 보면서, Taylor의 견해에 비판을 가했다.

에 시간적인 우선성을, 행위자의 처지에서는 결과에 시간적인 우선성을 둔다. 이와 같이 이들은 인과관계를 반대칭관계로 규정할 경우에 나타날 수 있는 문제점을 지적하면서, 인과관계를 이해하기 위한 새로운 접근을 시도한다.

이처럼 인과성분석에서는 조건이나 원인을 무엇으로 파악하고 어떻게 정의하느냐에 따라 여러 가지 견해가 있을 수 있다. 물론, 이제까지 인과성논의에서 주류를 이루어 왔던 통설은 시간상으로는 '원인이 결과에 앞선다'나, '결과가 그 원인에 앞서 발생하지는 않는다'라는 견해였으며, 공간상으로는 '원인과 결과는 서로 인접해 있다'라는 견해였다.

그러나 이런 견해에 대한 반론도 계속해서 이어져 왔다. 특히 20세기 중반에 이르러서는 그런 반론이 여러 논문들이나 책에서 체계적으로 제시되기에 이르렀다. 물론, 지금도 그런 반론이 주류를 형성하는 견해는 아니지만 우리에게 시사하는 바는 크다.

4. 반대칭관계와 대칭관계의 비교

지금까지 살펴본 대칭관계에 따른 인과성분석을, 앞서 살펴본 반대칭관계에 따른 인과성분석과 비교해 보면, 그 특징들과 적극적 측면, 소극적 측면은 각각 다음과 같이 정리된다.

〈표 1〉 반대칭관계와 대칭관계

	특 징	적극적 측면	소극적 측면
반대칭 관계	· A가 B의 원인이면 B는 A의 원인이 될 수 없다. · A는 B의 충분조건이지만 B는 A의 충분조건이 아니다. · 원인에 따라 결과가 야기된다. · 원인에 우선성을 둔다. · 일방향성을 지닌다.	· 조건, 원인, 결과의 특징 등을 체계화시켜 설명하기 쉽다. · 기왕의 통설에 부합되므로 이해하기 쉽다. · 일상생활에서 거부감 없이 흔히 통용될 수 있는 인과성고찰이다.	· 인과성에 관한 일면적인 고찰이므로, 폐쇄적인 설명이 되기 쉽다. · 소박한 일상적인 견해에 머무르기 쉽다. · 원인과 결과를 분리시키므로, 그 결합을 매개할 근본적인 논거를 제시하기 힘들다.
대칭 관계	· 원인과 결과는 상호조건적이다. · 원인과 결과는 서로 필요충분조건이라는 관계에 있다. · 원인과 결과의 발생은 동시적이다. · 결과에 따라 원인이 설명된다. · 양방향성을 지닌다. · 인과적인 조건과, 인식적인 조건을 함께 고려한다.	· 인과성에 관한 논의에서 새로운 접근방법이 가능함을 시사해 준다. · 원인과 결과의 역할이 역동적으로 잘 묘사되어 있다. · 인과관계에서 시간적인 간격을 인정하지 않으므로, 시간적인 간격을 인정함으로써 야기되는 문제점들을 제거시킨다.	· 결과를 구성하는 조건이나 요인들에 관한 설명이 미흡하다. · 논리적 필연성과의 관련에 관한 설명이 미흡하다. · 조건, 원인, 결과에 관한 개념규정과 그 특징에 관한 언급이 미흡하다. · 검증하기 힘든 신비적인 서술에 흐르기 쉽다.

5. 요약 및 시사점

이제까지 인과성분석을 관계논리에 따라 분석하여 보았다. 관계논리 가운데서도 대칭성 여부에 그 초점을 두었다.

우선, 인과관계를 반대칭관계로서 간주하는 견해는, '시간적으로 볼 때 원인이 결과에 앞선다'는 사실에 근거한다. 이런 견해는 고대 아리스토텔레스나 근세의 흄과 같은 철학자가 잘 나타냈는데, 현재에 와서도 원인과 결과의 결합에 관한 논의에서 주류를 형성하고 있다. 매키가 제시한 INUS조건에 따른 인과성분석도 기본적으로는 반대칭관계에 근거한다. 물론, 현대에 와서는 호스퍼스의 주장에서 알 수 있듯이 '원인이 결과에 앞선다'라는 표현 대신에 '결과가 원인에 앞서지는 못한다'라는 표현으로 대치되는 경향이 있지만 말이다.

원인과 결과의 결합을 대칭관계로서 파악하는 견해는 현대에 와서 대두된 것으로 테일러의 견해에서 잘 드러나 있다. 그는 '결과 없이는 원인도 없다'는 인식적인 근거에 그 초점을 두면서 원인-결과 동시발생설과 상호조건설을 내세우는 경향이 짙다. 인과관계를 일종의 함수관계로 간주하는 러셀의 견해도 상당히 이에 가깝다.

실용적인 준거로 본다면 이제까지의 통념에 따른 반대칭관계로 인과관계를 파악하는 것이 좀 더 편리하지만, 대칭관계에 따른 인과성분석은 원인과 결과의 역할이 역동적으로 잘 묘사되어 있을 뿐만 아니라, 인과관계에서 시간적인 간격을 인정하지 않기 때문에, 시간적인 간격을 인정함으로써 야기되는 문제점들을 근본적으로 제거시키는 등 인과성에 관한 논의에서 새로운 접근방법이 가능함을 시사해 준다.

6장 인과관계는 이행적인가, 아닌가?*

1. 문제의 제기

인과관계가 이행관계(移行關係. transitive relation)인가 하는 문제는 원인을 무엇으로 간주하느냐에 따라 논의에 적극성을 지닐 수도 아닐 수도 있다. 논자는 인과관계에 관한 분석의 도구로 대칭관계인지의 여부에 따른 접근방법에 근거하여, 그 각각에서 이행관계가 성립되는지를 밝히겠다. 인과관계를 대칭과 관련된 관계의 특성에 따라 논의할 경우, 논의의 편의상 반대칭관계(asymmetrical relation), 대칭관계(symmetrical relation), 비대칭관계(nonsymmetrical relation)로 분류할 수 있다고 보고, 그 각각에서 이행관계가 성립되는지에 관하여 살펴보기로 한다.

---

* 이 글(1986)은 고려대학교 철학회에서 발행하는 『철학연구』 11집에 게재되었던 필자의 논문임을 밝힌다.

2. 반대칭관계와 이행관계

인과관계는 일자(一者)와 타자(他者)와의 관계를 서술하는 2항술어(二項述語. two place predicate)를 지니는 양항관계(binary relation)다. 인과관계를 반대칭관계로 규정하는 경우는 일자가 타자의 원인이라고 할 때, 후자는 전자의 원인이 될 수 없을 때이다. 사실상 이제까지의 통념은 원인과 결과의 관계란 반대칭관계를 지닌다는 점이다. 곧, 원인과 결과의 위치나 역할은 각각 고정적이라는 점이다.[22] 그렇다면 이러한 반대칭관계로서의 인과결합이 이행관계를 지닐 수 있는지에 관하여 살펴보기로 한다.

예컨대, A가 B에 대해 그리고 B가 C에 대해 원인이라고 할 경우, A가 C에 대해서도 원인이 될 수 있는가 하는 점이다. 이러한 경우는 사건들이 인과연쇄(causal chain)를 이루면서 생기(生起)하는 곳에서 특히 생각해 볼 수 있다. 이러한 곳에서 발견되는 결과에 대한 원인의 특징은 다음과 같은 몇 가지 유형으로 나뉘어 논의될 수 있다.

첫째, A가 B를, B가 C를 각각 야기하면, A가 C를 야기하는 것으로 간주하는 경우이다. 물론, 이러한 인과연쇄에서는 이행관계가 성립될 수 있다. 왜냐하면 A도 B와 마찬가지로 C에 대하여 충분조건이 되기 때문이다. A가 B에 대해 충분조건으로서의 원인이고, B가 C에 대해 충분조건으로서의 원인인 것처럼, A도 C에 대해 충분조건으로서의 원인이기 때문이다.

그런데 인과연쇄 속에서의 사건발생들 사이에는 시간적인 간격이나

---

22) 예컨대, David Hume(1978)은 "원인은 결과에 우선한다"(173)라고 말함으로써, 원인과 결과는 반대칭관계에 있음을 암시했다.

공간적인 간격이 존재하기 마련이다. 왜냐하면 A가 B의 원인이고, B가 C의 원인이라고 할 경우, A와 B는 동일한 장소에서 동시에 발생한다는 보장이 없기 때문이다. 특히, 인과관계를 일방향성을 지닌 반대칭관계로 간주하고 논의할 경우에는, A와 B의 관계에서 나타날 수 있는 시간적, 공간적인 결합은 일치한다는 보장이 없다. 그러므로 B가 C에 대해 지니는 특징을 A가 C에 대해서도 그대로 지니는지는 의문시된다.

둘째, A가 B에 대해, B가 C에 대해 각각 그 원인이라면, A도 C에 대해 B와 유사한 역할을 하는 것으로 간주하는 경우이다. 물론, 이 경우는 A가 B에 대해, B가 C에 대해 각각 원인이라고 해서, B가 C에 대해 지니는 관계를 A가 C에 대해서도 그대로 지닌다는 것은 아니다. 왜냐하면 A와 B의 관계에서도 찾아볼 수 없는 특징이 A와 C에는 나타나는 것을 전제하기 때문이다. 곧, A와 B의 관계에서는 찾아볼 수 없는 요인들이 A와 C에는 개재된다는 사실이다.

예컨대, 사건 A는 C_1, C_2, C_3라는 요인들이 충족되었을 때 발생하였고, 사건 B는 C_2', C_3', C_4라는 요인들이 충족되었을 때 발생하였고, 사건 C는 C_3', C_4', C_5라는 요인들이 충족되었을 때 발생하였다고 할 경우를 생각하여 보자. 아울러 C_m은 C_m'에 대해 영향을 미친다면, 이와 같은 인과연쇄에서는 C_3가 없다면 사건 C도 발생할 수 없으므로, 이행관계와 유사한 준이행관계가 성립될 수 있다. 왜냐하면 A는 C의 발생에 대해 인과충분조건의 역할은 못하였다고 할지라도, A를 구성하는 요인 가운데 C_3는 사건 C의 발생에 대해 인과필요조건의 역할을 하였기 때문이다.

구체적인 예로 지진의 진원지(震源地)에서 진동이 파급되어 건물이 붕괴되기까지의 관계를 살펴보자. 진원지에서의 지진의 발생을 A라

하고, 건물의 붕괴를 C라 하고, 지진의 진원지와 건물의 붕괴 사이에 있었던 대표적인 사건들을 'B_1, B_2, …, B_n'이라고 한다면, 'A → B_1 → B_2 → B_3 → , … ,→ B_n → C'와 같은 인과연쇄를 가정할 수 있다. 여기서 B_3라는 것은 A에서 C에 이르는 과정에서 A와 C를 이어 주는 중간에 있는 하나의 사건이라 하겠다. 이런 경우에, A와 B_3의 관계와 A와 C의 관계를 비교하여 보면, 둘 다 같은 인과연쇄 속에서 이루어지고 있다고 할지라도 시간과 공간적으로 차이가 있음을 알 수 있다. 그러므로 A가 C에도 영향을 미친다고 하더라도, B_3가 C에 영향을 미치는 것과는 차이가 있을 수 있다. 그러나 B_n이 발생하지 않으면 C가 발생하지 않는 것과 마찬가지로 A가 발생하지 않으면 C도 발생하지 않는다는 점에서, C에 대한 A의 관계도 필요불가결하다고 하겠다.

위와 같은 인과연쇄 속에서는 A가 C의 직접적인 원인이 될 수는 없을지라도, A가 발생하지 않으면 C도 발생할 수 없다는 점에서, A는 C를 야기하는 주요한 역할을 수행하고 있다. 곧, A를 구성하는 요인들 가운데 어떤 것은 C의 발생에 대해 필수적인 역할을 하고 있다는 점이다. 이런 점에서 C에 대한 B_n의 역할을 충분조건과 관련시켜 볼 수 있다면, C에 대한 A의 역할은 필요조건과 관련시켜 볼 수도 있다. 이처럼 인과연쇄를 이루는 곳에서는 이행관계와 더불어 이행관계와 유사한 준이행관계도 성립될 수 있음을 알 수 있다.

셋째, C에 대한 참된 원인은 일련의 과정들(processes)이라고 주장하는 경우이다.[23)] 곧, 원인과 결과에서 원인이라는 것은 어느 한 사건만을 지적하면서 설명될 수는 없다는 점이다. 결과가 발생하기까지에

---

23) 이러한 주장은 Richard Taylor(1964)의 논문인 Can a cause precede its effect?에서도 부분적으로(137-138) 나타나 있다.

는 수많은 요인들이 여러 형태를 이루면서 개재되어 있기 때문이다. 그런데 이러한 방식으로 생각한다면 어떤 결과를 야기한 원인은 사실상 무한정으로 소급이 가능하게 된다. 곧, C를 야기한 원인은 B만이 아니라 A와 B를 포함하여 무한정으로 소급이 가능하다는 점이다.

그러므로 이러한 난점을 어느 정도 해소시키기 위하여 연속적인 과정 속에서도 무엇이 가장 중요한 역할을 하는 부분인가 하는 문제가 또한 제기된다. 그러나 그러한 역할을 하는 것이 무엇인가 하는 데에는 그 선정기준에 또한 문제점이 있을 수 있다. 왜냐하면 각자의 관점에 따라 다를 수 있기 때문이다. 예컨대, 연못의 중앙에 던져진 돌과 연못가에 와 닿는 파문 사이의 관계에서, 연못가 파문형성에 대해 영향을 미친 정점(頂點)의 역할을 한 것을 선정하려고 할 경우에는 연못에 던진 돌을 지적할 수도 있고, 연못가 파문에 바로 인접한 파문을 지적할 수도 있다. 물론, 파문이 연못가에 이르기까지의 파급과정을 좀 더 뚜렷이 드러내기 위하여, 그러한 과정 속에서도 특히 중요한 부분들을 편의상 A, B, C 등으로 구분하여 좀 더 구체적으로 제시할 수도 있다.

요컨대, C에 대한 A의 역할을 인과충분조건으로 간주하든, 인과필요조건으로 간주하든, C에 대해 영향을 가하는 일련의 과정들을 참된 원인으로 간주하든, 공통적인 특징은 A가 없으면 B뿐만 아니라 C도 발생하지 않는다는 점이다. 그러므로 인과연쇄를 이루는 곳에서 이행관계가 성립되는 경우를 앞에서 제시한 세 가지 경우들에 유념하면서 새로이 정리하면, 'A가 B를 야기하고 B가 C를 야기하면, A는 C를 야기하기 마련이다' 라는 것에 근거한다기보다는, 'A가 없으면 B뿐만 아니라 C도 발생하지 않는다' 라는 것에 근거한다고 하겠다. 물론, 이것은 인과연쇄 속에서 A가 B에 대해, B가 C에 대해 각각 원인이라고 해서 B가 C에 대해 지니는 관계를 A가 C에 대해서도 그대로 똑같이 가질 수만은 없음을 지적한 것이다. 하지만, A, B, C가 인과연쇄를 이룬다면, 이런 사건들은 서로 밀접한 관련을 맺고 있음을 강조한 것이기도 하다.

이런 관계들에 유념하면서 A, B, C가 서로 어떻게 결합되어 있는지를 살펴보기로 한다. 논의의 편의를 위하여 힐피넨(Risto Hilpinen, 1973)이 사용한 표기법에 따라, 논리적 필연성(logical necessity)을 'N_{log}' 로써 인과적 필연성(causal necessity)을 'N_c' 로써, 그리고 인과적 필연성이지만 논리적인 필연성은 아니라는 것을 강조한 것을 고유한 인과적 필연성이라 명명(命名)하고 'N_{cp}' 로써 나타내기로 한다(386-391). 그렇다면 P를 어떤 사건발생을 뜻하는 명제라고 할 때, '$N_{log}P$', 'N_cP', 그리고 '$N_{cp}P$'의 관계는 '$N_{cp}P = N_cP \cdot \sim N_{log}P$'로써 표현될 수 있다. 그리고 A가 B의 원인이라고 한다면 '$N_{cp}A \rightarrow N_{cp}B$' 곧, '$(N_cA \cdot \sim N_{log}A) \rightarrow (N_cB \cdot \sim N_{log}B)$'라는 명제형식으로써 나타낼 수 있다. 한편, A, B, C가 각각 인과연쇄를 이루면서 발생하는 사건들이라고 한다면, 이런 사건들 사이의 관계에서는 '$N_{cp}A \rightarrow N_{cp}B$'이고 '$N_{cp}B \rightarrow N_{cp}C$'이므로, '$N_{cp}A \rightarrow N_{cp}C$'라는 형식도 어느 정도는 가능하다. 달리 표현하면, '$[\{N_c(A \rightarrow B) \cdot \sim N_{log}(A \rightarrow B)\} \cdot \{N_c(B \rightarrow C) \cdot \sim N_{log}(B \rightarrow C)] \rightarrow [N_c(A \rightarrow C) \cdot \sim N_{log}(A \rightarrow C)]$'라는 형식도 부분적으로는 가능하다는 점이다.

3. 대칭관계와 이행관계

테일러(Richard Taylor, 1975)는 사건이 발생하기 전까지는 그 사건의 원인이란 논의될 수 없다는 견지에 서 있다. 나아가서 그는 "원인과 결과는 동시적이며, 그 위치도 고정적이 아니다"(40)라고 말했다. 예컨대, 성냥을 켜서 성냥불을 얻는 경우를 고찰하여 보자. 그의 설명 방식에 따르면 성냥불이 켜지기 전까지는 성냥을 켠 것이 성냥불의 원인이라고 주장할 하등의 논거가 존재하지 않는다. 비록 성냥을 켜는 것이 성냥불을 일으키게 하는 힘을 지니고 있다는 점에서 능동적이라고 할지라도, 후자가 없이는 전자도 인정될 수 없다는 점에서 원인과 결과는 동시적이며 상호조건적이다. 그리고 그 순간에는 전자는 후자에 대해, 후자는 전자에 대해 각각 필요하고도 충분한 조건이 된다. 그렇다면 인과관계를 양방향성을 지닌 것으로 간주할 경우, 인과연쇄는 어떻게 설명이 될 수 있는지에 관하여 살펴보기로 한다.

예컨대, 연못의 중앙에 던진 돌과 연못가에 생기는 파문의 관계에서, '연못의 중앙에 돌을 던졌다' 라는 사실을 A로써, '연못가에 파문이 발생하였다' 라는 사실을 C로써, 그리고 A와 C 사이에서 발생하는 파문들을 B_i로써 각각 나타낸다면, 'A, B_1, B_2, …, B_n, C' 등은 각각 그 인접한 파문들에 대해 상호조건관계에 있을 뿐만 아니라, 인접하지 않은 파문에 대해서도 부분적으로는 인과필요충분조건에 따라 설명이 가능하다. 곧, 이러한 측면에서 본다면 파문들은 서로 영향을 주고받는 관계가 되므로 상호조건적이라 하겠다.

그러나 예컨대, A와 B_2도 대칭관계를 이루면서 서로 영향을 미칠 수 있으나, B_2에 대해 더 직접적으로 대칭관계를 이루면서 영향을 미치는 것은 B_1이라 하겠다. 비록 A와 B_2의 관계에서도 일종의 대칭관계가 이루어진다고 하더라도, 그 대칭관계는 B_1과 B_2의 관계에서 이루어지는 대칭관계와는 다르다. 왜냐하면 A와 B_2 사이에는 B_1과 B_2 사이에서는 찾아볼 수 없는 새로운 요인들이 개재되거나 소멸될 수도 있기 때문이다. 그리고 B_1과 B_2는 서로 직접적인 상호관련을 맺고 있으므로, 인과관계는 동시성을 지닌 것으로 설명되지만, A와 B_2는 서로 직접적인 상호관련이 없으므로, 인과관계 또한 동시성에 근거한다고 주장할 수만은 없다.[24)]

한편, 인과필요충분조건은 사건들의 생기에 관한 경험의 세계에 의존하므로, 논리필요충분조건과도 구별되어야 한다. 그러므로 논의의 편의상 앞에서 제시한 바와 같이 논리적인 필연성을 'N_{log}'로써, 인과적인 필연성을 'N_c'로써, 고유한 인과적인 필연성을 'N_{cp}'로써 각각 나타내 보자. 그렇다면 인과관계가 양방향성을 지님과 동시에 이행성을 이루고 있다고 할 경우에는 다음과 같이 표기된다. 곧, '만일 '$[\{N_c(A \leftrightarrow B) \cdot \sim N_{log}(A \leftrightarrow B)\} \cdot \{N_c(B \leftrightarrow C) \cdot \sim N_{log}(B \leftrightarrow C)\}]$이라면, $[N_c(A \leftrightarrow C) \cdot \sim N_{log}(A \leftrightarrow C)]$이다' 라는 점이다.

4. 개연성을 통한 분석

한편, 이런 인과연쇄는 개연성에 따라서도 표기될 수 있다. 예컨대, 만일 A라는 사건이 어떤 주어진 시간(t)에 발생할 개연성을 $P(A_t)$라고 표현하고, B와 C라는 사건이 t′와 t″라는 시간에 발생할 개연성을 각각 $P(B_{t''})$, $P(C_{t''})$라고 표현한다면, $t < t' < t''$, $P(A_t) > 0$, $P(B_{t'}) > 0$, $P(C_{t''}) > 0$, $P(B_{t'} / A_t) > P(B_{t'})$, 그리고 $P(C_{t''} / B_{t'}) > P(C_{t''})$이면, $P(C_{t''} / A_t) > P(A_t)$가 성립된다.[25)] 곧, A가 C의 발생에 대해 영향

24) Richard Taylor(1966)도 그의 저서인 *Action and Purpose*에서 인과연쇄를 이루는 곳에서는, 최초의 사건과 최후의 사건 사이에는 시간적인 간격이 있을 수 있으므로, 인과관계가 동시성을 지닐 수 없음을 지적하였다(38).

을 미치고 있음을 개연성에 의해 나타낼 수 있다.

그러나 사건들이 연쇄적으로 발생한다고 하더라도 서로 인접한 사건은 인과관계를 유지하나, 멀리 떨어진 사건들 사이에는 인과관계를 유지하지 못할 경우도 있다. 왜냐하면 A와 B, B와 C의 경우에는 인과관계에 있다고 할지라도, A와 C는 다른 요인들로 말미암아 인과관계가 성립되지 않을 수도 있기 때문이다. 예컨대, 사건 A는 C_1, C_2, C_3라는 요인들이 충족되었을 때 발생하였고, 사건 B는 C_3', C_4, C_5라는 요인들이 충족되었을 때 발생하였고, 사건 C는 C_5', C_6, C_7이라는 요인들이 충족되었을 때 발생하였다고 하자. 그리고 이러한 사건들이 인과연쇄를 이루고 있었다고 하자. 동시에 사건 A가 사건 B에 영향을 미친 것은 C_3라는 요인 때문이었고, 사건 B가 사건 C에 영향을 미친 것은 C_5라는 요인 때문이었다고 하자. 곧, C_n이라는 요인이 속해 있는 사건은 C_n'라는 요인이 속해 있는 사건에 대해 영향을 미친다고 하자.

이런 경우에 A는 B에 대해, B는 C에 대해 각각 영향을 미치지만 A는 C에 대해 영향을 미치는 요인이 없다. 곧, A는 C에 대해 필요조건도 충분조건도 아니다. 그러므로 위와 같은 경우에는 연쇄적으로 사건들이 발생한다고 할지라도 A와 C의 관계는 이행관계도 준이행관계도 아니다. 오히려 반이행관계에 가깝다고 하겠다. 왜냐하면 A가 발생하지 않는다고 할지라도 C는 발생할 수 있기 때문이다. 마찬가지로 A가 발생한다고 할지라도 C가 발생할 수 없는 경우도 있다.[26]

이와 같은 사실은 기호로 표현하면, '[{N_c(A → B) · ~N_{log}(A →

25) 물론, P(Ct″/ At) 대신에 P(At → Ct″)로써 나타낼 수도 있겠으며, At, Bt′, Ct″가 인과연쇄를 이룬다고 할 경우에는 'P(At → Ct″/ Bt′) − P(Ct″/ AtBt′) 〉 P(Ct″)'라는 관계가 성립할 수도 있겠다.

$B)\} \cdot \{N_c(B \rightarrow C) \cdot \sim N_{log}(B \rightarrow C)\}] \rightarrow \sim[N_c(A \rightarrow C) \cdot \sim N_{log}(A \rightarrow C)]$' 이나, '$[(N_{cp}A \rightarrow N_{cp}B) \cdot (N_{cp}B \rightarrow N_{cp}C)] \rightarrow \sim(N_{cp}A \rightarrow N_{cp}C)$' 같은 명제형식으로 나타내진다. 그리고 개연성에 따라 표현하면 A, B, C라는 사건이, t, t′, t″라는 시간에 각각 발생한다고 할 경우에, '$P(B_{t'} / A_t) > P(B_{t'})$'와 '$P(C_{t''} / B_{t'}) > P(C_{t''})$'라고 하더라도, '$\sim[P(C_{t''} / A_t) > P(A_t)]$'인 경우이다.

그래서 우리는 연쇄적으로 발생한 사건들이라고 하더라도 인과연쇄를 이루는 것과 그렇지 않은 것이 있음을 알 수 있다. 그리고 연쇄적으로 발생한 사건들이라고 하더라도 반이행관계가 성립되는 경우도 있음을 알았다. 물론, 단칭적인 인과언명들(singular causal statement)이라든가, 인과연쇄를 이루지 않는 곳에서는 당연히 반이행관계가 성립되므로, 이행관계나 준이행관계의 성립여부에 관해 논의할 필요가 없다.

이제까지의 논의는 인과관계에서 원인과 결과의 위치와 역할은 고정되어 있으며, 그 관계는 반대칭관계라는 논거 위에서 이루어졌다. 그러나 원인과 결과의 관계를 반대칭적인 것으로만 규정하는 데에는 의문이 간다. 예컨대, 인과관계란 반대칭관계로서가 아니라 대칭관계에 따라서도 설명될 수 있지 않을까 하는 점이다. 만일 대칭관계에 따라 논의될 수 있다거나 논의되어야 한다면, 이것은 이행성과 관련된 논의가 이제까지 논의한 것과는 또 다른 견지에서 전개될 수 있음을 시사하는 것이 된다.

그런데, 실제로 인과성을 상호조건적인 대칭관계를 나타내는 인과

---

26) 사건의 생기(生起)에 있어, C에 대한 A의 관계가 간접적인 관계에 있다고 할지라도 직접적인 관계가 없을 경우, A와 C의 관계를 인과연쇄로서 간주할 수 있는가 하는 문제는 좀 더 논의할 필요가 있다고 하겠다.

필요충분조건에 따라 설명하는 사람들이 있다. 예컨대, 테일러(Richard Taylor)는 인과성을 설명하면서 한편이 다른 편에 대하여 필요조건이면 다른 편은 충분조건이 되게 마련이며, 그 역(逆)도 성립함을 인정했다. 그의 논거에 따르면 인과관계가 형성되는 순간에는 두 사건 사이에 서로 영향을 주고받는 관계가 되므로 상호조건적이라는 것이다.[27] 특히, 그의 견해는 원인과 결과의 관계가 대칭적일 수 있음을 강력하게 시사하고 있다는 점에서 계속적인 논전을 불러일으키고 있다. 그렇다면 인과성을 일방향성을 지닌 반대칭관계로서가 아니라 양방향성을 지닌 대칭관계로서 간주할 경우에는, 이행성에 관한 논의가 어떻게 전개될 수 있는지에 관하여 살펴보자.

한편, 대칭적 · 상호조건적인 측면에서 개연성에 따라 원인과 결과의 결합관계를 파악한다고 할 경우에는 어떤 식이 성립되는지 살펴보기로 한다. 예컨대, 만일 A라는 사건이 어떤 주어진 시간 t에 발생할 개연성을 $P(A_t)$라고 표현하고, B와 C라는 사건이 발생할 개연성을 $P(B_t)$, $P(C_t)$로써 각각 표기하여 보자. 그렇다면, A, B, C는 서로 상호조건이므로 시간적으로는 같은 시간에 발생한다고 할 수 있다. 그러므로 '$P(A_t) = P(B_t) = P(C_t)$'라는 식이 가능하다. 물론, 이러한 사건들이 동시적이지만 상호조건적인 발생이 아니라고 할 경우에는 위의 식과는 달리 표기된다.

그런데 사건들이 연쇄적으로 발생하였다고 할지라도 상호조건적인

27) 대칭적 · 상호조건적인 관계에 근거한 필요충분조건에 관한 견해는, Richard Taylor(1963; 1964)의 논문들인 Causation (*The Monist 47*, 287-313), Can a cause precede its effect? (*The Monist 48*, 136-142), 그(1966)의 저서인 *Action and Purpose* (Englewood Cliffs: Prentice-Hall), 그리고 Ernest Sosa(1975)가 편집한 책인 *Causation and Conditionals* (Oxford University Press) 등에 잘 나타나 있다.

대칭관계가 아닐 수도 있다. 예컨대, 돌을 연못에 던짐으로써 발생된 파문이 연못가로 파급되어 나가는 과정 — A, B_1, B_2, B_3, B_4, B_5, C — 에서, 우리는 다음과 같은 사실을 생각할 수도 있다. 곧, A와 B_1은 상호조건관계에 있는 것으로 간주될 수 있으나, A와 C는 같은 연쇄선상에 있다고 할지라도 상호조건적인 대칭관계가 아닐 수도 있다. 경우에 따라서는 상호조건적인 대칭관계가 A와 B_1에서만 가능할 수도 있겠고, C와 B_1에서만 가능할 수도 있다. 이러한 사실들을 기호로써 표현하면, '$[\{N_c(A \leftrightarrow B) \cdot \sim N_{log}(A \leftrightarrow B)\} \cdot \{N_c(B \leftrightarrow C) \cdot \sim N_{log}(B \leftrightarrow C)\}] \rightarrow \sim[N_c(A \leftrightarrow C) \cdot \sim N_{log}(A \leftrightarrow C)]$' 와 같은 명제형식도 가능하다는 점이다. 물론, 인과연쇄를 사건과 사건들 사이의 직접적인 영향뿐만 아니라 간접적인 영향까지도 관련시켜 논의한다면, 인과연쇄에서 이행성 성립여부에 관한 논의는 이와는 달리 새로운 측면에서 전개될 수도 있다.

5. 요약 및 시사점

지금까지 대칭관계와 반대칭관계라는 대비되는 두 관계의 특성을 들어, 그 각각이 이행관계와는 어떤 관련을 맺는지를 살펴보았다. 그런데 인과성에 관한 논의를 크게 대칭관계와 반대칭관계로 나누어 분석한다고 하더라도, 이러한 구별이 인과성의 특징을 전체적으로 옳게 파악하는 방법이라는 보장은 없다. 정확하게 양분하여서만 논의할 수도 없다. 사실상, 인과관계를 대칭관계로서 간주하느냐 반대칭관계로서 간주하느냐, 또 다른 관계의 특성을 지니는 것으로 간주하느냐 하는 것은 사실의 세계를 어떻게 이해하는가 하는 관찰자의 견해에 따라 영향을 받기 마련이다.

그러므로 인과관계는 대칭관계나 반대칭관계로서 간주할 수도 있겠지만, 대칭관계도 반대칭관계도 아닌 비대칭관계로서도 간주할 수 있겠다. 사실상, 인과성에 관한 논의에서는 관계의 특성이 논리의 세계에서처럼 분명하게 드러나지 않는다. 논리의 세계에서는 예컨대, 'A가 B보다 크다면 B는 A보다 크지 않다'는 식의 반대칭관계나, 'A와 B가 닮은꼴이라면 B와 A도 닮은 꼴이다'라는 식의 대칭관계가, 관계의 특성을 나타내는 개념의 의미에 따라 객관적으로 분명하게 규정되어 있다.

그렇다면 인과관계를 비대칭관계로서 간주할 경우에는 인과연쇄를 이루면서 생기하는 사건들의 관계가 어떻게 규정될 수 있는가 하는 것이 과제로서 남는다. 그러나 인과관계를 비대칭관계로서 간주한다고 하더라도, 대칭관계나 반대칭관계로써 인과연쇄를 논의할 때와 마찬가지의 이행성 성립여부에 관한 논의가 전개되게 마련이다. 왜냐하면 인과관계를 대칭관계로서 간주하든, 반대칭관계로서 간주하든, 비대칭관계로서 간주하든, 동일한 연쇄사건들에 관한 언급이기 때문이다. 곧, 동일한 상황에 대한 다양한 접근방식이기 때문이다. 그러므로 이러한 다양한 접근방법들 가운데 어느 것이 더 편리한 방법인가 하는 점이 새로운 과제로 제기된다.

3부
자유의지문제

자유의지문제는 예로부터 담론의 쟁점 가운데 하나다. 자유의지의 존재여부를 말할 때, 흔히 언급되는 것이 결정론과의 관련성 여부다. 우리에게 어떤 것을 자유롭게 선택할 수 있는 자유의지가 있는가? 자유의지와 결정론의 관계는 모순관계인가, 아닌가? 함축과 포함관계로 보면, '자유의지론'과 '비결정론', '반자유의지론'과 '결정론'은 각각 어떤 관계인가? 자유의지와 도덕적인 책임은 서로 어떤 관계에 있는가?

자유의지와 결정론이 양립불가능하다는 논지 가운데 하나는 '모든 것은 그 원인을 지니며 불가피하게 발생하며, 의지의 세계도 예외일 수 없다'는 강한 결정론에 근거하는 반면에, 양립가능하다는 주장은 자유의지와 대비되는 것은 결정론이 아니라 강요나 강제라는 것에 근거한다. 후자에서는 자유로운 행위란 행위자의 판단기준에 따른 행위자의 합리성을 띤 통제 아래 결정된다고 본다. 이런 경우에는 행위자의 행위는 어느 정도 예측가능하다. 한편, 의지의 세계에 관한 한 인과성에 기초한 결정론적인 것은 없다는 자유의지론자들의 양립불가능론도 있다. 그렇다면 이런 견해들의 논기는 각각 무엇인가?

7장 자유의지와 결정론*

1. 문제의 제기

학문의 세계에서 다루는 논제 가운데 '자유의지'만큼 많이 언급되는 용어도 그리 많지 않다. 어떤 것을 자유롭게 선택할 수 있는 자유의지 — 선택의 자유, 달리 할 수 있는 자유 — 가 인간에게 있는지의 여부에 관해서 말이다. 물론, 자유의지라는 용어는 애매할 뿐만 아니라 모호하다. 우리는 자유의지라는 용어의 의미를 명료화하지 않고 그 용어를 흔히 사용한다. 한편, 자유의지의 존재여부에 관한 논의가 있을 때마다 그 논의를 진척시키기 위해 제기되곤 하는 것이 결정론이다. 결정론은 인과성과 관련을 맺는 것으로 흔히 여겨져 왔다. 물론 결정론도 그것을 주장하는 사람들에 따라 서로 다른 뜻으로 사용되는 경우가 있다.

자유의지와 결정론의 관계에 관한 주장도 다양하다. 인간에게는 자유의지가 있음을 주장하는 사람이 있는가 하면, 모든 것은 그 원인을 지닌다고 주장하는 사람도 있다. 자유의지는 결정론과 서로 양립가능

---

* 이 글(2007)은 정인재 등이 펴낸 책인 『논쟁과 철학』에 실렸던 필자의 글인, 「자유의지와 결정론 — 양립가능론자와 양립불가능론자의 대립 — 」을 수정한 것이다.

하다고 여기는 사람이 있는가 하면, 그렇게 여기지 않는 사람도 있다. 사실상, 철학에서 오래된 논전 가운데 하나는 자유의지와 결정론의 관계에 관한 것이었다. 그렇다면 자유의지와 결정론은 과연 양립가능한가, 아닌가?

필자는 7장에서 이 물음에 초점을 두면서 그 해답을 모색하고자 한다. 자유의지와 결정론이 양립가능한지의 여부를 논의하기 위해, 우선 그 논쟁점이 어디에서 비롯되었는지를 밝히겠다. 이를 위해 여러 논거들을 살펴봄과 동시에, 자유의지와 결정론이라는 용어의 교통정리도 시도하겠다. 논의의 편의상, 자유의지와 결정론이 양립불가능하다는 주장을 펼치는 논거를 먼저 다루기로 한다. 왜냐하면 양립가능론자들은 양립불가능론자들의 견해를 비판하면서 그들의 견해를 펴 나가는 경향이 있기 때문이다.

2. 양립불가능성의 논거

두 주장이 동시에 옳을 수 있다고 하면 그 주장들은 서로 양립가능한 반면에, 두 주장이 함께 옳을 수는 없다면 그런 주장들은 서로 양립불가능하다. 양립불가능이란 말은 모순(矛循. inconsistence; contradiction)을 뜻하는 것(Webster, 1980: 924)으로, 두 주장이 양립불가능하다고 함은 서로 배타적임을 가리킨다. 함께 공존할 수 없다는 말이다. 자유의지와 결정론의 양립불가능성(incompatibility)을 주장하는 사람들은 크게 강한 결정론자들(hard determinists)과 자유의지론자들(libertarians)로 나뉜다.

이 가운데 강한 결정론자들의 주장에 따르면 발생한 모든 것은 이미 다른 어떤 것 때문에 불가피하게 야기된 것이다. 발생한 모든 것은 그것의 원인의 원인이 있다는 점이다. 이 주장에 따른다면 우리가 자유의지를 가지고 어떤 일을 선택하거나 행한다는 것은 사실상 불가능한 것이 된다. 우리의 행위에서 자유의지가 개재될 여지가 전혀 없다. 이런 주장은 아래와 같은 두 가지 논증으로부터 논리적으로 추론된다.

〈논증 1〉

모든 사건은 원인을 지닌다.

인간의 행위는 일종의 사건이다.

그러므로 인간의 행위는 그 원인을 지닌다.

〈논증 2〉

모든 사건은 불가피하게 이루어진다.

인간의 행위는 일종의 사건이다.

그러므로 인간의 행위는 불가피하게 이루어진다.

〈논증 1〉과 〈논증 2〉에서 대전제들은 각각 종합명제이면서 아프리오리한 명제(synthetic a priori statement)이다. 대전제들은 형이상학적인 진술들이기도 하다. 이런 〈논증 1〉과 〈논증 2〉의 결론을 근거로 아래와 같은 주장이 추론된다.

인간의 행위는 그 원인을 지니며 불가피하게 이루어진다.

위에서 언급된 것과 같은 유형의 결정론 — 강한 결정론 — 에는 어떠한 자유의지도 자리잡을 수 없다. 예컨대, 고대 그리스의 원자론자들은 기계론(mechanistic theory)을 옹호하며, 우주를 목적론적인 개념으로 파악하는 것에 반대했다. 그들에 따르면 우주에는 어떠한 목적과 신성(神性)도 들어 있지 않다. 사건들의 발생은 기계의 운동처럼 서로 관련되어 있으며, 의지에 따른 행위란 없다(Jones, 1952: 82). 사람의 몸도 어떤 상태의 원자이거나 원자들의 배열에 불과하다. 사람의 몸이란 돌과 같은 것보다 좀 더 복잡할 따름이다. 사고한다는 것도 소위 정신원자(mind atom)라고 하는 것들의 운동에 불과하다(82). 그들의 견해에 따르면, 어떤 일을 하려고 결정할 때 나타나는 정신활동은 선행하는 정신원자들의 운동에 따라 결정된다. 원자론자들 중 특히, 데모크리투스(Democritus)는 인간의 행위에 대해 결정론적인 특성을 철저히 옹호했다. 그는 모든 운동은 T_1, T_2, T_3, T_4와 같은 시간적으로 연속성을 띤 운동들의 계열에 따라 발생한다고 보았다.

호스퍼스(John Hospers)는 현대정신의학의 견지에서 강한 결정론에 근거한 양립불가능성을 옹호했다. 그는 인간의 행위를 시계표면에서 자유로운 듯이 움직이는 시계바늘에 비유했다. 그러나 시계바늘의 움직임은 그 내부에 있는 부속품들에 따라 결정된다. '시계바늘이 자유로이 움직인다'고 우리가 여기는 것은 잘못된 앎이다. 비슷하게 인간의 행위도 인간 내부에 있는 강력하면서도 무의식적인 힘에 따라 야기된다. 호스퍼스(1965)의 말을 빌리면, "무의식적인 동기와 갈등이 인간의 행동을 불러일으킨다"(117). 근저에 숨어 있는 내부의 힘이 우리의 행위를 결정한다. 인간의 행위가 욕구나, 의도나, 숙려(熟慮)에 의해 야기된다고 주장하는 사람들도 있지만, 이는 잘못된 주장이다. 이런 것들은 모두 다 무의식적인 힘에서 유래하는 산물일 뿐이다. 무의식적인 힘이 우리가 하는 행위의 원인이 된다. 모든 행위의 원인은 우리 내부에 있는 무의식적인 힘이다. 그래서 자유의지가 우리에게는 없으므로, 자유의지와 결정론이 양립한다고 주장하는 것은 잘못이다.

우리에게 실제로는 자유의지가 없는데도 자유의지의 존재와 관련된 주장들이 있게 되는 것은 자유의지와 관련된 자구(字句)해석을 잘못해서 일어나는 것이기보다는, 진실이 무엇인지를 잘못 밝힘으로써 일어난다. 요컨대, 진실을 모르므로 발생하는 문제다.

호스퍼스는 자유의지와 관련된 논쟁에서 강한 결정론을 지지하면서, 약한 결정론(soft determinism) — 소위 자유로운 행위들은 우리의 경험과 우리가 지향하는 가치에 근거하여 우리 자신의 통제 아래 결정되며 그 결과는 예측가능하다 — 도 결국 강한 결정론으로 환원된다고 본다. 그의 견해는 에드워즈(Paul Edwards)의 지지를 받는다. 에드워즈(1965)도 "사람들은 근본적으로 자기 자신의 성격을 형성하지는 못한다"(113)면서 결정론을 지지한다. 이어서 그는 '자유의지와 결정론은 서로 양립가능하다'는 약한 결정론자들의 견해를 비판한다. 그의 견해 또한 강한 결정론에 근거한다. 그래서 '어떠한 사람도 자유의지가 없다'는 이들의 주장은 다음과 같은 삼단논법에서 추론된다.

> 만일 결정론이 옳다면 어떠한 사람도 자유의지가 없다.
> 그런데 결정론이 옳다.
> 따라서 어떠한 사람도 자유의지가 없다.

한편, 자유의지와 결정론의 양립불가능성을 강조하더라도 호스퍼스나 에드워즈와는 다른 처지에서 옹호하는 사람들도 있다. 캠벨(C.A. Campbell)이나 브로드(C.D. Broad)로 대표되는 자유의지론자들(libertarians)이 이에 해당된다. 캠벨의 경우는 자유의지를 자아활동(self-activity)으로 간주한다. 도덕적인 경험은 자아활동을 위한 지식의 원천이 되는데, 이런 자아활동은 행위자의 성격에 부응하는 그런 행위와는 다르다. 자아(the self)는 성격을 창조하는 것이 아니라 감시한다. 자아는 의무감에서 어떤 결심을 하기도 한다. 자아활동은 성격에서 유래하는 경향성과는 대비되는 반면에 창조활동과는 깊은 관련을 맺는다. 그래서 그는(1966) "자유의지란 창조적인 활동이라는 성질을 지닐 때만 의미를 지니며, 그 의미는 행위자의 직관성을 띤 실천적인 의식을 통해서만 발견될 수 있다"(134)고 말하기도 한다.

그의 이런 견해는 자유의지가 자기원인(self-causation)의 역할을 한다는 점에서는 칸트(Immanuel Kant)의 견해와 비슷하지만, 그럼에도 이런 자아활동이 결정론과 양립불가능하다고 한 점에서는 칸트의 견해와 구별된다. 이미 밝혔듯이 캠벨은 자유의지와 결정론의 양립불가능성을 인간이 지닌 창조적 활동을 그 예로 들면서 옹호하고 있다. 자유의지론자들은 자유의지와 결정론은 인간의 의시의 세계에서는 함께 공존할 수 없다고 본다. 자유의지와 관련된 논쟁에서 이제까지 언급한 양립불가능론자들 — 강한 결정론자와 자유의지론자 — 의 견해를 요약하면 다음의 도형과 같이 나타낼 수 있다.

자유의지와 결정론의 비교(1)

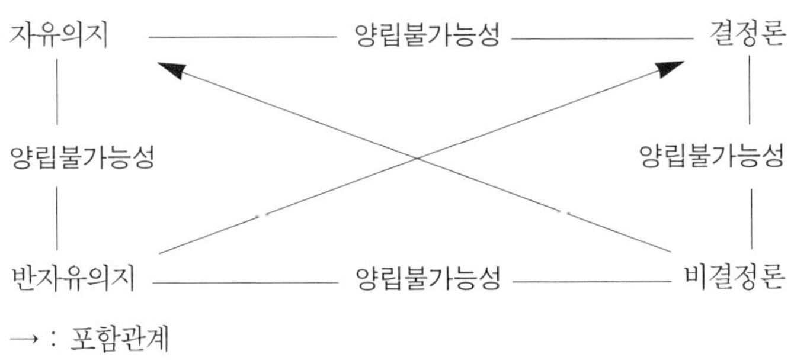

그러나 이들의 논증에는 다음과 같은 문제점들이 있다. 우선, 의문점으로 제기되는 것은 양립불가능론자들이 내세우는 주장이 지니는 설득력의 문제이다. 예컨대, 강한 결정론자인 호스퍼스는 '모든 것은 인과적 분석으로 귀결된다'는 그의 주장이 정당하다고 자신 있게 주장한다. 그는 우리가 말하거나 행하는 모든 것이 어떻게 나타나는지를 인과적인 분석을 통해 밝힐 수 있다고 보았다. 그러나 그는 그의 견해를 정당화하는 데 실패했다. 그는 그의 견해를 지지할 객관적인 증거나 적절한 이유를 충분하게 제시하지 못했기 때문이다. 진실은 객관적인 사실이나, 검증된 지식체계에 근거해 밝혀져야 한다. 그의 견해는 상당히 종합적이면서 아프리오리한 명제에 근거한다. 그의 주장은 참과 거짓이 밝혀질 수 있는 그런 명제가 아니다. 그가 제시한 인과성분석이 다른 사람이 제시하는 견해보다도 더 이치에 맞는다는 논거도 없다. 왜냐하면 그가 제시하는 논거들은 그의 자의적인 신념체제에 상당히 근거하기 때문이다.

그의 견해는 다른 측면에서도 비판이 가능하다. 다음과 같은 경우를 생각하여 보자. 사람들은 그들이 어떤 행위를 하기 전에 곰곰이 생각을 하곤 한다. 그들은 그들의 행위로부터 야기될 수 있는 결과를 예측하여 보기도 한다. 이런 측면에서, 자유의지라는 용어는 행위 이전에 찾아볼 수 있는 '합리성을 지닌 숙려(rational deliberation)'와도 관련되어 있다. 벤과 피터스(S.I. Benn & R.S. Peters, 1967)의 말을 빌리면, "사람들이 하는 행위와 관련된 대부분의 설명은 목적성을 띠고 있으며 규칙을 따르는 식으로 이루어져 있지 인과성을 지닌 용어로 이루어져 있는 것이 아니다"(354). 비록 호스퍼스가 그의 견해에 관해 이유를 제시하려 하고, 그의 견해가 이치에 맞는다고 생각할지라도, 우리는 이런 그의 견해가 최초에 어떻게 발생하였는지에 대해서는 인과적인 분석을 할 수가 없으며, 인과적인 용어로 충분히 설명할 수도 없다.

한편, 자유의지론자인 캠벨의 견해에서도 석연치 않는 점이 있다. 자아활동이 결정론과 양립불가능하다는 그의 견해가 그것이다. 자아활동이 자기원인이 되어 창조적 활동으로 이어질 경우, 과연 그런 활동이 결정론과는 아무 관련이 없는 것일까?

나아가서 호스퍼스나 에드워즈처럼 인과관계를 중시하는 결정론자들의 견해에 근거한다면 행복이나 상·벌과 같은 것을 설명하는 데에도 우리는 곤경에 처하게 된다. 상을 받는다는 것은 즐거운 일이지만 벌을 받는다는 것은 고통이다. 그런데 이런 것들이 다른 것에 의해 이미 결정되어 있다거나 이루어진다고 하면, 도덕생활을 중요시하며 사람들에게 그런 생활을 권장할 근거가 희박해진다. 더욱이 도덕생활에서 사람들이 지녀야 할 책임문제는 그 근거를 잃게 된다. 선택의 자유가 없는데 무슨 책임이 뒤따른단 말인가? 그렇다면 자유의지는 인간에게 있는 것일까? 자유의지란 무엇이며 자유의지와 결정론은 양립가능한가?

3. 양립가능성의 논거

양립가능성(compatibility)이란 말은 두 주장이 동시에 옳을 수 있는 경우에 사용되는 표현으로 그럴 경우, 두 주장은 상호 간에 무모순적(consistent)이다. 양립가능성이란 서로 배타적임을 뜻하지 않는다. 함께 공존할 수 있음을 뜻한다.

양립가능성에 관해서는 대체로 2가지 견해가 있다. '인류를 제외한 모든 것은 인과관계의 계열 속에 있다'고 보면서 양립가능론을 펼치는 사람들이 있는가 하면, '자유의지의 반대는 결정론이 아니라 강제나 강요'라고 보는 견해도 있다. 이런 2가지 견해를 살펴보면서도 필자는 약한 결정론으로 불리는 후자에 초점을 두어 논의하려 한다. 전자의 견해에 비해 후자의 견해가 현대에 이르러 학문의 세계에서 논전의 중심에 서게 된 탓도 있지만, 필자는 가능한 철학이라는 측면에서 자유의지 문제를 다루고 싶기 때문이다.

우선, 역사상 많은 신학자들이 주장하는 '인류를 제외한 모든 것들은 인과관계 속에 얽혀 있다'고 보는 견해에 관해 살펴보기로 한다. 그들은 사람만은 정신적인 실체(spiritual substance)와 물질적인 실체(material substance)로 이루어져 있다고 파악한다. 아퀴나스(Thomas Aquinas)는 신은 사람의 운명을 예정한다고 생각했다. 예정은 창조주의 섭리이며 피조물의 방해를 받을 수 없다는 것이다. 그에 따르면, "신은 제1원인(the first cause)이며, 각각의 것이 그 자신의 본성에 따라 움직이도록 조종한다"(Pegis, 1945: 787). 이어서 그는 사람이란 자유의지를 지니고 있다고도 주장했다.

근세이성론자인 데카르트(Rene Descartes)도 이런 2원론적인 견해를 지닌 전형적인 인물이다. 그는 마음과 몸은 별개의 실체라고 믿었다. 그에 따르면, "자유의지란 우리에게 생득적인 것으로 발견되는 최초의 그리고 가장 평범한 능력 가운데 하나인 것으로 여겨진다"(Haldane and Ross, 1931: 234)는 것이다. 즉, 우리는 자유의지가 우리에게 존재한다는 명확한 의식을 지니므로, 자유의지는 우리에게 생득적인 것으로 여겨진다. 자유의지는 신의 예정조화와도 일치한다. 우리의 사고능력은 유한하지만 신의 능력은 무한하다. 우리는 신에게 이런 힘이 있음을 알 수 있는 능력을 지니고 있다. 반면에 연장성을 지닌 물질적인 실체는 정신과 별개이다. 정신에 속하는 속성들은 물질이라는 실체에 속하는 속성들과는 별개이다. 물질계와, 동물의 행동은 시간상 선행하는 사건들에 의해 결정되며 기계적으로 설명된다.

이런 그의 견해는 인류는 인과관계로부터 예외적인 존재라는 그의 신념체제에서 비롯된다. 요컨대, 인류만이 자유의지를 지닌다는 점이다. 이런 견해는 1원론이라기보다는 2원론에 근거하고 있다. 자유의지는 인과관계에 근거한 결정론과 대비를 이룬다기보다는 결정론과 양립가능하다. 물론, 여기서 말하는 양립가능성은 인과관계에 근거한 결정론에 따라 설명되는 물질이나 동물의 세계와, 자유의지에 따라 행위하는 인류의 세계가 함께 공존하는 것으로 파악한 그런 뜻의 양립가능성이다. 요컨대, 자유의지를 지니고 있는 존재도 있고, 그렇지 않은 존재도 이 세상에는 있다는 측면에서의 양립가능론이다.

한편, 자유의지의 반대는 결정론이 아니라 강요(compulsions)나 강제(constraints)라는 견해도 있다. 필자가 이 글에서 주로 언급하려는 견해는 바로 이것이다. 이런 견해는 잘못된 언어사용을 바로 잡으려는 일단의 학자들에게서 찾아볼 수 있다. 예컨대, 홉스(Thomas Hobbes)는 위에서 언급한 것과는 다른 유형의 양립가능성에 관한 논의를 제기하는 데 중요한 역할을 하였다. 홉스에게 자유의 의미는 '자유로운 흐름'이나 '자유낙하'와 같은 구절을 사용할 때 나타나는 자유라는 의미와 비슷하다. 물은 장애물의 방해를 받지 않는 한 낮은 곳으로 자유롭게 흘러내려 간다. 홉스 자신의 표현에 의한다면,

> 자유와 필연성은 서로 무모순적이다. 자유롭게 흐를 뿐만 아니라 물길을 따라 필연적으로 아래로 흐르는 물처럼, 자의적인 인간의 행위도 마찬가지다. 그 이유는 인간의 행위는 인간의 의지와 자유에 따라 이루어지지

> 만, 인간의 의지나 욕망이나 경향에 따른 모든 행위들은 어떤 원인으로 말미암아 생기며, 계속 이어지는 그물망 속에서 필연적으로 이루어지기 때문이다(Dutton and Company (Ed.), 1950: 178).

우리는 이런 그의 주장에서 중요한 점들을 발견할 수 있다. 오코너(D.J. O'Conner, 1971)도 지적하였듯이 자유로운 행위와 결정론은 서로 무모순을 이룰 뿐만 아니라 양립가능하다(72)는 점이다. 엄격히 말한다면, 자유로움이란 결정론으로부터 추론되며, 자유로운 행위의 반대는 원인이 있는 행위가 아니라, 강요된 행위라는 점이다(72). 자유는 구속이나 강요로부터 자유로움을 뜻한다. '자유롭다' 함은 우리가 하고자 하는 바를 실현하는 것을 방해하는 어떤 구속으로부터 자유로움을 뜻한다. 자유롭게 흐르는 물이란 자연법칙과 대비되는 것이 아니라 장애물과 대비되는 것처럼, 자유의지란 결정론과 대비되는 것이 아니라 강요나 강제와 대비된다.

홉스가 제시한 이런 접근방법은 많은 현대철학자들이 널리 받아들이고 발전시켰다. 예컨대, 슐리크(Moritz Schlick)는 자유의지는 결정론과 대비되는 것이 아니라 강요나 강제와 대비된다는 점을 좀 더 강하고 명백하게 주장하였다. 자유는 인과성으로부터의 면제가 아니다. 슐리크(1939)는 '방식의 보편적인 타당성'(universal validity of a formula)이라는 구절을 채택하면서, "방식이 지닌 보편적인 타당성의 반대는 법칙의 존재가 아니라, 법칙이 존재하지 않는 것이며, 비결정론이며, 인과성을 지니지 않는 데 있다; 반면에 강요나 강제의 반대는 자유이다"(150)라고 주장했다.

이런 점에서 언어의 의미를 명료화하는 노력이 필요하다. 많은 사람들은 비결정론이라는 용어를 자유라는 용어와 혼동하기도 한다. 비결정론이라는 용어의 의미는 자유라는 용어의 의미와 다르다. 그래서 의미를 잘못 알아서 생긴 이런 용어들의 관계로부터 나타나는 혼란을 막기 위해 언어의 교통정리가 요청된다. 요컨대, 주어진 개념을 올바르게 정의하는 일이 매우 중요하다.

홉스나 슐리크의 주장에 따르면, 우리는 자유의지라는 용어의 의미를 일부 사람들이 잘못 정의하고 있음을 알아야 한다. '자유와 대비를 이루는 것은 원인지워져 있음이 아니라 강요나 강제이다'라는 주장에 귀를 기울일 필요가 있다. 자유로운 행위와 자유롭지 못한 행위 사이의 차이점은 그 원인이 있고 없고가 아니라 강제냐 아니냐에 있다.

우리는 여기서 '원인이 있는 행위는 자유롭지 않은 행위와 같은 의미가 아니며, 자유로운 행위는 원인이 없는 행위와 같지 않다'라고 생각해 온 사람들이 이처럼 있음에 유념할 필요가 있다. 요컨대, 원인이 있는 행위와 자유로운 행위가 서로 대비된다고 보아서는 안 된다. 나아가서 자유의지와, 인과성에 근거한 결정론을 서로 조화시킬 필요가 있다. 강제나, 강요나, 억압 때문에 나타나는 행위는 자유롭지 못하다고 할 수 있지만, 경험과 가치에 근거한 스스로의 통제로 말미암아 나타나는 행위는 자유롭다고 보아야 한다. 물론, 강제나, 강요나, 억압은 자유로운 행위를 방해하는 것으로 간주되어야지, 행위를 야기하는 원인으로 간주되어서도 안 된다.

강요나 강제가 행위의 원인이 될 수 없음은 다음과 같은 논거를 통해서도 확인할 수 있다. 예컨대, 행동의 자유나 사회적 자유라고 할 때의 자유는 외적인 강제나 강요가 없는 상태를 뜻한다. 반면에 자유의지라고 할 때의 자유는 '의지가 자유로운가'라는 물음 곧, 선택의 자유와 관련되어 있다. 경우에 따라서는 행위를 야기하는 원인을 내적인 것과 외적인 것으로 나누어 강요나 강제는 외적인 원인에 속하는 것으로 분류되기도 하지만, 이는 인과관계의 특징을 잘못 이해하는 데서 비롯된다. 인과관계에서의 원인과 결과의 결합은 항상적 결합임을 생각할 때에 강요나 강제에 따른 행위는 그 결합의 정도가 인과성에서 요구하는 결합의 정도와는 사뭇 다르다. 그렇다면, 자유의지 다시 말해 달리할 수 있는 선택의 자유는 어떤가? 자유의지에 따른 자유로운 행위와 인과성에 근거한 결정론은 어떤 관련이 있는가?

자연에서 발생한 사건의 경우는 그 사건이 인과성을 지니고 있는지의 여부를 밝혀 주는 기준으로서 일반법칙과의 관련이 요청된다. 요컨대, 인과성이라는 용어는 법칙이라는 용어와 관련을 맺으면서 쓰여야 한다. 자연법칙인 일반법칙은 '보편적인 경험명제'라는 사실을 하나의 특징으로 지닌다. 그러므로 인과성이 단순히 사건과 사건의 규칙적인 결합은 아니라는 사실을 밝히려면, 규칙성을 지닌다고 하더라도 보편적인 경험명제인 자연법칙에 근거해 그 규칙성이 보증될 수 있어야 한다. 비슷하게, 자유로운 행위도 어떤 외적인 강제나 강요 없이 자신이 터득한 경험과 자신이 중시하는 가치에 근거하여 스스로의 통제에 따라 이루어지는 행위라고 할 수 있다. 자신이 중시하는 가치는 자신의 신념체제와 사회에서 추구하는 이상이 서로 조화를 이루는 곳에서 형성된다. 그러므로 자유로운 선택이나 행위는 어느 정도 예측가능한 선택이나 행위라 할 수 있다. 왜냐하면 그러한 경험과 가치는 어느 정도 지속성을 지니기 때문이다. 자연법칙과 같은 수준의 보편성을 띤 경험명제는 아닐지라도, 어느 정도 일관성을 지니고 있으면서 행위를 야기하는 원인과 비슷한 역할도 하기 때문이다. 이런 점에서 보면 자유의지와 결정론은 대비되는 것이 아니라 양립가능하다.

홉스와 슐리크의 견해는 스테이스(W.T. Stace)가 더욱 발전시켰다. 스테이스는 많은 철학자들이 자유의지의 의미를 오해하고 있다고 주장했다. 그는 그들이 사용하고 있는 자유의지라는 용어의 용법이 일상인들이 사용하는 '일상적 용법'과는 달리 사용되고 있다는 점을 지적했다. 그는 주어진 개념에 관한 일상적인 용법이 그 개념의 정의가 옳은지의 여부를 결정짓는 준거가 된다고 했다. 그(1976)의 말에 따르면, "원인이 없다거나 원인에 따라 결정되지 않았음을 자유의지로 보는 것은 자유의지에 관한 부정확한 정의임에 틀림없다. 자유로운 행위란 알고 보면 모두 다 욕구나, 동기나, 행위자의 마음속에 있는 어떤 내적인 심리상태에 의해 야기된다"(27). 자유의지와 결정론의 관계에 관한 논쟁은 단지 용어사용에 얽매어 있어서 일어나는 것이며, 용어들의 의미에 관한 혼란으로부터 비롯된다(23). 이런 것은 단지 의미론적인 문제일 뿐이다. 이런 그의 주장은 자유의지와 관련된 문제는 자유의지의 의미를 잘못 이해해서 생긴 문제가 아니라, 진실을 잘못 밝힘으로써 일어난다는 호스피스의 견해와는 사뭇 다르다. 이어서 그는 "만일 인간에게 결정론적인 것이 전혀 없다고 한다면, 인간의 행위는 완전히 예측불가능하고 변덕스런 것이 된다"(30)고 했다. 이처럼 스테이스도 슐리크처럼 '자유의지는 원인에 따라 결정되지 않는 것'을 뜻한다는 견해에 대해 반대했다.

논리실증주의자인 에이어(A.J. Ayer)도 이런 경향을 옹호했다. 그 역시 자유란 어떤 형태의 인과성과는 무모순적이라는 견지를 취한다. 자유는 인과성 모두와 대비되는 것이 아니라 강요나 강제에 상응하는 원인 — 그는 강제나 강요도 일종의 원인이 될 수 있다고 간주한다 — 하고만 대비를 이룬다. 그(1984)에 따르면, "'내가 달리 행할 수도 있었는데'라고 말하는 것은, 첫째, '만일 내가 그렇게 선택했더라면, 나는 달리 행했음에 틀림없다'라는 것과, 둘째, '나의 행위는 자발적이었다'라는 것과, 셋째, '아무도 내가 행한 것을 선택하도록 강요하지 않았음' 을 의미한다"(2). 이처럼 그도 자유는 강요와 대비된다고 했다.

이어서 그는 "'내가 달리 행할 수도 있었는데' 라고 말하는 것은 '아무도 내가 한 것을 선택하도록 강요하지는 않았음' 을 뜻하는 것이다"(2)라고 하면서, 자유의지의 반대는 강요나 강제임을 옹호했다.

한편, 후랑크훠트(Harry G. Frankfurt, 1971)는 피조물들이 일반적으로 지니는 욕구, 동기 등 — 그는 이것을 1차등급의 욕구(first-order desires)라고 불렀다 — 과 구별하여, 자기평가를 할 수 있는 능력(the capacity for reflective self-evaluation)을 2차등급의 욕구(second-order desires)라고 부르면서, 인간이 지닌 이 능력을 자유의지가 존재한다는 증거로 내세웠다. 이처럼 양립가능론자들은 인간이 지닌 이성과 합리성을 강조하면서 자유의지와 결정론의 양립가능성을 주장하는 경향이 짙다. 자유로운 행위는 행위자의 합리적인 욕구에 따라 이루어지며, 우리 인간은 이성을 통해 옳고 그른 행위를 구별해 낸다. 이런 점에서 자유의지는 결정론과 무모순적이다.

요컨대, 자유의지와 관련된 논쟁에 관한 이런 견해들은 다음의 도형으로 나타낼 수 있다.

자유의지와 결정론의 비교(2)

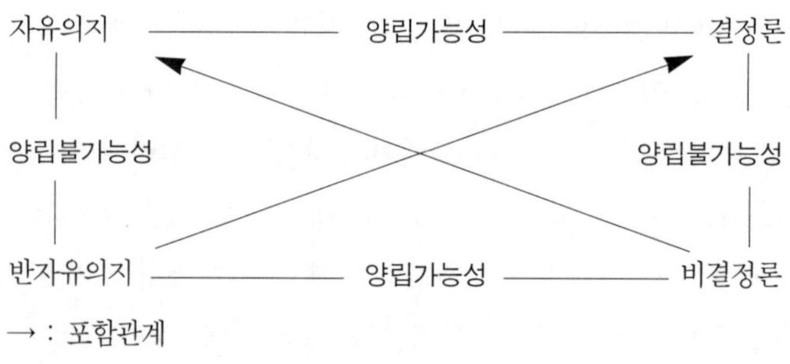

그러나 양립가능론을 주장하는 이들의 논증도 아래와 같은 문제점들을 지니고 있다. 우선, 아퀴나스와 데카르트의 경우, 그들은 인간을 제외한 다른 사물들은 인과계열 속에 놓여 있지만 인간은 자유의지에 따라 행위한다고 주장하는데, 그들의 견해에서 자유의지란 어떤 것인지에 대한 서술이 빈약하다. 나아가 인과계열로 파악되는 물질세계도 있고 자유의지로만 파악되는 의지의 세계도 있다는 그런 2원론적인 양립가능론에서는 의지의 세계에 결정론적인 요인들이 개재될 여지가 없게 된다. 이런 점에서는 의지의 세계에 관한 한 양립불가능론이 된다. 그렇게 되면 자유의지론에서 주장하는 것과 유사해진다. 이는 우리가 그들의 논증 속에서 발견할 수 있는 매우 의심스러운 부분이다. 더욱이 그들은 자유의지와 결정론은 양립가능하다고 보면서도 그 궁극적인 원인으로 신을 설정하고 있다. 만일 신이 모든 것의 제1원인이라면, 사물을 제외한 사람만이 자유의지를 지니고 있다는 그의 견해는 스스로 모순된 표현이 되기도 한다. 왜냐하면 사람은 곧, 약간의 존재는 자유의지를 지니고 있기 때문이다.

약한 결정론에 근거해 양립가능론을 주장하는 사람들의 경우도 석연치 않은 부분들이 있다. 예컨대, 스테이스가 말하고 있는 '일상적 용법'이라는 용어의 의미도 여전히 모호하다. 그는 '일상적인 용법'이나 '상식적인 용법'이라는 말이 지시하는 기준을 제시하지 않았다. 슐리크가 사용하는 '벌'이라는 용어도 그렇다. 그들은 그들이 사용하는 개념들의 의미를 명료화했어야 했다. 그들은 개념들 사이의 관계도 명쾌하게 보여주지 못했다. 예컨대, 두 번째 도형에서 알 수 있듯이, 자유의지론과 비결정론 사이의 관계, 결정론과 반자유의지론의 관계, 그리고 반자유의지론과 비결정론의 관계가 각각 그것이다.

이제까지 자유의지와 결정론의 관계를 양립불가능론과 양립가능론이라는 두 가지 대립된 견해를 중심으로 살펴보았다. 같은 양립불가능론자들이라고 하더라도, 자유의지론자들의 접근방식과 강한 결정론자들의 접근방식은 서로 다르며, 같은 강한 결정론자들이라 하더라도, 논거나 정도에 차이가 있다. 그러나 크게 양립불가능론자와 양립가능론자들로 분류하여 정리하여 보면 〈표 1〉과 같다. 나아가서 논의되어온 양립불가능론자들과 양립가능론자들의 견해를 강한 결정론과 약한 결정론을 중심으로 정리하면 〈표 2〉와 같다(Ahn, 1999: 72).

〈표 1〉 자유의지와 결정론의 관계에 관한 학자들의 경향

	양립불가능론		양립가능론
	강한 결정론	자유의지론	약한 결정론
슐리크(Moritz Schlick)			○
노웰-스미스(P.H. Nowell-Smith)			○
브로드(C.D. Broad)		○	
캠벨(C.A. Campbell)		○	
스테이스(W.T. Stace)			○
에드워즈(Paul Edwards)	○		
호스퍼스(John Hospers)	○		
스키너(B.F. Skinner)	○		
에이어(Alfred J. Ayer)			○
베로흐스키(B. Berofsky)			○
인와겐(Peter van Inwagen)	○		
후랑크훠트(H.G. Frankfurt)			○
블랜샤드(B. Blanshard)			○

○ : 옹호하는 견해

〈표 2〉 양립불가능론과 양립가능론의 특징 비교

양 립 불 가 능 론	양 립 가 능 론
· 강한 결정론자들의 견해 · 화해할 수 없는 결정론 (nonreconciling determinism)	· 약한 결정론자들의 견해 · 화해할 수 있는 결정론 (reconciling determinism)
· 모든 사건은 그 원인이 있으며, 그것 때문에 불가피하게 발생한다. · 인간의 행위도 그 원인이 있으며, 그것 때문에 불가피하게 발생한다.	· 자유의지는 인과관계에서 벗어나는 것을 뜻하지 않는다. · 자유로운 행위는 욕구나, 동기나, 도덕적인 신념체계에 따라 야기된다.
· 자유로운 행위는 원인이 없는 행위에 상당한다. · 자유의지는 결정론과 양립불가능하다. · 자유의지는 결정론과 모순을 이룬다.	· 자유로운 행위는 원인이 없는 행위가 아니다. · 자유의지는 결정론과 양립가능하다. · 자유의지는 강제, 강요와 반대다.
· 인간에게 선택의 자유란 없다.	· 인간은 선택의 자유를 지닌다.
· 결정론은 도덕적인 책임과 양립불가능하다. · 결정론과 도덕적인 책임은 서로 화해할 수 없다. · 자유의지는 도덕적인 책임의 필요조건(necessary condition)이다. · 우리는 우리의 성격에 대해 책임이 없으므로, 우리의 성격에 근거한 행위들에 관해서도 책임이 없다.	· 결정론은 도덕적인 책임과 양립가능하다. · 도덕적으로 자유로운지의 여부는 결정론에 관한 문제와는 다르다. · 자유의지는 도덕적인 책임의 필요조건이다. · 우리는 양자택일적인 것들 가운데 어떤 것을 선택할 수 있기 때문에, 우리의 행위에 대해 책임이 있다.
· 자유의지에 관한 문제는 진실이거나 진심에서 우러난 문제(a real or genuine problem)이다.	· 자유의지에 관한 문제는 용어적, 의미론적, 사이비적인 문제(a verbal, semantic, or pseudo problem)이다.

4. 양립가능론과 양립불가능론의 유형

자유의지와 결정론의 관계에서 양립가능론자들의 분석은 주로 약한 결정론자들이 제시했다. 그들은 자유의지, 결정론, 도덕적인 책임은 서로 조화를 이룬다는 데 의견을 같이한다. 자유로운 행위는 강요된 행위가 아니다. 자유로운 행위는 행위자의 합리적인 욕구에서 이끌어 내지며, 이성에 따라 옳고 그른 것을 구별하면서 도덕원칙에 따라 감정을 통제할 수 있다는 데 호의적이다. 그들은 자유의지는 결정론과 무모순적이라고 말한다. 자유의지는 인과성과 대비를 이루는 것이 아니므로, 자유의지가 인간에게 있음을 긍정하기 위해 결정론을 부정할 필요는 없다.

전통적인 양립가능론자들의 주장들(CC: the claims of traditional compatibilists)과 양립불가능론자들의 주장들(CI: the claims of traditional incompatibilists)은 그 주장하는 방식에 따라, 아래와 같은 두 가지 견해들로 크게 나뉘기도 한다(Double, 1994: 154).

양립가능론자의 소극적(negative)인 주장(CN): 결정되지 않는 선택은 자유롭지 않다.
양립가능론자의 적극적(positive)인 주장(CP): 결정된 선택이 자유이다.
양립불가능론자의 소극적인 주장(IN): 결정된(한정된) 선택은 자유가 아니다.
양립불가능론자의 적극적인 주장(IP): 비결정성이 자유로운 선택을 낳는다.

앞의 여러 가지 주장들 사이에 이루어지는 관계를 전통적인 양립불가능론(CI) 및 양립가능론(CC)이라는 견지에서 보면, CN, CP, IN, IP의 옳고 그름은 아래의 〈표 3〉와 같이 정리된다. 여기서 ○와 ×는 각각 옳고 그름을 가리킨다(155).

〈표 3〉 양립불가능론과 양립가능론의 비교

	IN	IP	CN	CP
CI의 견지	○	○	×	×
CC의 견지	×	×	○	○

위의 표를 통해 우리가 알 수 있는 것은 양립가능론자들의 주장들인 CN과 CP는 동치는 아닐지라도 논리적으로 서로 무모순적이라는 점이다. 양립불가능론자들의 주장들인 IN과 IP도 그렇다. 그러나 IN과 CP는 서로 모순관계에 있으며, IP와 CN의 관계도 그렇다.

5. 요약 및 시사점

자유의지와 결정론의 관계에 관한 논의는 크게 양립불가능성과 양립가능성이라는 두 가지 접근방법으로 정리될 수 있다. 양립불가능성을 주장하는 사람들은 주로 강한 결정론 — 사건은 그 원인을 지니며 불가피하게 이루어지므로, 인간의 행위도 그 원인을 지니며 불가피하게 이루어진다 — 에 근거하여, 인간에게 자유의지란 있을 수 없음을 강조한다. 물론, 이 진술은 종합적이면서 아프리오리한 명제에 속하며 그 진위여부는 알 수 없다.

고대 그리스의 원자론자들이 내세우는 기계론이나 현대철학자인 호스퍼스, 에드워즈, 인와겐과 같은 학자들의 주장이 이에 속한다. 예컨대, 호스퍼스는 자유의지와 관련된 논쟁에서 강한 결정론을 지지하면서, 약한 결정론도 결국은 강한 결정론으로 환원된다고 본다. 중요한 것은 진실이라는 점이다. 캠벨이나 브로드와 같은 자유의지론자들도 강한 결정론과는 다른 측면에서 양립불가능론을 펼쳐 나간다. 그들의 견해에 따르면 자아활동에 근거해 창조적인 활동이 싹트는 의지의 세계에서는 결정론적인 것이 있을 수 없다는 점이다.

그런데 사람들은 흔히 죄의식을 지니기도 하고 후회를 하기도 한다. 죄의식이나 후회는 우리에게 선택의 자유가 있음을 알려 주는 징표라는 주장도 있다. 이런 감정은 과거 어느 시점에 우리가 가치갈등상황에 처하여 있을 때에 우리에게 여러 가지 경우 가운데서 어떤 것이든 선택할 수 있는 기회가 있었는데, 그 시기에 잘못 선택하였다는 것에 대한 후회에서 비롯된다.

우리는 어떤 선택을 하기 전에 곰곰이 생각을 하기도 한다. 이것은 우리의 선택이 인과계열 속에서 그저 다른 원인에 따라 이루어지는 것이 아닐 뿐만 아니라, 강요나 강제 때문에 이루어지는 것도 아님을 보여 준다. 우리의 선택이 강한 결정론에 따라 이루어진다거나 강요나 강제 때문에 이루어진다면, 우리는 우리의 선택에 대해 책임을 지고자 하지 않을 것이다. 우리에게 도덕적 책임이 있다 함은 자유의지도 있음을 이미 상정하는 것이 된다.

이런 점들 때문에 양립가능성을 주장하는 사람들은 주로 약한 결정론에 근거하여 그들의 견해를 펼친다. 예컨대, 슐리크는 자유의지는 결정론과 대비되는 것이 아니라 강요나 강제와 대비된다는 점을 강하게 제시하였다. 양립가능성을 주장하는 사람들은, 자유로운 행위와 자유롭지 못한 행위 사이의 차이점은 그 원인이 있고 없고가 아니라 강제냐 아니냐에서 찾아야 한다고 본다. 원인이 있는 행위는 자유롭지 않은 행위와 같은 의미가 아니며, 자유로운 행위는 원인이 없는 행위와 같지 않다. 강제나 강요나, 억압은 자유로운 행위를 방해하는 장애물로 간주되어야지 행위를 야기하는 원인으로 간주되어서는 안 된다.

필자는 전통적인 양립가능론자들의 주장들과 양립불가능론자들의 주장들을 그 주장하는 방식에 따라, 적극적인 측면과 소극적인 측면으로 나누어 살피기도 했다.

우리는 종종 가치갈등상태에 빠지는 경우가 있으며 그 경우 어느 것을 선택하여야 할 처지에 놓이게 된다. 우리들 대부분은 선택할 처지에 있을 때, 자신이 형성해 온 신념체제와 사회에서 추구하는 이상적인 가치를 마음에 두면서 어떤 것을 택한다. 이런 신념체제와 이상적인 가치는 자연법칙과 같은 수준의 보편성을 띤 경험명제는 아닐지라도 어느 정도 일관성을 지니고 있으며, 신댁이나 행위를 야기하는 원인과 비슷한 역할도 한다. 이런 점에서 보면 자유의지와 결정론은 대비되는 것이 아니라 양립가능하다는 주장이 가능하다.

필자는 7장을 마무리 지으면서 자유의지와 결정론은 양립가능하다는 것에 대해 더 적극적으로 임했다. 그러나 필자는 아래와 같은 몇 가지 문제는 앞으로 더욱 검토되어야 함도 느꼈다. 우선, 강한 결정론에서 사용되는 불가피성(필연성)이라는 용어나, 강한결정론과 약한 결정론에서 사용되는 원인이나 인과성이라는 용어는 앞으로 더욱 그 의미를 명료화시킬 필요가 있다는 점이다. 예컨대, 약한 결정론에서 말하는 원인을 이유라는 말로 대체해도 좋은지 말이다. 여하튼 원인과 결과의 관계, 이유와 행위의 관계, 필연성과 개연성의 관계, 외적 원인과 내적 원인의 관계, 자연현상에서 말하는 인과성과 사회현상이나 도덕생활에서 말하는 인과성의 관계 등은 더욱 명료화시킬 필요가 있다. 나아가서, 행동의 자유나 사회적 자유라고 할 때의 자유와 도덕생활과 관련된 담론에서 자유의지나 선택의 자유라고 할 때의 자유와는 어떤 관련이 있는지도 더욱 검토되어야 할 앞으로의 과제로서 남겨 놓는다.

8장 자유의지와 도덕적인 책임*

1. 문제의 제기

도덕적으로 책임을 지는 일과 도덕생활은 서로 밀접한 관련을 맺는다. 자유의지에 관한 의미규정과 자유의지의 존재여부도 도덕적인 책임문제를 거론할 때 흔히 나타난다. 아울러 자유의지의 존재여부에 관한 논의가 있을 때마다 그 논의와 관련되어 제기되곤 하는 것이 결정론이다. 결정론은 인과성과 관련을 맺는 것으로 흔히 여겨져 왔다. 그렇다면, 자유의지와 결정론의 관계, 그리고 그런 관계 속에서 도덕적인 책임은 어떻게 자리매김할 수 있는가? 본 논문에서는 자유의지와 결정론에 관한 논쟁에서 양립불가능론자, 준양립가능론자, 그리고 양립가능론자들의 견해를 살펴보면서, 그들이 자유의지와 도덕적인 책임에 관해 그들의 견해를 각각 어떻게 펼치는지 파악하고, 그에 따른 필자의 견해도 밝히려 한다.

이를 위해, 우선 자유의지와 결정론이 조화를 이룰 수 없다는 양립불가능론자들과 준양립가능론자들의 견해를 들어, 도덕적인 책임문제

---

* 이 글(2003)은 한국동서철학회에서 발행하는 『동서철학연구』 28집에 게재된 필자의 논문(225-245)인 「자유의지는 도덕적인 책임의 필요조건인가?」를 수정, 정리, 축약한 것이다.

를 살펴보겠다. 물론, 양립불가능론이나 준양립가능론이 지닌 문제점들을 양립가능론자들은 어떻게 극복해 나가고 있는지에 관해, 나아가서 그런 주장들이 각각 지니는 문제점들은 무엇인지도 밝히겠다. 이런 과정을 통해, 선택의 자유를 강조하면서도 그것에 대한 기준설정이나 도덕적인 책임을 소홀히 하는 우리의 생활풍조와 관련시키면서, 자유의지와 도덕적인 책임문제가 현실적으로 그리고 학문적으로 어떻게 정립되어야 할지를 제시, 정리하여 보겠다.

필자는 8장에서 자유의지가 도덕적 책임을 위해 꼭 필요한지의 여부에 관한 이들 각자의 논거를 파헤치고 동시에 그 문제점들을 지적하고자 한다. 나아가서 자유의지의 존재가 도덕적 책임을 분명히 하기 위해 필요불가결한 조건임을 강한 결정론(hard determinism)이 아닌 약한 결정론(soft determinism)에 근거해서 밝히고, 약한 결정론이 안고 있는 문제점도 지적하겠다.

2. 양립불가능론과 그 문제점

양립불가능이란 말은 모순이라는 용어와 동의어로, 두 견해가 함께 참일 수는 없는 곧, 두 견해가 서로 배타적인 상태에 있을 때 사용된다. 자유의지와 결정론의 관계를 말할 때, 양립불가능성(incompatibility)은 흔히 자유의지론자들(libertarians)이나 강한 결정론자들(hard determinists)이 제기해 왔다.

우선 양립불가능론자들로는, 의지의 세계에 관한 한 자의적인 활동이나 창조적인 활동을 강조하면서, 결정론을 배제하려는 캠벨(C.A. Campbell)이나 브로드(C.D. Broad)와 같은 자유의지론자들을 들 수 있다.[28] 예컨대, 캠벨은 자유의지를 자아활동(self activity)으로 간주하면서, 도덕적인 경험은 자아활동을 위한 지식의 원천이 되며, 자아활동은 행위자의 성격에 부응하는 행위와는 다르다고 본다. 자아(the self)는 성격을 창조하는 것이 아니라 감시하며, 의무감에서 어떤 결심을 하기도 한다. 자아활동은 성격에서 유래하는 경향성과는 대비되지만 창조적인 활동과는 깊은 관련을 맺는다. 그래서 그(1966)는 "자유의지란 창조적인 활동이라는 성질을 지닐 때만 의미를 지니며, 그 의미는 행위자의 직관성을 띤 실천적인 의식을 통해서만 발견될 수 있다"(134)고 말한다.

그러나 같은 양립불가능론자들이라 하더라도 강한 결정론자들은 자유의지론자들과는 그 접근방법이 다르다. 그들은 '발생한 모든 것은 이미 다른 어떤 것 때문에 결정된 것이며 그것의 원인을 지닌다'고 보면서 의지의 세계에서도 선택의 자유는 있을 수 없음을 강조한다. 호스퍼스(J. Hospers), 에드워즈(P. Edwards), 인와겐(Peter van Inwagen)과 같은 학자들의 주장이 그것이다. 필자는 이런 두 가지 유형의 양립불가능론자들 가운데 강한 결정론에 근거하여 그 특징과 문제점 등을 밝히고자 한다. 강한 결정론은 흔히 가장 전형적인 양립불가능론으로 여겨지며, 자유의지와 도덕적인 책임문제에 관해서도 독

---

28) 자유의지론은 반자유의지론(Anti-libertarianism)뿐만 아니라, 결정론과도 서로 양립불가능하다. 물론, 결정론은 비결정론(Indeterminism)과 양립불가능하다. 그러나 자유의지론이 비결정론과 동연(coextensive)이지는 않다. Joel Feinberg(1996)의 말을 빌리면, "모든 자유의지론자들은 비결정론자들이지만, 비결정론자들이라고 해서 모두 다 자유의지론자들은 아니다"(414). 한편, 비결정론자들이 자유의지론자들을 포함(inclusion)한다는 말은, 반자유의지론자들이 결정론자들을 포함한다는 말과 '전환의 원리'(the principle of transposition)에 따라 논리적으로 동치이다. 이 말은 자유의지라는 의미는 비결정론을 함축(implication)하고, 결정론이라는 의미는 반자유의지론을 함축한다는 말과 상통한다.

특한 그 나름의 견해를 내세우기 때문이다.

강한 결정론자들의 주장에 따른다면 자유의지는 도덕적인 책임을 묻기 위해서는 필요불가결하다. 다시 말해, 자유의지는 도덕적인 책임의 필요조건이다. 그렇다면 이런 자유의지가 우리에게 있는가? 이 물음에 관해 그들은 '선택할 수 있는 의지', '달리 할 수 있는 의지'인 자유의지가 인간에게 없다고 주장한다. 인간의 행위는 그 원인을 지니며 불가피하게 이루어지기 때문이다.

강한 결정론자들을 중심으로 한 양립불가능론자들은 종종 자유의지를 원인이 없는 행위와 관련시킨다. 이런 이유로 자유의지는 결정론과 양립불가능하다. 이런 강한 결정론에서는 어떠한 자유의지도 자리잡을 수 없다. 양립불가능론을 펼치는 몇몇 학자들의 논거를 살펴보면서, 그 문제점들도 지적하여 보기로 한다.

양립불가능론자들 가운데 강한 결정론자들의 처지에서 보면, 결정론은 자유의지뿐만 아니라 도덕적인 책임과도 양립될 수 없다. 그들에 따르면 우리는 자유의지가 없기 때문에 우리의 행위에 대해 도덕적인 책임도 없다. 선택의 자유가 없으므로 당연히 그에 따른 도덕적인 책임도 가능하지 않다. 자유의지는 우리의 행위에 대한 도덕적인 책임을 위해 필요불가결한 요인으로 필요조건이 되기 때문이다. 도덕적인 책임은 우리가 실제 했던 것과는 달리 다른 식으로도 행할 수 있었다는 점을 상정하는 가운데 성립된다. 그러나 강한 결정론의 처지에서 보면 우리에게는 우리가 실제로 했던 것과는 다른 식으로 행할 수 있는 그런 자유의지가 없다.

현대의 대표적인 강한 결정론자인 호스퍼스(1965)는 모든 행위는 무의식적인 힘 때문에 야기된다고 본다. 그는 우리의 행위는 우리가 통제할 수 없는 유아시절에 형성된 무의식적인 힘에서 야기된다는 점을 강조한다. 그는 아래와 같은 예를 통해 그 근거를 제시했다.

> 어머니는 자기의 딸이 남편 후보감으로 건강상태가 나쁜 사람들을 택하려는 것에 대해 분통을 터뜨릴 수 있지만, 자기 딸은 어린 시절 아버지에 대한 그리움으로 아버지와 같은 처지에 있는 사람을 배우자로 택하기로 작정하였다. 그녀는 자유롭게 선택했으며, 그렇게 하기까지 상당한 시간이 걸렸다. 그녀보다 20여 년이나 더 나이가 든 병든 남자를 돌보는 일인데도 말이다. 그런 딸을 비난하는 일은 요점에서 벗어나 있다. 그녀는 그런 선택을 바꿀 수 없기 때문이다(114).

이처럼, 마음속 깊이 있는 내부의 힘이 우리의 행위를 결정한다. 인간의 행위는 모두 다 무의식적인 힘 때문에 야기된다. 무의식적인 힘이 행위의 원인이 된다. 행위를 야기하는 것은 자유의지가 아니라, 우리 내부에 있는 무의식적인 힘에 따른 것이다. 그러므로 자유의지와 결정론이 양립한다는 주장은 옳지 않다.

우리의 행위는 그 근원을 따진다면 이처럼 무의식적인 다른 요인들로부터 유래하기 때문에 우리는 우리의 행위에 대해 책임이 없다. 그(1965)의 주장에 따르면, "우리는 겉(the upper level)으로 나타난 행위와 속(the lower, or deeper level)에 있는 행위의 원천을 서로 혼동해서는 안 된다. 도덕적인 행위와 관련된 대부분의 이야기들은 기껏해야 전자에 근거하여 이루어진다. 자유의지에 관한 논의도 바로 그런 수준에 근거해서다"(129).

호스퍼스의 말에 따르면, 우리의 행위는 유전적인 요인이나 환경적인 요인에 따라 형성된 우리 자신의 성격이나 기질에서 유래하므로, 우리는 우리의 행위에 대해 책임이 없다. 우리는 그런 성격이나 기질에 대해 책임을 질 수는 없기 때문이다. 인간의 행위는 강력하고도 무의식적인 힘 때문에 야기된다. 무의식적인 동기가 행위의 원인이다. 우리는 주어진 행위의 겉면과 행위의 원천을 이루는 심층부분을 혼동해선 안 된다. 자유의지에 관한 Hume-Mill-Schlick-Ayer의 분석은 행위의 겉면을 보면서 하는 주장이다(129). 사람들이 하는 행위의 원인을 상세히 알게 되면 될수록 도덕적인 책임으로부터 면제된다는 것이 그의 주장이다(122).

결국, 강한 결정론과 같은 양립불가능론자들은 '어떠한 사람들에게도 자유의지는 없다'는 진술을 다음과 같은 삼단논법에 근거해 이끌어 낸다.

〈논증 1〉

만일 결정론 — 모든 사건은 그 원인이 있으며 필연적으로 이루어진다 — 이 참이라면, 어떠한 사람에게도 자유의지는 없다.

그런데 결정론은 참이다.

따라서 어떠한 사람에게도 자유의지는 없다.

사람들은 살아가는 과정에서 죄를 범하고 법에 따라 처벌을 받는 경우가 있다. 그러나 이 경우에도 그의 견해에 따르면, 벌이란 죄를 범한 것에 대해 그 책임을 묻는 죄의 대값(retribution)이 아닌 단지 인과론적인 측면에서 죄의 억제(rehabilitation)를 위해, 그리고 건전한 대다수의 일상인들을 보호하기 위해 주거나 받는다. 벌을 받는다는 것은 도덕적인 책임과는 관련이 없다. 아무도 자기의 행위에 대해 도덕적인 책임을 지닐 필요가 없다. 만일 어떤 사람이 죄를 범해 처벌을 받았다면 그는 단지 운이 나빴을 따름이다. 벌을 받았다면, 그가

한 행위가 그가 생활하는 사회에서 통용되는 규범이나 법에 따라 받아들여지지 않는 행위였기 때문에 빚어진 것이다.

에드워즈도 강한 결정론의 처지에서 결정론과 도덕적인 책임이 양립불가능함을 내세운다. 그에 따르면 우리의 욕구나 성격은 유전적인 것과 생애 초기의 환경의 영향을 받는다. 이처럼 사람들은 궁극적으로는 자기 자신의 성격을 선택하지는 못한다. 이런 사실들로부터 그런 성격에 기초한 행위들에 대해 도덕적인 책임도 질 수 없다는 것이 당연히 추론된다. 그래서 그는 "사람들은 근본적으로 자기 자신의 성격을 형성하지는 못한다는 사실로부터, 도덕적으로 결코 책임을 질 수도 없음이 추론된다"(1965: 113)고 주장했다.

이처럼 호스퍼스도 에드워즈도 모두 강한 결정론을 옹호하면서 결정론과 도덕적 책임은 서로 양립될 수 없음을 강조한다. 이들에 의하면, 우리는 우리의 행위에 대해 책임이 없다. 왜냐하면 우리는 우리의 행위가 유래하는 우리의 성격에 대하여 책임이 없기 때문이다. 예컨대, 내가 어떤 사람의 무능력 때문에 그 사람을 탓할 수 없듯이, 나는 내가 지닌 어떤 재능 때문에 나 자신을 찬미할 필요도 없다. 우리들의 무능력이나 재능은 이미 그 결정요인이 있기 때문이다. 우리들은 우리들이 행하는 것에 대해 도덕적으로 책임을 지는 것을 정당화할 수도 없다.

이런 호스퍼스나 에드워즈의 견해는 인와겐(Peter van Inwagen), 스키너(B.F. Skinner) 등이 내세우는 견해와도 그 흐름에서 유사하다. "만일 결정론이 참이라면, 어떠한 사람도 어떤 것을 선택할 수 없으므로, 도덕적인 책임에 관한 논의가 있으려면 선택할 수 있어야 한다"는 인와겐의 주장(1983: 105)도 이런 맥락 속에서 이해될 수 있다. 곧, 결정론이 참이라면 선택의 자유란 없으며, 선택의 자유가 없다면 도덕적인 책임도 없다. 그러므로, 결정론이 참이라고 함은 도덕적인 책임을 불가능하게 한다. 결정론과 도덕적인 책임은 양립불가능하다는 점이다.

행동주의 심리학자인 스키너의 견해도 이런 양립불가능론에 서 있다. S-R 이론(자극-반응이론)에 기초한 그의 이론에 따르면, 인간의 행위는 그에 선행하는 인과적인 자극이라는 조건들(stimulus conditions)로부터 나타나는 귀결이다. 소위 자율적인 행위란 거의 존재하지 않거나 없다(Feinberg, 1996: 430). 이어서 그는 '사람들의 행동이 유전적인 결정요인에서 유래한다'고 할 때는 책임이라는 개념이 특히 약화됨을 주장한다. 우리는 어떤 사람들이 못생겼거나 경련을 일으킨다거나 색맹이라 해서 그들을 비난하지는 못한다. 문제는 그런 사람의 책임이 아니라 그런 사람의 행동에 영향을 미치는 조건이나 환경, 유전적인 측면이다(428).

이처럼 이들은 강한 결정론을 옹호하면서, 결정론과 도덕적 책임은 서로 양립할 수 없다고 본다. 자유의지는 도덕적 책임을 위해 필요 불가결한 조건인데, 우리에게 그런 자유의지가 없으므로, 도덕적 책임도 결정론과는 당연히 양립될 수 없다는 것이다. 그래서 우리는 행위에 대해 책임이 없다. 우리는 우리의 행위가 유래하는 우리의 성격이나 유전요인들에 대해 책임이 없기 때문이다. 예컨대, 내가 어떤 사람의 무능력 때문에 그 사람을 탓할 수 없듯이, 나는 내가 지닌 어떤 재능 때문에 나 자신을 찬미할 필요도 없다. 왜냐하면 우리들의 무능력이나 재능은 이미 그 결정요인이 있기 때문이다. 그래서 우리들은 우리들의 행위에 대해 도덕적으로 책임을 지는 것을 정당화할 수 없다. 요컨대, 인간에게는 자유의지가 없으므로 자기의 행위에 대한 도덕적인 책임도 없다.

결국 이런 양립불가능론자들은 결정론과 도덕적인 책임이 서로 양립불가능함을 아래와 같은 논증을 통해 밝히려 한다.

〈논증 2〉

자유의지는 도덕적인 책임의 필요조건이다.

자유의지는 결정론과 양립불가능하다.

따라서 도덕적인 책임은 결정론과 양립불가능하다(Ravizza, 1994: 61).

요컨대 결정론은 자유의지뿐만 아니라 도덕적인 책임과도 양립불가능하다. 결정론이 참이라면 선택의 자유란 없으며, 선택의 자유가 없다면 도덕적인 책임도 없다. 그런데 인간에게는 자유의지가 없으므로 자기의 행위에 대한 도덕적인 책임도 당연히 없다.

그러나 이런 양립불가능론자들의 견해에는 다음과 같은 문제점들이 있다. 우선, 앞서 제시된 〈논증 2〉에서 나타나는 오류를 들 수 있다. 왜냐하면 〈논증 2〉에서는 비록 그 전제들이 참이라 하더라도 그에 따라 결론이 필연적으로 참이라고는 할 수 없기 때문이다. 위의 논증에서는 중개념(中概念, middle term)인 자유의지가 제시된 문장들에서 둘 다 주연(周延, distribution)되었으므로 대개념과 소개념을 반드시 이어준다고는 말할 수 없다.

이런 형식적인 문제점 이외에도 양립불가능론에 근거해서 그 실질적, 현실적인 측면에서 행복이나 상·벌과 같은 것을 설명하는 데 어려움이 있게 된다. 사람들의 행위가 다른 것 때문에 이미 결정되어 있다거나 된다고 하면, 도덕생활을 중요시하며 권장할 근거가 희박해진다. 특히 도덕생활에서 사람들이 지녀야 할 책임문제는 그 근거를 잃게 된다. 선택의 자유가 없으므로 책임이 뒤따르지 않기 때문이다.

그래서 이런 강한 결정론자들의 견해에서 드러나는 문제점을 극복하기 위해 몇 가지 접근방법이 시도되어 왔다. 준양립가능론자들의 견해나 양립가능론자들의 견해가 각각 그것이다. 그렇다면 이들의 견해는 각각 어떤 특징이 있는가? 논의의 편의상 자유의지와 도덕적인 책임문제와 관련된 논의에서, 우선 준양립가능론자들은 어떤 견해를 지니는지에 관해 알아보기로 한다. 왜냐하면 준양립가능론자들은 자유의지와 결정론의 관계나 자유의지와 도덕적인 책임의 관계에서는 양립불가능론자들의 견해와 일치한다 할지라도, 결정론과 도덕적인 책임문제에 관해서는 견해를 달리하기 때문이다. 아울러 준양립가능론은 양립가능론에 비해 양립불가능론과 비슷한 점도 많이 있기 때문이다.

3. 준양립가능론과 그 문제점

도덕적 책임을 묻기 위해서는 우선 자유의지의 존재가 필요불가결한 선행조건(필요조건)이라는 사람이 있는가 하면 그렇지 않다고 보는 사람도 있다. 후자와 같은 견해를 지닌 사람들이 준양립가능론자들이다. 자유의지와 결정론의 양립가능성을 주장하는 사람들〔compatibilists〕이나 불가능성을 주장하는 사람들〔incompatibilists〕은 둘 다 전자에 속하지만, 준양립가능론자들〔semi-compatibilists〕은 후자에 속한다. 준양립가능론자들은 자유의지는 결정론뿐만 아니라 도덕적 책임과도 양립불가능하지만 결정론은 도덕적 책임과는 조화될 수 있다고 본다. 준양립가능론자들의 견해에 따르면,

> 도덕적인 책임은 선택의 자유(freedom to do otherwise)를 필요로 하지 않는다. 그러므로 자유의지와 결정론의 양립가능성을 주장하지 않고도 도덕적인 책임과 결정론이 양립가능함을 주장할 수 있다. 이런 처지에서 비록 결정론이 선택의 자유와 양립 가능하지 않다 할지라도 도덕적인 책임과 인과적인 결정론을 조화시킬 수 있다(Ravizza, 1994: 62).

이처럼 준양립가능론자들은 새로운 경향의 양립가능론을 펼친다. 도덕적인 책임이 결정론과 화해할 수 있다고 하는 점에서는 양립가능론자들과 그 견해를 같이하지만, 자유의지와 결정론의 관계나 자유의지와 도덕적인 책임의 관계에서는 그 관계가 조화로울 수 없다고 본다. 이처럼 조화로울 수 없다고 보는 점에서는 양립가능론자들과 그 견해를 달리한다.

양립불가능론자들도 준양립가능론자들도 자유의지와 결정론은 서로 조화로울 수 없다는 데는 동의하지만, 그들은 자유의지와 도덕적인 책임의 관계에 관한 한 서로 의견이 다르다. 양립불가능론자들은 자유의지와 도덕적인 책임이 서로 조화로울 수 있음을 지적하지만, 준양립가능론자들은 달리 생각한다는 점이다. 유사한 방법으로 결정론과 도덕적인 책임 사이의 관계에서도 전자는 양립할 수 없음을 주장하지만, 후자는 그렇게 생각하지 않는다. 이처럼 준양립가능론자들은 자유의지가 결정론이나 도덕적인 책임과는 조화로울 수 없음을 지적하는 한편, 도덕적인 책임을 인과적인 결정론과 조화시키려 한다. 그렇다면 준양립가능론자들의 이런 견해는 어떤 논거에 근거하는지 살펴보기로 한다.

준양립가능론자들은 인와겐(P. v. Inwagen)이 주장하는 소위 '귀결논증'(consequence argument)이나 '직접논증'(direct argument)을 제

시하면서 그들의 주장을 펼친다. 예컨대, 어떤 행위자가 M을 선택하지 못한다면, 그리고 M이 N의 원인이 된다는 사실을 선택하지 못한다면, 그 행위자는 N을 선택할 수 없다는 것이 그 결과로서 이끌어내진다(Ravizza, 1994: 61-62). 이 귀결논증의 배후에는 다음과 같은 것이 상정되어 있다.

> 인과적 결정론은 다음과 같은 주장을 펴 나가는바, 곧 소정의 시기에 세계에 관한 완전한 기술과 자연법칙에 관한 완전한 진술이 그 이후의 세계에 관한 모든 사실을 필연적으로 수반한다(62).

이 논증은 결정론과 인간행위의 관계에도 적용될 수 있다. 다시 말해 결정론이 참이면 우리가 하는 모든 선택이나 행위는 먼 과거의 사건과 자연법칙으로부터의 귀결이다. 달리 나타낸다면,

> 어떠한 사람도 P라는 먼 과거를 선택하지 못하기 때문에, 그리고 어떠한 사람도 P로부터 어떤 행위 A에 이르는 자연법칙을 선택하지 못하기 때문에, 사람들은 현재 이루어지는 그런 A도 선택하지 못한다는 결론이 도출된다. 다시 말해, 아무도 달리 선택하지 못한다(62).

그러므로 자유의지는 없으며, 결정론은 자유의지와 양립가능하지 않다.

준양립가능론자들의 견해에 따르면, 사람들에게는 자유의지가 없기 때문에 자유의지는 도덕적인 책임과도 양립가능하지 않다. 준양립가능론자들은 그런 주장을 위해 인와겐이 제시한 직접논증을 채택한다. 인와겐의 직접논증에서는 결정론과 도덕적인 책임이 서로 양립불가능

함을 (선택의 자유에 관한 어떠한 가정도 할 필요 없이) 보여 주는 논증을 제시하기 위해, 이행원칙(transfer principle) — '(aRb & bRc & … & mRn) → aRn' — 이 사용된다(63). 준양립가능론자들은 이런 추론의 정당성을 인정하면서 자유의지란 있을 수 없다고 주장한다. 자유의지란 있을 수 없으므로, 결정론은 자유의지와 양립할 수 없다는 것이다.

물론, 준양립가능론자들의 처지에서 보면, 사람들이 도덕적인 생활을 하기 위해서는 도덕적으로 책임을 지는 일이 필요하다. 그런데 앞에서 밝혔듯이 인간에게는 자유의지가 없으므로 자유의지는 결정론이나 도덕적인 책임과 각각 양립할 수 없다. 자유의지는 도덕적인 책임의 필요조건이 될 수 없기 때문에, 자유의지를 필요로 하지 않는 도덕적인 책임이 필요하다. 그러므로 도덕적인 책임은 결정론과 조화를 이루어야 할 수밖에 없다. 그래서 준양립가능론에서는 "도덕적인 책임은 선택의 자유를 필요로 하지 않는다; 사람들은 자유의지와 결정론의 양립가능성을 지지하지 않고서도 도덕적인 책임과 결정론에 관해 양립가능론자일 수 있다"(62)는 독특한 주장을 내세운다. 양립불가능론자들이 자유의지는 도덕적인 책임을 위해 필요조건인데, 인간에게는 그런 자유의지가 없기 때문에 도덕적인 책임은 자유의지와도 결정론과도 양립불가능하다고 주장하는 반면에, 준양립가능론자들은 인간에게는 자유의지가 없기 때문에 도덕적인 책임을 위해 필요조건인지의 여부를 따질 수 없으므로, 도덕적인 책임문제는 결정론과의 관계 속에서 다룰 수밖에 없다고 주장한다.

그러나 이들의 견해는 다음과 같은 측면에서 문제가 있다. 첫째, '도덕적인 책임은 결정론과 조화를 이룬다'는 문장이, '도덕적인 책임은 자유의지를 필요로 하지 않는다'('자유의지는 도덕적인 책임의 필요조건이 아니다')와, '자유의지와 결정론은 양립불가능하다'라는 문장으로부터 과연 귀결될 수 있는가 하는 점이다. 준양립가능론자들은 자유의지와 결정론의 양립불가능성이나 자유의지와 도덕적인 책임의 양립불가능성을 주장하면서, 결정론과 도덕적인 책임의 양립가능성을 주장한다. 그러나 그렇다고 해서 그들이 제시하는 전제들로부터 결론이 필연적으로 추론되지는 않는다. 결론을 떠받들 논리적인 근거가 허술하다.

둘째, 인와겐이 추론의 정당성을 위해 내세우는 소위 귀결논증도 문제다. 귀결논증에 따르면, "만일 결정론이 참이면, 현재 수행하는 어떤 행위 A에 대해서는 자연법칙에 따라 결합된 P라는 먼 과거의 어떤 상태가 있게 마련이다"(63). 우리의 모든 선택과 행위는 먼 과거에서의 사건들과 자연법칙의 귀결에 불과하다. 그러므로 사람들은 그들의 행위에 대해 책임을 질 필요가 없다. 귀결논증은 인와겐의 직접논증과 밀접하게 관련되어 있는데, 인와겐이 채택한 직접논증의 이행원칙에서는 선택 대신에 책임이라는 표현이 사용된다. 달리 말하면, 만일 어떠한 사람도 P에 대해 책임이 없고, 그런 P가 Q에 이른다는 사실에 대해서도 책임이 없다면, 당연히 Q에 대해서도 책임을 질 수 없다는 사실이 추론된다. 하지만, 이런 귀결논증은 검증도 반증도 할 수 없는 논증이다. 많은 경우에, 준결정론자들은 '모든 것들은 그 원인이 있으며 필연성을 띤다', '과거가 미래를 지시한다', '우리가 하는 모든 것은 깨뜨릴 수 없는 법칙에 따라 지배된다', '인간의 행위도 그 원인이 있으며 필연성을 띤다'와 같은 검증불가능한 형이상학적인 가정을 한다. 이런 가정들은 어떠한 것도 검증이나 반증이 가능하지 않다.

셋째, 준양립가능론자들이 제시한 도덕적인 책임은 그 사실적, 객관적인 근거가 허술하다. 인간에게 자유의지가 없기 때문에 자유의지는 도덕적인 책임과 양립불가능하다고 그들은 말하지만, 그들의 주장은 하나의 가정에 근거한 주장에 불과하다. '자유의지는 없다'는 진술은 여전히 검증도 반증도 하기 힘든 그런 진술에 속한다. 요컨대, 준양립가능론은 양립불가능론의 경우와 마찬가지로 주관적인 믿음에 기초하며, 참이나 거짓으로 밝혀질 수 없는 일종의 설득의 영역에 속한다.

이제까지 자유의지와 결정론의 관계에서 양립불가능론자들과 준양립가능론자들의 견해를 살펴보고 동시에 그 각각의 문제점들을 지적하였다. 물론, 도덕적인 책임문제와 관련지으려는 데 힘쓰면서 논의하였다. 그렇다면 이제부터는 이런 두 견해들에 비해 양립가능론자들의 견해는 어떤 특징이 있는지 밝히기로 한다. 양립가능론에서는 자유의지와 결정론의 관계를 어떻게 설정하는지를 밝히고, 그런 근거 위에서 자유의지와 도덕적인 책임, 결정론과 도덕적인 책임문제를 각각 어떻게 설정하려 하는지도 살펴보겠다. 아울러 그 적극적인 측면과 소극적인 측면도 살펴보기로 한다.

4. 양립가능론의 요청

강한 결정론에 근거한 양립불가능론자들은 자유의지는 도덕적인 책임을 묻기 위해 필요조건이라고 하면서, 자유의지가 없는 한 결정론은 자유의지나 도덕적인 책임과 서로 화해(reconciliation)할 수 없음을 내세운다. 자유의지가 인간에게 없다는 측면에서는 준양립가능론자들도 양립불가능론자들과 그 견해가 같다. 양립불가능론자들이 자유의지와 도덕적인 책임은 서로 조화롭다 — 양립가능하다 — 고 파악한 반면에, 준양립가능론자들은 자유의지와 도덕적인 책임은 그럴 수 없다고 본다. 결정론과 도덕적인 책임의 관계에서도 양립불가능론자들의 견해와 양립가능론자들의 견해는 서로 다르다. 전자는 조화로울 수 없다고 하는 반면에 후자는 그럴 수 있다고 파악한다. 반면에 약한 결정론에 근거한 양립가능론자들은 우리에게는 자유의지가 있음을 주장하면서 자유의지는 결정론과 조화를 이루며, 자유의지와 결정론이 양립가능하다는 근거 아래 도덕적인 책임은 자유의지뿐만 아니라 결정론과도 조화로울 수 있음을 주장한다. 이런 견해들 사이의 관계를 표로 나타내면 아래와 같다. ○, ×는 자유의지, 결정론, 도덕적 책임 사이의 조화, 부조화 관계를 각각 가리킨다.

자유의지, 결정론, 도덕적 책임

	자유의지와 결정론	자유의지와 도덕적 책임	결정론과 도덕적 책임
양립불가능론	×	○	×
준양립가능론	×	×	○
양립가능론	○	○	○

위의 표를 통해 알 수 있듯이 양립가능론자들은 자유의지가 도덕적인 책임을 위해 필요불가결한 요인이라고 파악하는 점에서는 양립불가능론자들과 그 의견을 같이 한다. 하지만 양립불가능론자들이 인간에게 자유의지가 없음을 내세우는 반면에 양립가능론자들은 자유의지가 있음을 내세운다. 아울러 그런 자유의지는 결정론과 조화로울 수 있다고 주장한다. 예컨대, 홉스(Thomas Hobbes)는 장애물의 방해를 받지 않는 한 낮은 곳으로 자유롭게 흘러내려 가는 '자유로운 물의 흐름'이나 '공기보다 무거운 물체의 자유낙하'와 같은 구절에서, 사용되

는 '자유'라는 용어와 관련지으면서 자유의지의 의미를 규정했다. 그의 표현에 따른다면, '자의적으로 행하는 인간의 행위는 물길을 따라 자유롭게 아래로 흐르는 물과 같다'(1950: 178).

홉스가 제시한 이런 접근 방법을 현대에 이르러 많은 학자들이 계승, 발전시켰다. 그들이 내세우는 논거 가운데 가장 전형적인 근거는 언어분석을 통해서이다. 예컨대, 슐리크(Moritz Schlick)는 자유의지는 결정론과 대비되는 것이 아니라 강요나 강제와 대비된다고 했다. 그(1939)는 "강요나 강제의 반대는 자유이다"(150)라고 주장하면서, "사람이 도덕적으로 자유로운지의 여부에 관한 물음은 결정론과는 별개의 것이다"(150)라고 했다. 자유롭지 못한 행위와 자유로운 행위 사이의 차이점은 그 원인이 있고 없고가 아니라 강제냐 아니냐에 따른다. 원인이 있는 행위는 자유롭지 않은 행위와 같은 의미가 아니며, 자유로운 행위는 원인이 없는 행위와 같지 않다.

홉스와 슐리크의 견해에 따르면, 원인이 있는 행위와 자유로운 행위가 서로 대비된다고 보아서는 안 된다. 나아가서 자유의지와, 인과성에 근거한 결정론을 서로 조화시킬 필요가 있다. 양립가능론에서의 자유는 주어진 상황 속에서 사람들이 최상의 어떤 것을 선호하거나 생각하는 식으로 선택하거나 행위할 수 있느냐 하는 것과 관련되어 있다(Strawson, 1998: 744). 강제나, 강요나, 억압 때문에 나타나는 행위는 자유롭지 못하다고 할 수 있지만, 생활하면서 터득한 바람직한 경험과 가치에 근거해 스스로의 통제에 따라 나타나는 행위는 자유롭다.

우리는 기치갈등상황에 접할 때마다, 주어진 상황에서 어떤 선택이 좀 더 합리성을 지닌 것인지 진지하게 생각하곤 한다. 이어서 우리는 선택을 위한 최상의 기준을 찾기 위해 노력한다. 그런데 도덕생활에서 나타나는 선택기준은 도덕생활을 통해 형성된 일정한 신념체제의 영향을 받는 경우가 많다. 도덕적인 신념체제는 자신이 살아오면서 터득한 경험과 자신이 중시하는 가치에 따라 형성된다. 아울러 사회에서 추구하는 가치의 영향을 받는다. 이런 것들이 행위의 근거인 원인역할을 한다. 이런 관점에서 양립가능론자들은 도덕성이라는 것은 선택의 자유가 없는 한 무의미하다고 믿으면서 다른 한편으로는 도덕성의 기초를 세우기 위해서라도 자유의지와 결정론은 서로 양립가능하다고 주장한다.

흔히, 자연에서 발생한 사건의 경우는 그 사건이 인과성을 지니는지의 여부를 밝혀주는 기준으로 일반법칙과의 관련이 요청된다. 요컨대, 인과성이란 용어는 법칙이라는 용어와 관련을 맺으면서 사용되어야 한다. 자연법칙인 일반법칙은 '보편적인 경험명제'라는 사실을 하나의 특징으로 지닌다. 인과성이 단순히 사건과 사건의 규칙적인 결합이 아니라는 사실을 밝히기 위해서는, 규칙성을 지닌다 하더라도 보편적인 경험명제인 일반법칙에 따라 그 규칙성이 보증될 수 있어야 한다. 비슷하게, 자유로운 행위도 어떤 외적인 강제나 강요 없이 자신이 터득한 바람직한 경험과 가치에 근거해 스스로의 통제 아래 이루어지는 행위라 할 수 있다. 자신이 중시하는 경험과 가치는 자신의 신념체제와 사회에서 추구하는 이상이 서로 조화를 이루는 곳에서 형성된다. 그러므로 자유로운 선택이나 행위는 어느 정도 예측가능한 선택이나 행위라고 할 수 있다. 왜냐하면 그런 경험과 가치는 어느 정도 지속성을 지니기 때문이다. 아울러 자연법칙과 같은 수준의 보편성을 띤 경험명제는 아닐지라도, 어느 정도 일관성을 지니면서 행위를 야기하는 일종의 원인과 비슷한 역할도 하기 때문이다. 이런 점에서 자유의지와 결정론은 대비되는 것이 아니라 양립가능하다.

이런 특성을 지닌 자유의지는 도덕적인 행위를 하거나 책임을 묻기 위해서도 요청된다. 도덕적인 행위나 책임은 자유의지의 존재를 그 전제로 한다. 만일 어떤 사람이 강제나 강요 때문에 일을 한다면 — 그 사람에게 자유의지가 없다면 — 도덕과 관련된 대부분의 언행들은 그 의의를 상실하게 된다. 왜냐하면 도덕성이라는 것은 사람들이 가치갈등상황에 처했을 때 무엇을 어떻게 해야 하고 안 하고와 관련되어 있기 때문이다. 만일 사람들에게 자유의지가 없다면, 사람들은 자기의 행위에 관해 도덕적인 책임이 없다.

양립가능론자들은 사람들이 하는 행위의 원인을 상벌을 내려 바꿀 수 없다면, 그런 사람들에 대해선 도덕적인 책임을 부과할 수 없다고 본다. 우리는 어떤 사람이 부도덕하거나 법을 어겼기 때문에 그 사람에게 벌을 가한다. 벌이라는 것은 책임을 묻는 한 방법이다. 벌은 단지 사회의 질서와 안녕을 유지하기 위해서만이 아니라, 사람들로 하여금 벌을 인식하게 하기 위해 취해진다. 그래서 상벌은 교육적인 의미를 지닌다. 슐리크(1939)의 말에 따른다면, "벌이라는 것은 한편으로는 악한 행위를 하는 사람〔惡行者. wrongdoer〕으로 하여금 그런 행위를 되풀이하는 것을 방지하게끔 하며, 다른 한편으로는 다른 사람들로 하여금 그와 유사한 행위를 범하지 않게끔 하는 교육적인 수단이면서, 동기형성의 수단이다"(152).

벌은 책임을 묻는 한 방법이므로 교육적인 의미를 지닌다. 이 경우에 벌이라는 것은 동기형성을 불러일으키며 그 동기는 도덕적인 결심과 행위를 야기한다. 루이스(C.S. Lewis)도 밝혔듯이, "어떤 사람에게 벌을 가하는 동기는 다른 사람을 보호하거나 범한 죄를 고치기 위해서이다"(1953: 74). 이처럼 벌은 자유의지에 따라 이루어진 행위에 대하여 그 책임을 묻는 것이며 일종의 치료요법이다. 벌은 인간이 자유의지를 지니고 있음을 상정하면서 가해진다.

스테이스(W.T. Stace, 1976) 또한 다음과 같이 상벌과 원인과의 관계를 밝히면서 도덕적인 책임에 관해 말하고 있다.

> 여러분들은 어떤 사람에게 벌을 주어 그들이 그릇된 행위를 하는 것을 방지한다. 여러분들은 벌이 없다면 나쁜 일을 할 사람들이, 벌을 받는 것 때문에 나쁜 일 대신 좋은 일을 하게 됨을 믿는다. 식물에게 비료를 주는 일이나 자동차에게 기름을 넣는 일처럼, 그런 사람에게 벌을 주는 일은 모두 다 동일한 원칙과 동일한 방법에 의해 정당화된다. 유일한 차이점은 다른 유형의 일들은 다른 유형의 원인들을 통해 그것들이 해야 할 일들을 하게 된다는 점이다(29).

요컨대, 자유의지는 결정론뿐만 아니라 도덕적인 책임과도 양립가능하다. 스테이스의 말을 빌리면, "만일 인간에게 결정론적인 것이 전혀 없다면, 인간의 행위는 완전히 예측불가능하고 변덕스러운 것이 된다. 그러므로 사람들은 자신의 행위에 대해 책임을 질 수도 없다"(30). 도덕적인 책임이란 결정론과 무모순일 뿐만 아니라 더 나아가서 결정론을 필요로 한다는 점이다. 그래서 가치갈등사태에 빠졌을 경우, 우리는 어떤 선택이 주어진 상황 속에서 최상의 것인지 찾아보는 일이 중요하다. 아울러 그러한 선택의 기준이 무엇인지를 알아내는 일이 필요하다. 그런 기준은 행위의 이유로서 넓은 의미의 원인에 포함된다.

이처럼 양립가능론자들의 견해는 앞에서 논의한 견해들 — 양립불가능론과 준양립가능론 — 가운데서도 양립불가능론자들의 견해와 여러 면에서 뚜렷이 구별된다. 약한 결정론을 중심으로 한 양립가능론자들은 인간이란 자유의지를 지니며, 그런 자유의지는 도덕적인 책임을 위해 필요조건이라는 사실을 상정하면서 우리의 도덕적인 책임을 주장한다. 결정론은 자유의지와 양립가능할 뿐만 아니라 도덕적인 책임과도 양립가능하다(Ahn, 1999: 62).

우리 모두는 함께 살고 있기 때문에 우리는 우리의 자유의지에 따라 하는 행위에 대해 책임을 져야 한다. 도덕적 책임은 자기 자신을 통제하는 좋은 방법일 수 있다. 도덕원리나 신념체제 역시 자기 자신을 통제하는 좋은 방법이다. 이런 점에서 자유의지는 결정론 가운데서도 약한 결정론과 관련을 맺게 마련이다. 이울러 윤리생활에서 제기되는 판단, 선택, 행위, 책임 등도 자유의지와 결정론이 양립가능하다는 논거 위에서 정립되어야 한다.

이런 경향이 현대에 이르러 자유의지와 결정론의 관계에 관한 논전에서 주류를 형성해 나가는 이유는 다음과 같은 일련의 학자들이 계속 이 경향을 뒷받침하고 있기 때문이다. 예컨대, 노웰-스미스(P.H. Nowell-Smith, 1966)는 상 · 벌을 내려 정상적인 사람들의 행동이 변할 수 있음을 예로 들면서 자유의지와 도덕적인 책임의 관계를, 블랜샤드(Brand Blanshard, 1965)는 '최상의 자유의지는 합리적인 결정론(rational determinism)에 근거한다'고 하면서 합리성을 양립가능론에서 필수적인 요인으로 간주했다(15). 베로흐스키(B. Berofsky, 1987)의 경우는 숙려(熟慮)와 관련된 도덕적인 이성을 중요시하면서, 인격을 지닌 의도적인 행위는 강요된 행위가 아니며, 결정론뿐만 아니라 도덕적인 책임과도 양립가능함을 주장했다.

5. 요약 및 시사점

필자는 8장에서 자유의지와 결정론의 관계를 살펴보면서 그런 관계 속에서 자유의지가 도덕적인 책임의 필요조건인지의 여부를 다뤘다. 이를 위해 크게 양립불가능론, 준양립가능론 그리고 양립가능론으로 나누어 그 각각에서 자유의지와 도덕적인 책임의 관계를 다루되, 양립불가능론은 강한 결정론에 양립가능론은 약한 결정론에 그 초점을 두었다. 이어서 이런 견해들 가운데 양립가능론이 자유의지와 도덕적인 책임의 관계를 설정하는 데 현실적으로 가장 설득력이 있는 견해임을 밝혔다.

양립가능론자들은 자유의지와 결정론이 양립가능하다는 근거 위에 자유의지는 도덕적인 책임을 위한 필요조건이라고 본다. 반면에 강한 결정론자와 같은 양립불가능론자들은 자유의지란 도덕적인 책임을 위해 필요 불가결한 조건이지만 인간에게는 자유의지가 없으므로, 자유의지는 결정론뿐만 아니라 도덕적 책임과도 당연히 양립될 수 없다고 주장한다. 이런 견해들에 대해 준양립가능론자들은 자유의지는 결정론뿐만 아니라 도덕적 책임과도 양립불가능하지만 결정론은 도덕적인 책임과는 화해할(reconciliation) 수 있음을 소위 '귀결논증'이나 인와겐의 '직접논증' 등을 제시하면서 주장한다.

이처럼 준양립가능론자를 제외한 양립불가능론자와 양립가능론자는 자유의지가 도덕적인 책임을 위해 필요불가결한 필요조건임을 내세운다. 그러나 양립불가능론자 가운데 강한 결정론자들은 우리에게는 자유의지가 없다고 본 반면에 자유의지론자들과 양립가능론자들은 자유의지가 있다고 본다. 이 가운데 자유의지와 결정론의 양립불가능성을 주장하는 자유의지론자들은 자유의지의 존재를 자의적인 활동이나 창조적인 활동과 관련시키고, 양립가능론을 펼치는 약한 결정론자들은 자유의지의 존재가 도덕적인 책임을 분명히 하기 위해 필요조건이라는 데 더 초점을 둔다. 한편, 강한 결정론자들이나 자유의지론자들은 결정론은 도덕적인 책임과는 양립불가능하다고 주장하지만 약한 결정론자들은 양립가능하다고 본다.

자유의지가 도덕적인 책임의 필요조건이라는 주장은 이처럼 양립가능론자들의 견해에서 특히 적극적으로 다루어진다. 그들은 '자유의지는 결정론과 양립가능하다'고 여기면서, 자유의지를 도덕적인 책임을 묻기 위한 필요불가결한 요인으로 간주한다. 그렇다면 어떤 측면에서 그들이 결정론을 수용하는지가 문제가 된다. 그들은 '모든 것은 그것을 야기하는 원인이 있다'는 주장에 인간의 행위를 야기하는 근거로서의 이유도 그런 원인 속에 포함시키면서 논의하는 경향이 짙다. 물론, 자연현상에서 찾아볼 수 있는 그런 정도의 인과관계는 아닐지라도 말이다. 아울러 자유의지라는 용어와 대비되는 것은 강제나 강요이지 결정론이 아니라는 점도 양립가능론자들의 일관된 주장이다.

우리는 가치갈등상태에 빠져 고민하면서 어느 것을 선택하여야 할 처지에 있게 되는 경우가 많다. 선택의 기준이나 도덕적인 신념체제가 필요한 것은 이런 때이다. 그런 기준이나 신념체제가 지금이나 과거의 경험이나 지식체계에 근거하든, 우리가 앞으로 추구해야 할 바람직한 이상세계에 근거하든 말이다. 많은 사람들은 선택할 처지에 있을 때, 자신이 형성해 온 신념체제와 사회에서 추구하는 이상적인 가치를 마음에 두면서 어떤 것을 택한다. 이런 신념체제와 이상적인 가치는 자연법칙과 같은 수준의 보편성을 띤 규칙적인 경험명제는 아닐지라도, 우리의 생활에서 어느 정도 일관성을 지니면서 선택이나 행위를 야기하는 원인과 비슷한 역할도 한다.

여하튼, 우리에게는 어떤 선택을 할 때는 선택의 기준이 되는 통제원리가 필요하다. 우리들이 하는 선택에서 그런 결정론적인 요인이 전혀 없다면, 그런 요인들이 없는 상태에서 이루어지는 선택에 따른 행위는, 행위자에게나 사회에 선택의 기준이 없다면, 이런 상황에서 사람들은 자신의 행위에 대해 책임을 지기도 힘들다. 책임은 발생한 어떤 사태에 대해 그 이유로 규정할 수 있는 행위나 작용에 대해 받게 되는 법적 · 도의적인 제재나 부담이다. 그러므로 도덕적인 책임이란 결정론과 무모순일 뿐만 아니라 나아가서 결정론을 필요로 한다. 이런 점에서 자유의지는 결정론과 양립가능하며, 그런 선택에 대해 책임도 질 줄 알아야 한다. 책임을 전제로 하지 않는 선택은 우리의 생활 특히 사회생활에서는 혼란을 가중시킨다. 물론, 통제원리에 따른 선택과 행위는 그렇지 않는 선택이나 행위에 비해 안정성과 지속성을 지니므로, 도덕적인 책임문제도 좀 더 투명해지고 위험부담도 적다.

9장 결정론, 비결정론, 자유의지론, 반자유의지론*

1. 문제의 제기

자유의지와 결정론에 관한 논의를 진척시키기 위해서는 그 각각에 관한 개념규정은 물론이려니와, 결정론과 비결정론[29]의 관계와 더불어, 비결정론과 자유의지론의 관계, 결정론과 반자유의지론의 관계 등에 관해서도 살펴볼 필요가 있다. 이런 개념들의 관계를 구명하는 방법을 통해서도, 그 각각의 견해들이 지닌 특징들이 더 명확하게 드러날 수 있기 때문이다. 여기서는 '동연'(coextension), '함축'(implication) 등과 같은 개념을 통해 이런 견해들의 관계를 밝히려 한다.[30]

---

* 이 글은 필자(2006)의 저서인 『자유의지와 결정론』 가운데 3장인 「자유의지론/비결정론, 반자유의지론/비결정론」을 수정, 보완한 것이다.

29) 'indeterminism'을 우리말로 비결정론이나 자유의지론으로 옮기는 것은 생각해 볼 문제다. 우선, 'indeterminism'은 비결정론이라기보다는 반결정론으로 옮기는 것이 더 나을 것 같다. 논리학에서는 예컨대, 관계논리의 경우 'transitive relation', 'intransitive relation', 'nontransitive relation'을 우리말로 '이행관계', '반이행관계', '비이행관계'로 각각 옮긴다(여훈근, 1999: 265). 여기서 비이행관계는 이행관계도 반이행관계도 아닌 관계를 뜻한다. 그렇다면 'indeterminism'은 'determinism'을 부정한 것이므로 반결정론으로 옮겨야 마땅하다. 이 책에서는 현재 국내 학계의 경향에 따라 비결정론으로 나타내기로 한다. 물론, 'indeterminism'을 자유의지론으로 옮기는 것은 옳지 않다. 비결정론에는 자유의지론뿐만 아니라 우연론도 포함되기 때문에, 비결정론과 자유의지론은 같지 않다.

아울러 자유의지론의 유형, 양립가능론과 양립불가능론의 유형을 각각 분석, 정리하면서, 자유의지와 결정론의 관계도 살펴보려 한다.

결정론, 반자유의지론, 비결정론, 자유의지론의 관계에서, 결정론과 비결정론의 관계나 자유의지론과 반자유의지론의 관계는 논리적으로 각각 서로 모순개념이므로 함께 공존할 수 없으며, 그 관계도 명확하게 구별된다. 그러나 비결정론과 자유의지론의 관계는 좀 더 분명하게 탐구되어야 할 필요가 있다. 결정론과 반자유의지론의 관계도 그렇다. 그렇다면 비결정론과 자유의지론의 관계는 일자가 타자를 함축하는 관계인가, 아닌가? 나아가서 결정론과 반자유의지론의 관계는 어떤가?

2. 결정론과 비결정론

자유의지론, 결정론, 반자유의지론, 비결정론 등의 관계를 이해하는데 도움이 되는 대표적인 선행연구로는 브로드(C.D. Broad)나 화인버그(J. Feinberg)가 수행한 것들을 들 수 있다. 브로드(1966)는 그의 논문인「결정론, 비결정론, 그리고 자유의지론」(Determinism, indeter-

30) 동연이란 공간적 · 시간적으로 범위가 같은 것으로, 외연이 꼭 같음을 뜻하며, 함축이란 2개의 개념이나 문장에서 그 가운데 어느 하나가 참이면, 다른 하나도 필연적으로 참이 되는 경우로, 이 때 전자는 후자를 함축한다. 형식체계에서는 문장 A로부터 문장 B를 이끌어 낼 수 있기만 하면 그리고 그런 경우에만[iff], A는 B를 함축한다고 일컬으며, 'A ├ B'로 나타내기도 한다(Mares, 2004: 99). 한편, 포함관계는 주로 집합에서 사용되는 개념이고, 함축은 뜻을 담은 문장들 사이의 관계에서 주로 사용된다. 함축과 포함의 관계는 서로 일치하는 경우도 있고, 일치하지 않는 경우도 있는데, 이 논문에서는 후자 가운데서도 일자가 타자를 포함하면, 결국은 타자는 전자를 함축하는 경우로 이어지는 것을 중심으로 살펴보려 한다.

minism, and libertarianism)에서 결정론을 '모든 사건들이 완전히 결정된 것'으로, 비결정론을 '어떤 사건들이, 경우에 따라서는 어떠한 사건들도 완전하게 결정되지 않은 것'을 각각 나타내는 학설로 정의했다(152).

브로드의 이런 주장에 따르면 결정론과 비결정론은 서로 모순적이거나 반대이다. 여기에 필자는 그의 정의에서 의심스러운 점을 지적할 수 있는데, 필자의 견해로는 비결정론과 결정론은 논리적으로 모순개념이지 반대개념은 아니라는 점이다. 두 개념은 서로 양립불가능하다. 양립불가능이라는 용어의 의미는 일자가 타자를 배제하는 것으로, 반대를 뜻하는 것이 아니라 모순을 뜻한다. 두 주장이 동시에 옳을 수도 있다고 하면 그런 주장들은 서로 양립가능한 반면에, 두 주장이 결코 함께 옳을 수는 없다면 그런 주장들은 서로 양립불가능하다.[31] 이처럼 모순은 두 견해들이 동시에 함께 참이나 거짓이 될 수 없을 때 일컫는 표현이다. 진리치가 완전히 서로 대비되는 경우이다. 그러나 반대의 경우는 그렇지 않다.

결정론 — '모든 것은 그 원인이 있으며, 인과관계에 따라 불가피하게 이루어진다' — 은 결정론이 지닌 일반적인 특징에 부합한다. 하지만 비결정론에 관한 그의 견해는 석연치 않다. 비결정론은 결정론을 부정한 것으로, 다시 말해 결정론과 비결정론은 서로 모순관계로 파악되어야 한다. 그럼에도 그는 경우에 따라서는 어떠한 사건들도 완전하게 결정되지 않은 것으로 비결정론을 정의하여, 비결정론이라는 개념을 결정론에 대한 반대개념으로 간주할 수 있는 여지를 남겨 놓

31) 두 주장이 양립불가능하다고 함은 서로 배타적임을 뜻하므로, 양립불가능의 동의어는 모순이다. a와 b가 있다고 할 경우, 서로가 발생하는 것을 불가능하게 하면 — a ⊥ b —, a와 b는 양립불가능하다(Mares, 2004: 74-75).

았다. 이는 그의 분명하지 못한 용어사용법이다. 결정론과 비결정론은 모순개념일 뿐이다.[32)]

이처럼 비결정론에 관한 브로드의 정의는 분명치 않다. 오히려 필자는 화인버그의 다음과 같은 정의에 동감한다. 화인버그는 그(1996)의 저서인 『이성과 책임』에서 "결정론이란 인간의 행위와 선택을 포함해서 모든 사건들이 예외 없이 전체적으로 결정된 것이다"(410)라고 주장했다. 이어서 "결정론과 논리적으로 모순인 비결정론은, '약간의 사건들은 결정되지 않는다'라는 이론임을 지적함과 더불어, 비결정론에 관해 말하는 대부분의 사람들은 약간의 행위를 결정되지 않은 사건들로 간주함"(411)을 그 근거로 내세웠다. 이것은 논리개념에 따른 정확한 지적이다.

결정론과 비결정론 사이에 나타나는 쟁점은 사람들이 달리 행위할 수 있는지의 여부와 관련되어 있다. 곧, "비결정론자들은 사람이란 이전 성격을 포함해서 모든 것이 동일하다 할지라도 달리 행위할 수 있다고 주장하지만, 결정론자들은 이 점을 부인한다"(Ewing, 1953: 134). 여하튼 "'비결정론은 내가 어떤 방식으로 행하거나 행하지 않거나 그것은 이전의 어떤 원인들에 따라서만 결정되지는 않는다'는 견해이다"(134). 다시 말해 결정되어 있는 것도 있고, 그렇지 않은 것도 있다는 견해다.

---

32) 예컨대, '(1) 모든 사건은 결정된다'라는 문장의 모순대당은 '(2) 약간의 사건은 결정되지 않는다'라는 것이고, 반대대당은 '(3) 어떠한 사건도 결정되지 않는다'라는 문장이다. 여기서 (1)이 거짓일 경우에 (3)은 진위불명이며, (2)는 거짓이다. 모순대당의 경우는 동일한 진리치를 지닐 수 없다.

3. 비결정론과 자유의지론

물론, 비결정론은 자유의지론과도 구분된다. 자유의지론은 사람들이 행위과정에서 어떤 것을 선택할 수 있으므로, 그들의 행위들에 대해 도덕적인 책임을 져야 한다고 보는 견해이기도 하다. 자유의지론자들은 인간의 행위는 결정되어 있지도 않고 임의적인 우연(random chance)도 아니라고 본다. 인간의 행위는 자연에서의 다른 사건들과는 달리, 특정한 유형의 설명 곧, 행위자 자신의 행위에 대한 이유에 의거한다. 그러므로 어떤 이유로 숙고 후에 이루어진 행위는 완전히 지적인 것이며, 그 이유를 적절하게 설명할 수 있다(Feinberg: 423)는 점이다.

자유의지론자들은 이유와 행위 사이의 관계는 원인과 결과 사이의 관계와는 다르다는 근거에서 그들의 견해를 펼친다. 이유는 자연현상이나 사건에서의 원인과는 구별된다는 점이다.[33] 사실상 철학적인 담론에서는 이유-행위, 원인-결과로 구분지으면서 이유와 원인을 나누려는 전통도 있었음을 부인할 수 없다. 원인-결과관계는 일반화의 예에 속하는 반면에, 이유-행위관계는 그렇지 않다(Shaffer, 1968: 98)는 것도 구별하는 논거 가운데 하나이다. 자유의지론자들에 따르면, 이유와 행위를 연결하는 법칙이란 없다. 내가 나의 행위에 대한 이유

33) 원인과 이유를 구분하지 않고, 이유를 넓은 의미의 원인 속에 포함시켜서 서술하는 경우도 있다. 자기결정론을 주장하는 Thomas Reid에 따르면, 어떤 사람이 가능한 어떤 행위에 관해 숙고할 때, 그는 추구하는 목적과 그것을 획득하려는 방법이 그의 힘 내부에 있다. 그는 도덕행위자의 자유를 "자기 자신의 의지에 관한 결정을 지배하는 힘"(a power over the determinations of his own will)이라 정의내리면서(Edwards, 1978: 370), 어떠한 것도 원인이 없이는 야기되지 않는다고 했다. 변하는 모든 것은 그 스스로나 어떤 다른 것 때문에 변한다. 원인이라고 해서 모두 다 외부적인 것은 아니다. 사람처럼 어떤 것은 종종 자기 행동의 원인이 된다는 점이다.

를 제시할 때, 나는 단지 행위와 관련된 이야기를 하고 있을 따름이라는 것이다.

브로드(1966)의 경우는 자유의지론은 비결정론을 필연적으로 수반하지만, 그 역은 함축하지 않음을 지적했는데(159), 이 점은 정확한 지적이다. 그의 논문에서는 필연적 수반과 함축을 구별하지 않는다. 물론, 필연적 수반(entailment)은 함축을 뜻하는 경우도 있으므로,[34] 그의 문맥으로 볼 때 자유의지론은 비결정론을 함축하는 것으로 보아야 한다. 요컨대, 필연적 수반이란 용어는 함축이라는 용어와 더불어 혼용되는 경우도 있으므로, 이런 경우를 생각한다면 자유의지론이 참이면 비결정론도 필연적으로 참이다. 모든 자유의지론자들은 비결정론자들이지만 그 역은 성립되지 않는다. 물론, '비결정'이라는 용어는 '자유'라는 용어와 동일한 의미를 지니지 않는다. 비결정론자들은 자유의지론자들을 단지 그 집합에 있어 외연적으로 포함할 따름이다. '만일 일자가 타자를 내포적으로 함축하면, 후자는 전자를 관련된 집합들에 따라 외연적으로 포함하기 때문이다.'

---

34) 경우에 따라서는 함축과 필연적 수반(entailment)이 동의어로 사용되는 경우도 있다. 이 경우는, D. Gabbay와 F. Guenthner(1986)가 엮은 *Handbook of philosophical logic*의 3권에서 J. Michael Dunn이 쓴 Relevance logic and entailment라는 논문(117-224), J. Hintikka(1969)가 지은 *Models for modalities*, A.E. Blumberg(1976)가 지은 *Logic*, S. Gorovitz, M. Hitikka, D. Provence, R.G. William(1979)이 함께 지은 *Philosophical analysis*라는 책 등에도 나타나 있다. J. Hintikka(1969)는 그의 책에서 '필연적 수반의 역설'(paradoxes of entailment)과 '함축의 역설'을 서로 같은 것으로 서술하고 있으며(201), A.E. Blumberg(1976)는 주어진 논증에서 결론이 그 전제로부터 연역될 수 있거나 그 전제의 논리적인 귀결이 될 때, 전제는 그 결론을 필연적으로 수반하거나 논리적으로 함축한다고 함으로써, 함축과 필연적 수반을 동일시했다(10). *Philosophical anaysis*에서도 함축과 필연적 수반은 동의어로 서술되어 있다(66). 그러나 이와는 다른 견해도 있을 수 있으므로, 필자는 본 논문에서 오직 함축에 국한하여, 그 특징을 밝힌다.

그렇다면 결정론과 반자유의지론의 관계도 분명해진다. 자유의지론이 비결정론을 그 의미에 있어 함축하고, 비결정론자들이 자유의지론들을 그 집합에 있어 포함한다면 결정론은 반자유의지론을 함축하고, 반자유의지론자들은 결정론자들을 포함하게 된다.

4. 소극적 및 적극적인 자유의지론

자유의지론은 소극적인 주장(negative claim)과 적극적인 주장(positive claim)[35)]으로 크게 나뉘기도 한다. 이 가운데 소극적인 주장은 결정론을 반박하는 것에 그 초점이 주어진 반면에, 적극적인 주장은 인간의 행위나 작인(作因)에 관한 설명을 제공한다(Strasser, 1992: 123). 적극적인 주장에 따르면, 자유의지론은 단순히 결정론을 반박하는 것 그 이상이다. 논의의 편의상 소극적인 자유의지론자들의 견해에 관해 먼저 살펴보기로 한다.

소극적인 자유의지론자들은 인간의 행위란 궁극적으로 외부 요인들 때문에 인과적으로 결정되지 않기 때문에, 인간의 행위는 원칙상 예측될 수 없다고 단정한다(123). 그들에 따르면, 자유의지는 결정론과 양립불가능하다. 결정론과 자유의지는 동시에 참일 수 없다. 그런데 어떤 사건들은 인과적으로 결정되지 않기 때문에 결정론은 거짓이라는 주장이다. 인간의 행위는 의지의 영향을 받는 한, 결정론적인 법칙들에 따라서만 지배되는 것이 아니다. 그래서 소극적인 자유의지론은

---

35) 'negative', 'positive' 라는 영어표현을 '소극적', '적극적' 이라는 우리말로 옮겨 보았다. '부정적' '긍정적' 이라는 표현으로 옮기는 경우도 있겠으나, 여기서는 직선적인 번역을 피했다.

자유의지 문제에 있어 또 다른 유형의 양립불가능이다.[36)]

예컨대, 캠벨(C.A. Campbell)이나 브로드(C.D. Broad)로 대표되는 자유의지론자들(libertarians)이 이에 해당된다. 캠벨은 자유의지를 자아활동(self-activity)으로 간주했다. 그는 자아활동을 들어 자기의지를 옹호했다는 점에서 독특하다. 그는 사람들의 행위란 그들의 성격에 기초한 경향성이라는 점에 이의를 제기하면서, 행위의 기원을 자기 자신 내부에서 찾으려 했다. 이어서 그(1966)는 "자유의지란 창조적인 활동이라는 성질을 지닐 때만 의미를 지니며, 그 의미는 행위자의 직관성을 띤 실천적인 의식을 통해서만 발견될 수 있다"(134)고도 했다. 자아활동은 행위자 내에서 그 스스로가 이루어 내는 독창적인 활동과 연루되어 있다는 점이다. 요컨대, 그는 인간이 지닌 창조활동을 들어 자유의지와 결정론의 양립불가능성을 옹호하면서, 자유의지와 결정론은 인간의 의지의 세계에서는 함께 공존할 수 없다고 했다.

또 다른 자유의지론자인 브로드(1966)는 '정언적인 의무'(categorical obligability)라는 용어를 도입하여 자유의지의 특징을 밝혔다. 정언적인 의무는 우리가 따라야 할 절대적인 도덕의무로, 이 의무는 가언적인 의무(hypothetical duty)와는 구별된다. 후자는 어떤 조건 속에서만 성립하는 조건적인 의무로 교환가치를 지니는 반면에, 전자는 무조건적인 의무이다. 그는 이런 정언적인 의무를 따르는 행위가 자유로운 행위라는 점을 지적한다.

---

36) 자유의지와 결정론의 관계에 관한 담론에서 양립불가능론을 펼치는 견해로는 자유의지론 이외에도 강한 결정론이 있는데, 이에 속하는 대표적인 사람들로는 John Hospers, Paul Edwards, B.F. Skinner, Peter van Inwagen 등이 있다. 강한 결정론자들은 결정론이 참이므로 자유의지는 개재될 수 없다는 주장을 펼친다. 자유의지론자들이 결정론을 배제하는 것과는 달리, 이들은 자유의지의 존재를 배제한다.

그러나 자유의지론자들의 견해에서 드러나는 아쉬운 점은 캠벨의 경우를 보면, 자유의지와 자아활동 및 창조활동의 관계에 관한 서술이 미흡하다는 점이다. 특히, 창조활동과 자유의지의 관계의 경우는 더욱 그렇다. 자아활동이나 창조활동에 이르기까지의 과정이나, 선택에 이르기까지의 과정은 어떻게 설명해야 할 것인지, 근거가 없는 선택도 있는 것인지, 근거가 없는 창조활동이나 자아활동도 있는 것인지에 관해 의문점이 계속 이어지기 때문이다. 브로드 견해에서도 정언적인 의무에 관한 논거가 미흡함을 지적할 수 있다. 정언적인 의무를 따르는 행위도 일종의 결정론에 근거한 것이 아닐까? 정언적인 의무가 형성되기까지의 과정도 밝혀져야 한다.

이제까지 살펴보았듯이 소극적인 주장을 펼치는 사람들은 결정론과 자유의지는 양립가능하다는 점을 부인하며, 결정론이 참이라는 점도 부인한다(Feinberg: 413-414). 소극적인 주장을 펼치는 사람들에 따르면, 자유의지론이 참인 한 결정론은 반박된다(Strasser: 123). 그들은 결정론과 도덕적인 책임이 양립가능하다는 것도 거부한다. 이런 점에서 소극적인 자유의지론은 강한 결정론 — 인간의 행위도 그 원인을 지니며 불가피하게 이루어지므로, 인간에게는 자유의지도 도덕적인 책임도 없다 — 처럼 자유의지와 결정론 논쟁에서 모두 양립불가능론에 속한다. 단지 전자는 자유의지의 존재성을 들어 결정론을 배제하고, 후자는 결정론에 근거해 자유의지를 배제할 따름이다. 서로 다른 접근방법이지만 모두 양립불가능으로 귀결된다는 점에서는 일치한다. 이처럼 그들의 견지에서 보면 자유의지론과 결정론은 양립불가능하다. 결정론이 비결정론과는 논리적으로 양립불가능하기 때문에 자유의지론도 반자유의지론과는 논리적으로 양립불가능하다. 그러나 반자유의지론이 결정론과 동일한 것은 아니다.

소극적인 자유의지론자들의 견해에 의거한다면 결정론은 자유의지론과도 비결정론과도 서로 양립불가능하게 된다. 물론, 자유의지론과 비결정론도 차이가 있다. 반자유의지론이 결정론과 서로 동연이 아니듯이, 자유의지론과 비결정론의 관계도 그렇다. '모든 x에 대해 x가 자유의지론자의 주장이기만 한다면 그리고 그런 경우에만[iff] x는 비결정론자의 주장이다'라고 우리가 생각하는 것은 옳지 않다. 행위들은 원인보다는 임의적인 우연 때문에 발생한다는 주장도 있기 때문이다. 그러므로 비결정론 속에는 소위 우연론도 있다. 우연론은 비결정론적이지만 자유의지론이 아닌 반자유의지론에 속한다. 이런 점에서 화인버그(1996)의 다음과 같은 표현이 적절하다.

> 비결정론은 자유의지론을 포함하며, 반자유의지론은 결정론을 포함한다. 모든 자유의지론자들은 비결정론자들이지만(정의에 따라), 모든 비결정론자들이 자유의지론자들은 아니다(414).

만일 비결정론자들이 자유의지론자들을 외연적으로 포함한다면, 반자유의지론자들도 논리적으로는 결정론자들을 포함해야 한다.[37] 소위 전환원리(principle of transposition)에 따른 것이다.

---

37) 포함은 함축과 서로 병행하면서 사용되는 경우도 있지만, 그렇지 않은 경우도 있다. 일자가 타자를 외연적으로 포함하면서 그 의미에서도 함축하는 경우가 있는가 하면, 외연적으로 포함하지만 함축하지는 못하는 경우도 있다. 예컨대, '모든 사람은 어떠한 사람도 사랑한다'와 '모든 사람은 어떠한 사람의 사랑도 받는다'라는 두 문장의 관계는 전자에 속하는 반면에, '사람'과 '동물'이라는 두 개념의 관계에서 사람에 관한 정의는 동물에 관한 정의를 함축하지만, 그 외연에서는 동물이 사람을 포함한다. 화인버그의 위의 언명은 후자에 근거해서 나타내진 경우이다.

한편, 소극적인 자유의지론자들과는 달리, 적극적인 자유의지론자들은 결정론을 반박하는 것 그 이상의 주장을 펼친다. 적극적인 자유의지론자들은 인간의 이유에 따른 행위(human action)를 원인에 따른 행동(human behavior)과는 질적으로 다른 것으로 이해한다(Strasser: 123). 어떤 일을 하려는 사람의 의지는 기계적인 행동이라기보다는 숙고에 따른 행위라는 데 그 특징이 드러난다(123). 적극적인 자유의지론자들은 인간이 지닌 예측능력을 중시한다. 어떤 사람이 사용 가능한 모든 정보를 고려하면서 조심스럽게 숙고한 후에, B보다는 A를 선택하기로 결정한 경우를 예로 들어 상상해 보자는 것이다. 그런 상황에서는 A를 선택하는 것이 그 사람에게는 확실히 합리적이다. 적극적인 자유의지론자들은 열 사람 가운데 일곱 사람은 C_1, C_2, C_3, C_4라는 조건들이 존재한다면 A를 선택하기 쉽다는 점을 예측할 수 있다고 여긴다(122). 흥미로운 일은 그들의 경우, 예측능력이나 예측가능성(predictability)을 자유의지의 결여로 여기지 않는다는 점이다. 적극적인 자유의지론자들은 그들이 예측할 수 있는 한, 친절한 사람들이란 친절히 행위하는 경향이 있음을 인정하면서, 그런 행위가 자유롭지 못하다고 주장하지는 않는다(101).

이런 점에서 자유의지와 관련된 담론에서, 적극적인 자유의지론자들은 자유의지를 결정론과 조화시키기 위해 명시적이라기보다는 암시적으로 노력한다고 할 수 있다. 예측가능성을 근거로 한 선택을 통해서 말이다. 그들의 접근방법은 자유의지와 결정론의 양립가능성을 강력하게 주장하는 약한 결정론 — 자유의지와 대비되는 것은 결정론이 아니라 강제나 강요다. 자유의지와 결정론은 무모순적이다 — 과 큰 틀에서 유사하며, 주장하는 강도의 정도에서 차이가 난다. 개념사용에서도 그렇다. 그들은 원인이라는 용어보다는 이유라는 용어를 사용한다. 하지만 자유의지는 결정론과 어느 정도는 무모순적임을 넌지시 주장한다.

이 점이 필자가 보기에는 아쉬운 부분이기도 하다. 좀 더 확실하게 드러내 놓고 양립가능론자들과의 유사점과 차이점에 관해 언급했다면 좀 더 그들의 견해가 분명해졌을 터인데 말이다. 적극적인 자유의지론자들도, 다른 측면에서 접근하긴 하지만, 양립가능론자들처럼 숙고나, 평가나, 예측에 대해 설명한다. 그렇다면 적극적인 자유의지론자들도 결국은 자유의지론과 결정론이 서로 조화로울 수 있음을 넌지시 암시하는 것으로 볼 수 있다.

이런 점들에 근거한다면, 약한 결정론과 적극적인 자유의지론의 차이는 결국 접근방법의 차이로 볼 수 있으며, 아울러 질적인 차이와 양적인 정도의 차이에 의존한다. 여기서 질적인 차이라 함은 약한 결정론은 결정론을 인정하면서 그것이 자유의지와 조화를 이룰 수 있다고 파악한 반면에, 적극적인 자유의지론에서는 현실적인 예측능력이나 개연성을 자유의지와 관련지으려 했다는 점에서 그렇다. 한편, 양적인 차이라 함은 필연성과 관련된 결정론에 근거한 견해와 개연성에 근거한 견해에서 유래하는 정도의 차이를 가리킨다.

그래서 7장에서 소개한 양립가능론자의 적극적(positive)인 주장(CP: 결정된 선택이 자유이다)을 이런 적극적인 자유의지론자들과 비교할 때는 그 관계가 모호해진다. 적극적인 자유의지론자들처럼 인간이 지닌 예측능력을 인정하면서 그것에 따른 선택을 인정하는 사람들은, CP와 그 동기에는 차이를 드러내지만, 그 결과에서는 유사성을 드러낸다 하겠다. 자유의지론자들은 양립가능론자들과는 논거가 다르다. 전자는 자유의지와 결정론은 양립불가능하다고 보기 때문이다. 그런데도 적극적인 자유의지론자들은 구체적인 상황에 처해 있을 경우는, 예측력을 동원하여 그것을 근거로 선택한다는 것이 설득력이 있음을 현실적으로 인정한다. 그런 판단을 결정론에 근거한 것으로까지는 인정하지 않으면서 말이다. 요컨대, 그들이 출발하는 논거는 양립불가능론자의 적극적인 주장(IP: 비결정성이 자유로운 선택을 낳는다)과 무모순적이고, CP와는 대립되지만, 현실적인 태도는 CP와 유사한 모습을 보여준다.

5. 요약 및 시사점

이제까지 '비결정론과 자유의지론'이 동연인지의 여부에 관해 살펴본 결과 서로 동연이 아님이 밝혀졌다. 결정론과 반자유의지론의 경우도 그렇다. 모든 자유의지론자들은 비결정론자들이지만, 모든 비결정론자들이 자유의지론자들은 아니다. 집합에서 포함관계로 보면, 모든 자유의지론자들은 비결정론자들에 속하지만 그 역은 성립하지 않는다. 행위는 우연하게 발생될 수도 있기 때문이다. 우연적인 행위는 비결정적이지만 자유의지에 따른 것은 아니다. '비결정'이라는 용어는 '자유'라는 용어와 동일한 의미일 수 없다. 비결정 속에는 자유뿐만 아니라 우연도 포함된다. 물론, 우연적인 행위를 인정하지 않으면 문제는 달라진다. 그러나 이 경우에도 우연론이 자유의지론과 같다는 보장은 없다.

물론, '자유의지론과 반자유의지론', '결정론과 비결정론'은 논리적으로 각각 서로 모순개념이므로 양립불가능하다. 그러므로 '모든 사건들이 예외 없이 전체적으로 결정되어진 것'(인과관계에 따라 불가피하게 야기된다)으로 결정론을 규정한다면, 결정론에 대해 논리적으로 모순대당인 비결정론은 '약간의 사건들은 결정되지 않는다' 라는 견해로 파악하는 것이 정확하다.

한편, 자유의지론자들은 인간의 행위는 결정되어진 것도 우연 때문도 아니라고 하면서, 사람들은 양자택일적인 행위과정에서 어떤 것을 선택할 수 있으므로, 그들이 한 행위들에 대해 책임이 있음을 주장한다. 이어서 인간의 행위는 자연에서의 다른 사건들과는 달리 이유를 적절하게 설명할 수 있다고 본다. 숙고 후에 이루어진 행위는 지적인 것이다. 자유의지론자들은 '이유와 행위' 의 관계는 '원인과 결과' 의 관계와는 다르다는 논거에서, 이유는 원인과는 다르다는 주장을 내세우기도 한다.

자유의지론은 소극적인 주장과 적극적인 주장으로 크게 정리된다. 이 가운데 소극적인 주장을 펼치는 사람들은 결정론과 자유의지는 양립가능하다는 점을 부인하며, 결정론이 참이라는 점도 부인한다. 만일 자유의지론이 참이면 결정론은 배제된다는 주장이다. 그들은 결정론과 도덕적인 책임이 양립가능하다는 것도 거부한다. 반면에, 적극적인 자유의지론자들은 인간행위(action)는 행동(behaviour)과는 질적으로 구별된다는 점을 지적한다. 어떤 일을 하려는 사람의 의지는 단순히 원인에 의해 행동한다기보다는 이유에 의해 행위한다는 점에서 그 특징이 드러난다. 어떤 사람이 예측가능성에 유념하면서 숙고한 후에 어떤 것을 선택하기로 결정한 경우, 그 사람에게는 자유의지가 결여된 것이 아니다. 적극적인 자유의지론자들은 양립가능론자들처럼, 숙고나, 평가나, 예측에 대해 호의적인 견해를 나타낸다. 양립가능론자와 적극적인 자유의지론자에서 나타나는 견해의 차이는 이유와 원인을 구분하는 데서뿐만 아니라, 증거에 대한 정도의 차이를 인정하는 데서도 찾을 수 있다. 적극적인 자유의지론은 그 출발에서는 결정론을 배제하는 것으로 드러나지만, 그 귀결에서는 양립가능론자들의 주장과 유사하다 하겠다. 이 점은 필자의 또 다른 관심거리이기도 한데, 여기서는 이 글의 시사점으로 남겨 놓는다.

4부
법칙, 이론, 설명

과학에서 사용되는 용어들 가운데 법칙과 이론이라는 용어처럼 그렇게 중요하면서도 자주 등장하는 용어도 드물다. 그렇다면, 법칙과 이론은 각각 어떤 특징들을 지니며, 그 관계는 어떤가? 법칙이 지니는 특징과 이론이 지니는 특징은 어떤 유사점과 차이점이 있는가? 법칙은 인과성이나 반사실조건문과 밀접한 관련을 지니면서 논의되기도 한다. 그렇다면 이들은 서로 어떤 관계를 유지하고 있는가?

이론이 지닌 논리구조는 공리체계로 나타내기도 한다. 그렇다면 이론은 어떤 공리체계를 지니고 있는가? 이론의 확대는 어떤 방식으로 이루어지며, 그 경우 정의문제는 어떻게 시도되는가? 어떤 설명이나 예측은 다른 것에 비해 과학에서 설명력과 예측력이 있는 것으로 여겨지기도 한다. 그런 논리구조는 어떤 것인가? 'D-N형 설명', 'D-S형 설명', 'I-S형 설명'의 특징들로는 어떤 것들이 있으며, 그 유사점과 차이점은 무엇인가?

10장 인과성, 일반법칙, 반사실조건문*

1. 문제의 제기

인과성과 관련된 논의에서는, 인과성을 지니는지의 여부를 밝혀 주는 그런 기준을 설정하는 일이 매우 중요하다. 그래서 그 기준 설정에 관한 논의는 결코 소홀히 다룰 수 없다. 이곳에서는 우선 일반법칙(general laws)인 자연법칙과의 관련 여부를 다루려 한다. 왜냐하면 인과성과 마찬가지로 일반법칙도 사건의 생기와 관련된 경험세계에 근거하면서 경험적인 일반화를 중시하므로, 그 사이에 어떤 관련이 있으리라고 여겨지기 때문이다. 그렇다면 일반법칙인지의 여부를 판별하는 중요한 기준 가운데 하나인 반사실조건문(counterfactual conditional)과의 관계에 관해서도 살펴보는 것이 필요하다. 인과성, 일반법칙 그리고 반사실조건문 사이에는 도대체 어떤 관련이 있을까?

---

* 이 글은 필자(2005)의 책인 『인과성분석』의 「5장 인과성, 일반법칙, 반사실조건문」을 부분적으로 수정, 보완한 것이다.

2. 인과성과 일반법칙

우선, 인과성과 일반법칙은 어떤 관련이 있는지 살펴보기로 한다. 인과성을 일반법칙과 관련시키면서 논의를 전개하는 대표적인 학자로는, 인과성에 관한 논의에서 일반법칙의 중요성을 강조하는 번즈(Mario Bunge, 1961), 원인에는 일련의 초기조건(initial condition), 일반법칙, 그리고 의미공준(意味公準, meaning postulate)들이 상정되어 있다고 보는 베로흐스키(Bernard Berofsky, 1966), 인과성과 일반법칙의 관계에서 드러나는 문제점을 제시하는 듀카스(C.J. Ducasse, 1965; 1966), 인과성과 일반법칙을 들어 연역적 · 법칙정립적 설명(deductive nomological explanation : D-N model)이라는 과학적인 설명모형을 제시한 헴펠(C.G. Hempel, 1970), 일반법칙과 초기조건에서 인과성이 추론될 수 있음을 밝힌 브랜드(Myles Brand, 1976) 등을 들 수 있다.[38]

그러므로 여기서는 이들의 견해를 소개하면서, 일반법칙이 인과성 여부를 밝혀 주는 기준으로 왜 요청되는지 밝혀 나가겠다. 이어서 인과성은 일반법칙과 서로 어떤 관련을 지니는지를 알아보면서, 일반법칙을 인과성의 기준으로 간주할 경우 우리가 직면하게 될 문제점들은 무엇인지에 관해서도 살펴보겠다.

---

38) 인과성과 법칙의 관계에 관한 대표적인 논문이나 저서로서는 Mario Bunge(1961)의 Causality, chance, and law (*American Scientist, 49,* 432-448), C.J. Ducasse(1965-1966)의 Causation : Perceivable? or only inferred? (*Philosophy and Phenomenological Research, 26,* 173-179), Bernard Berofsky(1966)의 Causality and general laws (*The Journal of Philosophy, 63,* 148-157), C.G. Hempel(1970)의 *Aspects of scientific explanation* (New York; The Free Press), Myles Brand(1976)의 *The nature of causality* (University of Illinois Press) 등을 들 수 있다.

우선, 일반법칙과의 관련이 인과성여부를 밝혀 주는 기준으로 요청되는 이유에 관해 살펴보기로 한다. 앞에서 소개한 논자들 가운데 번즈(1961)는 "'x가 인과적인가?' 라는 질문은 곧, 'x가 일단의 법칙들인 L과 관련을 맺고 있느냐?' 와 같은 물음으로 마무리되어야 한다" (434)[39]고 주장한다. 이어서 그는 "적절한 법칙에 관한 지식이 결여된 상태에서, 주어진 사건이나 과정이 인과적인지를 묻는다는 것은 사리에 맞지 않는다"(437)고 말한다.[40] 곧, 일반법칙과의 관련 속에서, 사건들의 관계가 인과성을 지니는지의 여부를 찾는 데 주력하였다. 요컨대 '인과성' 이라는 술어는 '법칙' 이라는 술어와 관련을 맺으면서 사용되어야 한다는 점이다. 이런 그의 견해는 주로 인과성이 일반법칙에 일방적으로 의존하고 있음을 지적한 것이라는 점에서, 관계의 특성상, 양자의 관계는 반대칭적이다.

그렇다면 인과성과 일반법칙의 관계는 왜 중시되어야 하는가? 여기서 우리는 일반법칙의 일반적인 특성에 관해 살펴볼 필요가 있다. 자연법칙인 일반법칙은 '보편적인 경험명제' 라는 사실을 하나의 특징으로 지닌다. 법칙은 같은 유형의 사건이나 현상에 관한 일반적 · 보편적인 진술을 말하며, 시간과 공간에 제한을 받지 않는다. 이런 점에서 법칙인 일반진술에 대한 증거는 개방적이다. 어떤 제한된 증거에 근거해 참이라고 주장되어서는 안 된다. 모든 법칙은 일반적인 진술이나, 일반적인 진술이라 해서 모두 다 법칙은 아니다. 일반적인 진술은

---

39) The question 'Is x casual' should always be completed in some such way as 'Is x casual relative to the bundle of laws L?' (Bunge, 1961 : 434)

40) As a consequence, in the absence of a knowledge of pertinent laws and circumstances it does not make much sense to ask whether a given event or process is causal(Bunge, 1961 : 437).

물론 명제로서 성립해야 하며 참인 것으로 밝혀져야 한다. 법칙은 두 가지 이상의 사실을 연결한 규칙적인 관계를 지닌다. 물론, 법칙은 오류가능성(falsifiability)을 항상 지닌다. 제시된 법칙은 더 완벽한 법칙이 발견되지 않는 한 주어진 사건이나 현상을 설명하는 데 유용하다.

상당수의 일반법칙은 현재에만 적용되는 것이 아니라 미래에도 적용이 가능한 힘을 지닌다. 곧, 예측(prediction)의 바탕이 되는 설명력(explanatory power)을 지닌다. 그래서 설명력과 예측력은 상당히 일관성을 지니게 마련이다.

이런 특성을 지닌 법칙들은 그물처럼 서로 관련되어 있다. 다시 말해 법칙은 전 과학적인 법칙체계와 정합성(整合性. coherence)을 이루면서 존재한다. 아울러 실제로 실증되어야 한다는 점에서 사실의 세계와 그 대응성(對應性. correspondence)도 이루면서 존재한다.

그러므로 인과성이 단순히 사건과 사건의 규칙적인 결합이 아니라는 사실을 밝히기 위해서는, 규칙성을 지닌다 하더라도 보편적인 경험명제인 자연법칙에 따라 그 규칙성이 보증될 수 있어야 한다.

인과성과 일반법칙의 관계에 관해, 설명모형을 제시하면서 좀 더 구체적으로 설명하는 사람은 헴펠(C.G. Hempel)과 같은 경우라고 하겠다. 헴펠은 인과성이 일반법칙과 밀접하게 관련되어 있음을 다음과 같은 근거를 들어 주장한다. 그(1970)의 말에 따르면, "온도가 상승하면 비눗방울이 커지는 경우, '온도가 오른다'는 사실과 '비눗방울이 커진다'는 사실 사이에 인과관계가 성립될 수 있는 것은, '온도의 상승과 기체의 체적(體積)은 비례한다'는 일반법칙이 두 사실을 연결시켜 주기 때문이다"(347-348). 그는 과학적 설명이라고 할 수 있는 인과적 설명은 어떤 개별적인 사실들을 그 사실군(事實群)에 관한 일정한 특성을 드러내는 어떤 법칙 속에 포섭시킴으로써 이루어지는 것으로 간주한다. 이어서 그는 인과적인 설명이란 C_1, C_2, C_3, ……, C_k로써 표현된 선행조건들에 관한 진술과, L_1, L_2, L_3, ……, L_r로써 표현된 일반법칙에 따라 결과 E가 설명되어야 하는 것이라고 하면서, 이런 인과적 설명은 다음과 같은 연역적 · 법칙정립적 설명[D-N형 설명]과 부합한다고 본다(348-349).

C_1, C_2, ……, C_k	: 선행조건들에 관한 진술들(충분조건)	설명문
L_1, L_2, ……, L_r	: 일반법칙들	
E	: 설명될 경험적인 현상에 관한 기술	피설명문

이 D-N형 설명은 어떤 사건이 발생하였을 경우, 그 사건이 발생하게 되기까지의 과정을 제시함으로써, 다시 말해 설명의 대상인 결과(E)에 대한 여러 조건들과 그것들에 각각 관계되는 일반법칙들을 설명문(explanans)으로 제시함으로써, 그 사건을 설명하려는 의도에서 비롯되었다. 그러므로 설명의 대상(E)과 선행 조건들(C_1, C_2, ……, C_k)을 일반법칙들(L_1, L_2, ……, L_r)이 포섭하는 형식을 취한다. 요컨대, 인과관계를 일반법칙에 의존하는 것으로 파악해서, 과학적인 설명모형을 제시한다. 그리고 '선행조건들이 들어 있는 설명문인 전제들에는 적어도 하나 이상의 일반 법칙이 포함되어야 한다'는 일반법칙에의 의존과, '설명문이 참[眞]이어야 피설명문(被說明文. explanandum)도 참이 된다'는 두 가지 기본적인 요구가 전제되어 있다. 요컨대, 헴펠도 번즈와 마찬가지로 인과성이란 일반법칙에 반대칭적인 의존관계를 지니면서 불가분의 관련을 맺고 있다는 데 의견을 같

이한다.

그렇다면 '날씨가 맑을 때마다 그는 산책을 나간다'라는 진술이나, '낮의 원인은 밤이다'라고 할 경우에, 그 각각이 인과성에 관한 언명이 될 수 없는 이유를 살펴보자. 우선 전자의 경우는 단지 우연적인 상관관계라는 점에서 문제가 있다. 물론, 경우에 따라서는 외견상 우연적인 단순한 상관관계에 있는 것으로 보여지던 것이, 실제로는 인과관계에 있는 것으로 밝혀지는 경우도 있다. 그러나 이런 경우는 사건들을 연결시켜 주는 일반법칙이 존재하고 있음이 나중에 실험과 관찰로 밝혀졌을 경우이다. 반면에 후사의 경우는 거짓원인(spurious cause)에 의존한다는 데 문제가 있다. 비록 낮과 밤이 교체하는 것이 규칙적인 반복이라 하더라도, 이 경우에 '낮의 원인은 밤이다'라고 하기보다는, 지구의 자전현상과 태양의 공전현상을 낮의 원인으로 삼을 경우가 좀 더 설명력이 있다. 그 이유는 이런 설명이 일반법칙이나 이론과 관련되어 있기 때문이다. 마찬가지로 달의 회전현상과 조석간만(朝夕干滿)의 차(差)와의 관계에서도, 달의 회전현상과 관련된 조석간만의 차 또한 일반법칙과 관련되어 있기 때문에, 달의 회전현상이 조석간만의 차에 대해 그 원인이 된다.

반면에, '날씨가 맑을 적마다 그는 산책을 간다'거나, '낮의 원인은 밤이다'라는 예들은 일반법칙과 관련시켜서 설명하기가 곤란하다. 그래서 인과관계와 우연적인 상관관계는 구별되어야 하며, 거짓원인과 참된 원인도 구별되어야 한다고 할 경우, 그 기준은 규칙성뿐만 아니라 일반법칙이나 이론과의 관련 여부에 있다.

아울러 일상적인 용법으로서의 INUS조건도 과학의 세계에서는 주어진 사건의 원인으로 간주하기가 부적절하다. INUS조건은 어떤 사건을 야기하는 데 결정적인 역할을 한 요인이지, INUS조건 단독으로는 어떠한 사건도 야기할 수 없다. 예컨대, '전기합선 때문에 그 건물에 화재가 발생했다' 라고 할 경우에, 이 언명은 일상적인 용법으로서는 흔히 제시될 수 있는 언명이다. 그렇다고 해서 '전기합선이 있기만 하면 화재가 발생한다' 고 일반화시킬 수는 없다. 전기합선이라는 INUS조건은 그 건물의 화재발생이라는 특정 상황 속에서만 적용 가능한 것이다. 그러므로 '화재가 발생하기만 하면 전기합선이 있게 마련이다' 라고 주장할 수도 없다.

물론, INUS조건은 일반법칙과의 관련 속에서 논의되지도 않는다. D-N형설명과 같은 인과적 설명에서는 화재발생을 위해 전기합선과 같은 일련의 조건들과 더불어, 그 조건들과 연관된 경험적으로 일반화된 진술인 일반법칙도 제시된다. 그러므로 이런 설명은 어떤 사건이 발생하였을 경우 그 사건이 발생하기까지의 과정을 일반법칙과 관련시키면서 제시함으로써 설명력이 있다. 그러나 INUS조건에 따른 설명의 경우는 그렇지 않다. 특히, 사건 발생에 대해 INUS조건을 무엇으로 간주하느냐 하는 것은 관찰자의 주관에 따라 차이가 있을 수 있으므로 객관성을 지니기가 힘들다. 그러므로 INUS조건에 따른 설명은 일반화된 진술인 일반법칙을 관련시키지 않거나, 관찰자의 주관이 더 많이 개재될 수 있으므로, D-N형 설명과 같은 과학적인 설명모형에 비하여 그 설명력이 약하다.

한편, 일반법칙을 설명하기 위해서는 소위 초기조건들(initial conditions)이 요청된다. 그런데 초기조건들은 일반법칙뿐만 아니라, 인과성에 관한 설명을 위해서도 요청된다. 아울러 인과성이 성립하기 위해서는 초기조건뿐만 아니라 이미 밝혔듯이 일반 법칙도 요청된다. 인과관계가 성립하는 과정을 이런 사실들 사이의 관계를 중심으로 간략히 그리고 명쾌하게 밝혀 주는 사람으로는 브랜드를 들 수 있다. 그는 그의 저서(1976)인 『인과성특성』(*The nature of causality*)에서 다음과 같은 사실을 밝히고 있다.

> 만일 일반법칙을 'Li'로, 초기조건을 나타내는 언명을 'Ii'로, 그리고 '…은(는) 발생한다'는 술어를 'O'로, 'L_1, L_2, L_3, ……, L_n의 연언(連言, conjunction)'을 'L'로, 그리고 'I_1, I_2, I_2, ……, I_n의 연언'을 'I'로써 각각 나타낸다면, 그 관계는 다음과 같다.
>
> $\vdash (L \cdot I) \rightarrow (O_c \rightarrow O_e)$ (11)

물론, 여기서 말하는 일반법칙이란 실험과 관찰을 통해 검증될 수 있는 자연법칙을 지칭한다.[41]

인과성을 설명하기 위해서는 일반법칙과 초기조건들 이외에도 일반법칙과 초기조건들을 결합시키는 규칙이나 인과성과 관련된 개념들이 또한 요청된다. 왜냐하면 일반법칙과 초기조건이 있다고 하더라도 인과성이 성립된다고 볼 수는 없기 때문이다. 이런 이유로 베로흐스키(Bernard Berofsky, 1966)가 그의 논문인 『인과성과 일반법칙』("Causality and general laws")에서 밝힌 다음과 같은 주장은 그 의의가 크다.

> 'C가 E의 원인이다'라는 말은 C와 관련된 일련의 조건들 S, 일련의 법

41) 일반법칙인 자연법칙은 법칙을 구성하는 각 구성 요인들의 관계가 상호의존적이며, 동시에 역동적(dynamic)이라는 점을 그 특징으로 지닌다. 물론, 일반법칙들 상호간에도 서로 의존하고 있다. 반면에 행동과학이나 사회과학에서 사용되는 통계법칙의 경우는 자연법칙에서와 같은 그런 특징을 찾아보기 힘들다.

> 칙들 L, 그리고 정의나 의미론적 규칙(semantic rule)과 같은 일련의 의미 공준(意味公準. meaning postulate)들 M이 있음을 의미하는바, 여기서 S · M · L은 E를 야기하지만, S, M, L, S · M, M · L, T · M · L (T는 S의 진부분 집합)은 E를 야기하지 못한다(150).[42]

이처럼 그는 일련의 조건과 일련의 법칙이 일정한 규칙에 따라, C와 서로 연관되어야 함을 강조한다.

그러나 그의 견해에서 드러나는 문제점은, 듀카스(C.J. Ducasse, 1966)도 지적한 바 있듯이, '법칙들이 의존하여야 할 근거'에 관해 밝히고 있지 못하다는 점이다(525). 특히, 이런 문제점은 인과성과 일반법칙 사이의 관계를 논의할 경우에는 종종 당면하는 것이기도 하다. 예컨대, 인과성에 관한 언명이 가언적(假言的. hypothetical)이듯이, 일반법칙도 그 일반적인 진술이 가언적이기 때문이다. 아울러 브랜드나 베로흐스키가 제시하는 초기조건들이란 인과성뿐만 아니라, 일반법칙이 성립되기 위해서도 요청되기 때문이다. 나아가서 인과성여부를 밝히기 위해서는 일반법칙의 관련 여부를, 일반법칙인가의 여부를 밝히기 위해서는 인과성에 근거하고 있는지의 여부를 중요한 하나의 기준으로 제시하는 경우도 있기 때문이다. 그러나 어느 것이 더 근본적인가 하는 문제는 어려운 점이 있다.

이제까지 논자는 주어진 사건들 사이의 관계에서, 전건이 발생하기

---

42) " 'C is the cause of e' means 'There is a set of conditions described by the conjunction S (one conjunct of which is c) each conjunct of which holds of the situation in which c and e occur and a set of laws L and a set of meaning postulates M (definitions, semantic rules, etc.), such that S · M · L entails e and e is not entailed by any of the following : S, M, L, S · M, M · L, T · M · L, where T is any proper subset of S.' "

만 하면 후건이 발생한다는 사실이 직접, 간접으로 일반법칙과 관련을 맺기만 한다면, 전건은 후건에 대해 원인이라고 할 수 있다는 견해들을 살폈다. 그러나 그런 논법으로 인과성과 일반법칙 사이의 관계를 관련지으려고 하는 시도는 일종의 순환논증의 오류(fallacy of circular reasoning)에 빠져들 우려도 있음을 밝혔다. 왜냐하면 일반법칙이 성립되기 위해서는 인과성의 존재를 필요로 하기 때문이다.

이런 문제점에서 벗어나기 위해, 일반법칙의 특징과 인과성의 특징을 명확하게 구분하여 놓고 그 관계를 규정짓는 경우도 있다. 예컨대, 브랜드(1976)의 견해에 따르면, 일반법칙의 특징은 그 구성요인들 사이의 관계가 상호의존관계(interdependence)에 있다는 점에서 대칭관계에 있게 마련이지만, 인과관계의 경우는 그 의존관계가 반대칭적이란 점이다(12).[43] 하지만 그의 견해는 인과관계를 주어진 시간에 주어진 시건들 사이에 발생하는 함수관계(函數關係, functional relation)로 간주하는 러셀(Bertrand Russell)의 견해나, 인과필요충분조건으로 인과관계를 규정하려는 테일러(Richard Taylor)의 견해와는 다르다고 하겠다. 물론, 인과관계와 일반법칙의 특징을 브랜드의 견해처럼 규정한다 하더라도, 전자와 후자가 서로 어떤 관계의 특성을 지니는지는 여전히 분명하지 않다.

한편, 인과관계를 테일러의 상호조건설과 같은 대칭관계로 간주할 경우에는, 헴펠의 견해에서 찾아볼 수 있듯이 선행하는 초기조건과 일반법칙을 피설명문(explanandum)의 원인으로 간주하는 그런 유형의 인과적인 설명도 수정되어야 한다. 그러나 테일러는 상호조건설을

43) … That the laws of functional interdependence do not express a universal causal relation is evident from the fact that these statements are symmetrical, whereas statements of causal dependency are asymmetrical. …

주장하면서도 이런 문제에 관해 자기 나름의 해결책은 제시하지 못하고 있다는 점에서 아쉽다. 물론, 인과관계를 대칭관계로서 간주하든 반대칭관계로서 간주하든, 그리고 인과성과 일반법칙의 관계도 대칭관계로서 간주하든 않든, 인과성이 법칙과 직접, 간접으로 관련을 맺고 있다는 주장은 상당히 설득력이 있다.

3. 일반법칙과 반사실조건문

법칙은 경험적·귀납적인 방법으로 이끌어 내질 수도 있고, 이미 성립된 법칙들로부터 논리적·연역적으로 추론될 수도 있다. 이렇게 해서 얻어진 법칙은 다른 법칙들의 그물[網] 속에서 정합(整合, coherence)을 이루어야 한다. 나아가서 법칙은 실제로 실증되어야 하며 사실적으로도 참이어야 한다. 요컨대 법칙은 다른 법칙들과의 정합성뿐만 아니라 사실의 세계와도 대응(對應, correspondence)을 이루어야 한다.

법칙은 현재의 사건이나 현상을 설명할 수 있을 뿐만 아니라 그와 유사한 미래의 사건이나 현상도 예측(prediction)할 수 있어야 한다. 법칙은 예측의 바탕이 되어야 하며 미래에도 적용 가능해야 한다. 곧, 법칙은 사건이나 현상에 관해 설명력과 더불어 예측력도 지닌다(안건훈, 2001: 140).

관찰명제 가운데 법칙문과 우연적인 보편문은 그 형식이 외견상으로는 유사하다. 그러나 법칙문은 그 일반진술에 관한 증거가 개방적임에 반하여, 우연적인 보편문은 그렇지 못하다. 법칙문은 어떤 제한된 증거에 근거해 참이라고 주장되어서는 안 된다. 모든 법칙문은 일반적인 진술이나 일반적인 진술이라 해서 모두 다 법칙문은 아니다. 법칙문은 두 가지 이상의 사실을 연결한 규칙적인 관계를 지닌다. 한 사건이 발생하면 관련된 다른 사건이 항상 수반된다. 요컨대, 법칙은 규칙성을 지닌 보편적인 경험명제이다. 이런 사실은 반사실조건문(counterfactual conditional statement)이 성립되는지의 여부에 따라 그 특징이 잘 드러난다. 반사실조건문에 의한 법칙문검증에 관한 논의는 치즈홈(R.M. Chisholm, 1946), 굿맨(N. Goodman, 1947) 등에 의해 제기 된 이후[44] 지금까지 많이 사용되고 있다.

예컨대, '기체의 부피는 온도에 비례하고 압력에 반비례한다'고 할 때, 이 언명이 법칙문이려면, 가능세계인 현실세계에 비추어 보아도 참인 것으로 드러나야 한다. 그래서 이 언명을 다음과 같이, '만일 기체를 가열하면 그 부피가 가열정도에 따라 늘어나고, 기체에 압력을 가하면 그 부피가 압력정도에 반비례하여 축소된다'는 언명으로 바꾸어도 참이어야 한다. 다시 말해, 기체를 가열할 경우 그 부피가 가열정도에 따라 늘어나지 않는다거나, 기체에 압력을 가하여도 그 부피가 압력정도에 따라 반비례하지 않는 현상은 나타나지 않아야 한다.

이처럼 법칙문은 반사실조건문으로 바꾸어도 참인 것으로 성립되어야 한다. 법칙문은 규칙성을 지닌 보편적인 경험명제이므로, 그것을

---

44) 일반법칙과 반사실조건문의 관계에 관한 초기논문들로는, C.G. Hempel(1945)의 Studies in the logic of confirmation (*Mind, 54*, 1-26: 97-121), R.M. Chisholm(1946: 1954)의 The contrary-to-fact conditional (*Mind, 55*, 289-307), Law statements and counterfactual inference (*Analysis, 15*, 97-105), N. Goodman(1947)의 The problem of counterfactual conditionals (*The Journal of Philosophy, 44*, 113-128), K.R. Popper(1949)의 A note on natural laws and so-called 'contrary-to-fact conditionals' (*Mind, LVIII*, 62-66)과 R.J. Butler(1962)가 편집한 책인 *Analytical philosophy*에 실려 있는 J.L. Mackie(1962)의 논문인 Counterfactuals and causal laws(66-80) 등을 들 수 있다.

분석하면 '만일 일정한 조건이 충족된다면 일정한 결과가 발생한다'는 문장형식을 지니게 마련이다. 한편, 반사실조건문의 경우는 '만일 그런 조건이 충족된다면, 일정한 결과가 발생하지 않는 일은 없을 것이다'라는 문장 형식을 지닌다.

요컨대, 법칙적 언명이 비법칙적인 언명과 구별되는 중요한 하나의 기준은, 주어진 법칙적 언명이 반사실조건문으로서도 성립이 가능한가 하는 문제와 관련되어 있다. 물론, 법칙문에서의 조건언명은, 만일 일정한 조건이 충족된다면 일정한 유형의 감각여건(感覺與件)을 경험하게 되리라는 가언적인 언명이다. 그러나 법칙문은 반사실조건문으로 바꾸어도 참인 것으로 드러나지만, '반사실조건문이 성립되면 모두 다 법칙문이다'라고 할 수는 없다.

인과적인 특성도 적절한 조건이 충족되는 경우에는 어떤 결과를 경험하게 되리라는 가언적인 언명의 진리성에 관한 것이다. 그렇다면 과학에서의 법칙문이 반사실조건문의 형태로 바꾸어도 성립하듯이, 일반법칙과 관련되어 있는 인과성 또한 반사실조건문이 성립되느냐의 여부와 관련되어 있다. 그러므로 인과성과 반사실조건문과는 구체적으로 어떤 관련이 있는지를 또한 논의할 필요가 있다.

4. 인과성과 반사실조건문

그렇다면 인과성이 일반법칙과 직접, 간접으로 관련되어 있다고 할 경우에는, 인과성을 지닌 언명도 그 반사실조건문이 참인 것으로 드러난다고 할 수 있다. 그러므로 '만일 어떤 원인(C)이 있다면, 결과(E)가 발생한다'라는 가언언명에서, 이것이 인과성을 드러내는 진술이 되려면, '만일 C가 발생한다면 E가 발생하지 않는 일은 없을 것이다' 라는 반사실조건문도 성립하여야 한다. 이런 반사실조건문에 근거한 인과성검증은, 특히 최근에 그 논의가 활발하게 전개되고 있다.

그 대표적인 학자로는, 인과성을 반사실조건문에 근거해 분석할 경우 나타나게 될 문제점에 관해 언급하는 베로흐스키(Bernard Berofsky, 1973), 인과적인 연쇄와 반사실적 의존관계를 들어 인과성 여부를 논하는 루이스(David Lewis, 1973b; 1979), 인과성의 방향과 더불어 반사실조건문에 근거한 인과성분석의 한계에 관하여 논하는 스웨인(Marshall Swain, 1978), 루이스의 논문을 비판적으로 검도하는 김재권(Jaegwon Kim, 1973)과 스턴(Cindy D. Stern, 1981), 스웨인의 논문을 비판적으로 검토하는 데이비스(Wayne A. Davis, 1980) 등을 들 수 있다.[45]

이 가운데 여기서는 루이스의 견해를 중심으로 살펴보기로 한다. 왜냐하면 그는 반사실조건문에 근거한 판별 방법을 체계화시키는 데 누구보다도 더 노력하였을 뿐만 아니라, 반사실조건문에 근거한 방법이 어떤 적극적 측면을 지니는지에 관해서도 많은 점을 제시했기 때문

45) 인과성과 반사실조건문 사이의 관계에 관한 논문으로는 Herbert A. Simon과 Nicholas Rescher(1966)의 Cause and counterfactual (*Philosophy of Science, 33*, 313-340), Bernard Berofsky(1973)의 The counterfactual analysis of causation (*The Journal of Philosophy, 70*, 568-569), Jaegwon Kim(1973)의 Causation and counterfactuals (*The Journal of Philosophy, 70*, 579-572), David Lewis(1973b : 1979)의 Causation (*The Journal of Philosophy, 70*, 556-567), Couterfactual dependence and time's arrow (*Nous, 13*, 455-476), Marshall Swain(1978)의 A counterfactual analysis of event causation (*Philosophical Studies, 34*, 1-19), Wayne A. Davis(1980)의 Swain's counterfactual analysis of causation (*Philosophical Studies*, 38, 169-176), 그리고 Cindy D. Stern(1981)의 Lewis' counterfactual analysis of causation (*Synthese, 48*, 333-345) 등을 들 수 있다. 그리고 대표적인 저서로는 David Lewis(1973)이 *Counterfactuals* (Oxford : Basil Blackwell)를 들 수 있다.

문이다. 특히, 그(1979)는 반사실조건문에 근거한 인과성 분석이 의의가 있음을 다음과 같은 근거에서 옹호하고 있다.

(1) 결과에 대한 원인의 관계는 인과적인 연쇄(causal chain)에 따라 연결되어 있다.
(2) 인과적인 연쇄는 일종의 반사실적인 의존관계(counterfactual dependence)에 있다.
(3) 이런 반사실적 조건문은 모호성의 해결(resolution of vagueness)에 도움이 된다는 측면에서 택하여질 수 있다(459).

이런 루이스의 견해 가운데 (3)은 인과성여부를 밝히기 위해서는 반사실조건문이 성립되느냐의 여부가 중요한 기준이 된다는 점을 강조한 것에 불과하므로, 사실상 (1)과 (2)가 그의 주된 견해라 하겠다. 그러므로 (1)과 (2)를 중심으로 반사실조건문이 왜 요청되는지를 밝히기로 한다.

우선, 반사실조건문에 관해 언급하기에 앞서, (1)에서 나타나 있듯이 '인과성과 연쇄적인 사건발생의 관계에 관해 살펴보기로 한다. 굿(G.I. Good)의 견해처럼 루이스(1973b)는 인과적인 연쇄를 주장하면서, 그리고 원인이 결과에 시간적으로 선행하는 것으로 간주하면서, 인과관계를 일방향성을 지닌 반대칭관계로 간주한다. 예컨대, C, d_o, ……, d_n, E라는 사건들의 발생이 계열을 이루면서 발생한다면, d_o는 C에, E는 d_n에 각각 의존하게 마련이며, 위의 계열은 인과적인 연쇄를 이루게 된다는 점이다. d_i는 $1 \leq i \leq n$인 곳에서 d_{i-1}에 의존하고, d_o는 C에 인과적으로 의존한다. 그러므로 하나의 사건 C는 C로부터 E에 이르는 일련의 인과적인 연쇄에 있기만 한다면 E의 원인이 된다는 주장이다(562-563).

다음, (2)에서 나타나 있듯이, 'C가 발생하였더라면 E도 발생하였을 것이다' 라는 언명이 참일 경우에만, 'E는 C에 인과적으로 의존하게 된다' 는 주장을 살펴보기로 한다. 반사실적인 의존관계에 관한 위와 같은 견해는 예컨대, 기압계에 나타난 'R_1, R_2, ……' 이라는 눈금들로써 이루어진 집단과, 여기에 대응하여 주변 공기의 압력을 나타내는 'P_1, P_2, ……' 라는 언명들로써 이루어진 집합의 관계에 따라서도 구체화될 수 있다. 이런 상황 속에서는 기압계가 적절하게 작동할 경우, 주변 공기의 압력에 관한 언명이 참[眞]이라고 한다면, 상응하는 기압계의 눈금이 나타낸 것도 참이다. 그러므로 전자가 참이었다면 후자도 당연히 참이 되었어야 주어진 언명들 사이의 관계는 인과성을 지니게 된다. 곧, 기압계에 나타난 눈금은 인과적으로 압력에 의존하게 마련이므로, R′s 는 반사실적으로도 P′s에 의존하게 된다.

요컨대, 그는 (1)과 (2)를 통해 'C가 E의 원인이다' 라는 언명은, '만일 C가 발생한다면 E도 발생하지 않는 일은 없을 것이다' 라는 반사실조건문을 수반함을 지적한다. 더 확실하게 구명하기 위해, 반사실조건문에 의한 인과성판별을 다음과 같은 예들을 들어 구체화시켜 보기로 한다.

예컨대, '물은 1기압에서 100℃ 때 비등점(沸騰點)에 이르게 된다' 고 할 때, 이 언명이 인과성을 지닌 문장이려면, 가능세계인 현실세계에 비추어 보아도 참인 것으로 드러나야 한다. 이 언명을 '만일 1기압에서 물을 100℃로 가열하면(원인) 그 물이 비등점에 이르게 되지 않는 일은 없을 것이다(결과)' 라는 언명으로 바꾸어도 참이어야 한다. 다시 말해 '만일 1기압에서 물을 100℃로 가열한다면 그 물은 비등점에 이르게 되지 않을 것이다' 라는 언명은 거짓이어야 한다. 실제로 그렇게 실험을 하지는 않았지만 현실세계에서 실험을 한다면 그런 결과가 나타난다는 것에 이의가 없어야 한다. 그래서 그 대우명제인 '물이 끓지 않는다면, '그 물은 1기압에서 100℃까지 가열되지 않은 상태일 것이다' 라는 문장도 참인 것으로 성립한다. 이처럼 반사실조건문이 성립될 때, 원래의 언명은 인과성을 지니게 된다. 요컨대 '물을 1기압에서 100℃까지 가열하면 물은 끓는다' 는 문장은 이처럼 반사실조건문으로 바꾸어도 참인 문장으로 밝혀지므로 인과성을 지닌 문장이다.

물론, 반사실조건문은 경향(disposition)을 나타내는 언명이 일반적으로 참이라는 것을 밝히기 위해서도 사용된다. 예컨대, '소금은 물에서 용해(solution)한다' 라는 언명이 참이려면, '만일 소금을 물에 넣는다면 소금이 용해되지 않는 일은 없을 것이다' 라는 언명도 참이어야 한다. 소금을 물에 넣었는데도 소금이 물에 용해되지 않는 현상은 나타나지 않아야 한다.

반면에 '종을 치면 일식현상이 사라진다' 는 문장에 대한 반사실조건문은 '종을 치면 일식현상이 사라지지 않는 일은 없다', '일식현상이 사라지지 않는다면 종을 치지 않았다' 등인데, 이들 모두가 참인 문장들이라고는 할 수 없으므로 제시된 예문은 인과성을 지닌 문장이라고 할 수 없다. 더욱이 그 문장에는 '종을 친다' 와 '일식현상이 사라진다' 라는 원인과 결과 역할을 하는 사건들을 맺어주는 일반법칙도 그 배후에 없다.

또 다른 예로서, '날씨가 화창하다면 그는 산책을 나간다' 라는 언명이 인과성을 지닌 문장인지 살펴보자. 이 언명이 참이려면, 날씨가 화창한데도 그가 산책을 나가지 않는 일은 없어야 한다. 그가 산책을 나가지 않았다면 날씨가 화창하지 않은 것임에 틀림없다. 그런데 위의 문장은 이런 반사실조건문들이 성립되므로 인과성을 지닌 것으로 간주될지도 모른다. 그러나 위의 언명은 인과성에서 요구되는 정도의 규칙성을 지닌 항상적인 결합이라고 말하기는 힘들다. 물론, 원인과 결과를 맺어주는 일반법칙도 없다. 이 경우는 단지 우연적인 고도의 상관관계에 불과하다. 그러므로 이 경우도 인과성을 지닌다고 볼 수 없다.

이미 서술했듯이 사건들에 관한 언명들의 관계가 인과성을 지니는지의 여부를 밝히는 데, 반사실조건문의 성립여부가 중요한 역할을 한다. 그리고 지금까지 주로 반대칭관계로서 인과성을 논의한 경우들을 중심으로 살폈다. 그러나 인과성은 대칭관계에 의해서도 논의될 수 있다. 예컨대, C, d_0, ……, d_n, E라는 사건들의 발생이 인과성을 지니면서 계열을 이룬다고 할 경우에, E의 원인은 C가 아니라 d_n이라고 이견(異見)을 제시할 수도 있겠고, 상호조건설에 근거하여 원인과 결과는 동시에 발생한다고 주장할 수도 있다. 물론, 인과성을 반대칭관계로서가 아니라 대칭관계로서 간주한다 하더라도, 반사실조건문에 근거한 인과성판별은 의의가 있다. 왜냐하면 인과관계를 동시에 발생하는 상호조건관계로서 간주할 경우, 어느 한 편이 발생하지 않으면 다른 편은 발생할 수 없기 때문이다. 예컨대, 수은(Hg) 표면의 상승작용과 대기압력의 관계를 상호조건적인 인과관계라고 여기고 논의하여 보자. 이런 경우는 원인과 결과의 방향이나 역할이 고정되어 있다기보다는, 서로 영향을 주고받으며 동시에 발생하는 것으로 간주되므로, 한편이 발생하지 않으면 다른 편의 발생에 대해 알 수 없다. 그러므로 인과성을 대칭관계로서 간주한다고 하더라도 반사실조건문은 성립한다. 요컨대, 인과성을 대칭관계로 간주하든 반대칭관계로 간주하든, 반사실조건문의 성립여부가 인과성여부를 결정짓는 중요한 기준임을 알 수 있다.

이처럼 반사실조건문에 근거한 인과성분석은 일반법칙에 근거한 인과성분석과 더불어, 사건들 사이의 관계가 인과성을 지니는지의 여부를 밝히는 데 중요한 기준이 된다. 그러나 반사실조건문에 근거한 인과성분석은 다음과 같은 문제점도 있다.

우선, 반사실조건문이 성립된다는 사실만으로는, 경험적 규칙성에 근거한다는 인과관계를 분석적인 관계(analytical relation)나 논리적인 관계(logical relation)와 구별하기 힘들다는 점이다. 특히, 이미 앞에서 예시한 바 있는 루이스의 설명방식으로 반사실조건문을 받아들인다면, 주어진 언명의 후건(consequent)이 전건(antecedent)에 의해 수반되지 않는 한, 그 언명이 참이라고 할 수 없다. 그런데 후건이 전건에 의해 수반되는 경우는 그 관계가 분석적 관계나 논리적 관계에 있을 때 더욱 잘 드러난다. 그렇다면 반사실조건문에 근거한 판별방법으로는 주어진 언명이 인과성을 지니는지, 또는 분석적인 관계나 논리적인 관계를 지니는지를 알기 힘들게 된다. 곧, 반사실조건문에 근거해 판별되었다고 해서, 모두가 인과성을 지닌 언명은 아니라는 사실이다. 이런 사실은 스웨인(1978)의 "반사실적인 의존(counterfactual dependence)에 속하는 모든 예들이 인과적인 의존(causal dependence)에 속하는 예는 아니다(2)"[46]라는 주장에서도 잘 나타나 있다.

다음, 인과성은 법칙적인 언명이나 반사실조건문과 더불어 규칙성에 근거하여 논의된다. 그런데 인과성은 이미 서술한 바와 같이 사실의 세계, 경험의 세계와 많은 관련을 맺고 있다. 그러므로 인과성에서 요구되는 규칙성이라는 것도 논리학이나 수학에서 요청되는 그런 유

---

46) … the counterfactual approach faces special problems concerning the fact that not all instances of counterfactual dependence are also instances of causal dependence, … (Swain, 1978: 2).

형의 필연성을 지닌 규칙성을 의미하는 것은 아니다. 왜냐하면 사건들에 관한 일반적 진술은 개연성에 근거하여 이루어지기 때문이다. 그렇다고 해서 완전한 불규칙성을(complete irregularity)을 지닌 것도 아니다. 필연성을 지닌 규칙성도 완전한 불규칙성도 아닌 그 어떤 모호한 특성을 지닌다.

이제까지의 논의 가운데 10장의 2절에서는 인과적인 설명은 일반법칙과 관련되어 있을 때, 그 설명력(explanatory power)을 더하게 된다고 하면서, 인과성이 일반법칙과 관련되어 있음을 밝혔다. 한편, 3절에서는 법칙적 언명이 비법칙적 언명과 구별되는 하나의 중요한 기준은, '주어진 언명이 반사실조건문으로도 성립이 가능한가' 하는 문제와 관련되어 있음을 지적하였다. 이어서 4절에서는 이런 반사실조건문이 인과성판별을 위해서는 어떤 역할을 하는지에 관하여 구체적으로 살펴보았다.

이런 논의를 통하여 우리는 다음과 같은 사실을 알게 되었다. 법칙적인 언명인지의 여부를 반사실조건문으로써 판별할 경우에는, 법칙문이 지니는 고도의 규칙성이 반사실조건문의 성립에도 전제된다. 곧, 법칙문이라고 할 경우에는 반사실조건문이 성립되게 마련이다. 그러나 반사실조건문이 성립된다 하여, 모두 다 법칙문이라고 할 수는 없다. 물론, 인과성이 법칙문과 관련이 있다 하여, 인과성에도 법칙과 같은 정도의 그런 고도의 규칙성을 부여할 수 있는지는 논의의 여지가 있다. 한편, 인과성을 지닌 문장과 반사실조건문의 관계를 정리하여 보면, 인과성을 지닌 문장은 반사실적인 조건문으로 바꾸어도 참인 것으로 밝혀지지만, 반사실조건문이 성립된다고 해서 모두 다 인과성을 지닌 문장이라고 단정할 수는 없다. 그러나 반사실조건문에 근거한 판별방법에 한계점이 있더라도, 이 방법은 인과성을 알기 위한 또 하나의 중요한 방법임에는 틀림없다.

5. 과학적인 인과관계를 위한 기준설정의 문제

경험의 세계에서는 사건들이 규칙성을 이루면서 생기(生起)한다고 하더라도, 인과관계가 아닌 경우도 있다. 예컨대, 고도의 규칙성을 지니면서 발생하는 사건들 사이의 관계라고 할지라도, 그 관계가 단순히 우연적인 상관관계일 수도 있고, 거짓원인이 참된 원인으로 오인될 수도 있기 때문이다. 물론, 인과관계를 이런 것들과 구별하기 위해, 필자는 2절에서 일반법칙과의 관련 여부가 하나의 관건이 된다는 사실도 밝혔다. 이어서 인과관계인지의 여부를 판별하는 하나의 기준이 일반법칙과의 관련에 있다면, 일반법칙인지의 여부를 판별하는 중요한 기준인 반사실조건문의 성립여부도 또한 인과성여부를 판별하는 기준이 될 수 있음을 3절에서 밝혔다.

그런데 일반법칙인지의 여부를 판별하는 기준으로는 반사실조건문의 성립여부 이외에도 그 법칙이 다른 이론이나 법칙과 연결가능한지가 또한 중요시된다. 어떤 명제가 법칙의 자격이 있으려면 광범위한 법칙의 체계와 정합되어야 한다는 점이다. 곧, 그 법칙이 다른 이론이나 법칙으로부터 논리적으로 추론될 수 있으며, 새로운 이론이나 법칙을 도출해 내는 데 영향을 미칠 수 있느냐 하는 것이 중요시된다. 아울러 일반법칙은 인과성과 밀접한 관련을 맺고 있다. 그렇다면 어떤 사건들의 생기가 인과관계를 지닌다고 할 경우에는 그 인과관계는 다른 유형의 인과관계와도 어느 정도 연관성이 있게 된다. 다시 말해, 어떤 사건들의 계기(繼起)가 인과성의 자격을 지니려면 광범위한 인과성의 체계 내에 그 뿌리를 두고 있어야 하지 않을까 하는 점이다.

한편, 인과관계에서 원인을 사건에만 국한시켜야 하는가에 관해서도 의문이 제기될 수 있다. 예컨대, 하늘을 향해 공을 던졌을 경우 그 공이 낙하한다는 사실을 '결과'로 그리고 중력(重力)을 '원인'으로 간주하는 경우를 생각하여 보자. 이 경우에 중력은 사건이 아니다. 어떤 사건 발생의 원인을 약력(弱力), 강력(强力), 전자기력(電磁氣力)으로 간주할 경우에도 마찬가지다. 지진의 영향으로 건물이 무너진 경우에도, 그 원인을 진원지(震源地)에 두지 않고 그 건물을 받치는 지반(地盤)의 동요(動搖)와 건물 사이에서 형성된 힘의 역학관계에 둔다고 할 경우에는, 이런 원인은 사건이 아니다. 러셀처럼 인과관계를 주어진 시간에 주어진 사건들 사이에 발생하는 함수관계(functional relation)로 간주한다고 할지라도, 이런 관계는 이제까지 논의한 인과관계와는 그 성격이 다르다.

또 다른 예로, DNA(deoxyribonucleic acid)의 차이로 야기되는 생물들 사이에 드러나는 다양한 특징들에 관해서도 살펴보기로 한다(Karlson, 1985: 162-163). 유전자본체(遺傳子本體)인 것으로 알려진 DNA는 많은 분자가 결합되어 이루어진 매우 긴 고분자 화합물(高分子化合物)로 염색체(染色體)에 존재한다. DNA는 생물의 종류에 따라 그 구성과 분포는 다르지만 생물이 성장하는 데 필요한 모든 유전정보를 지니면서, 또한 유전정보를 전달하는 유전자물질이기도 하다. 곧, 유전형질이 전해질 때, 그 정보는 DNA에 새겨져 있어 세포분열을 통해 균등하게 갈라져 자손들에게 전해진다. 그렇다면 이 경우에 DNA의 차이와 생물의 특징과의 차이는 인과관계라고 할 수 있는가 하는 점이다. 만일 이것이 용인된다면 이 경우의 인과관계는 사건들 사이의 생기에 근거하여 논의되어야 하는 것이라기보다는, DNA에 관한 구조파악과 관련시켜야 하며, DNA구조 속에서 논의되어야 한다.

이처럼 과학적인 인과관계를 위한 기준설정에서는 일반법칙이나 반사실조건문과의 연관성 이외에도 다른 접근방법들이 가능하다. 원인과 결과에서 원인을 중력이나 힘의 역학관계나 DNA와 같은 것과도 관련시킨다고 할 경우에는 원인이 사건에만 국한될 수 없다. 이런 경우들에서의 인과관계는 사건들 사이의 생기에 관한 것이라기보다는 오히려, 전체에 관한 상태나 구조파악과 관련시켜야 한다. 요컨대, 원인과 결과에서 원인의 개념을 어디까지 확장시키느냐에 따라서 인과성의 특징이 다양해질 수도 있고 그렇지 않을 수도 있을 뿐만 아니라, 그 범위도 확대되거나 축소되게 마련이다.

과학적인 인과관계라고 할 경우, 과학의 본성을 어떻게 규정짓느냐에 따라, 과학적인 인과관계의 기준도 다양해질 수 있다. 비록 과학이 주로 경험에 관한 것이며 경험의 기초 위에 이루어졌다고 할지라도 그 경험을 어디까지 확대시키느냐에 대해서는 서로 다른 견해가 있을 수 있기 때문이다. 그러므로 과학적인 인과관계의 기준을 설정하는 데에도 그 만큼 다양한 견해가 있을 수 있다. 아울러 그만큼 폭넓은 가능성도 있을 수 있다.

6. 요약 및 결론

과학적인 인과관계를 위한 기준설정으로 여기서는 주로 일반법칙과의 관련성 여부와 반사실조건문으로 환원이 될 수 있는지에 그 초점을 맞추었다.

우선, 주어진 사건이 인과관계에 따른 것인지 우연한 상관관계에 따른 것인지는 그 사건이 일반법칙과 관련을 맺고 있는지의 여부와 관련되어 있다. 인과관계인 경우는 원인과 결과를 맺어주는 일반법칙이 존재한다는 점이다. 설명문(explanans)으로 조건들을 나타내는 문장들로 원인을 제시하고, 피설명문(explanandum)으로 결과를 제시하면서 그 사이를 맺어 주는 것으로 일반법칙을 제시하는 헴펠의 D-N형 설명이 그 좋은 예이다. D-N형 설명에는 '설명문인 전제들 속에 적어도 하나의 일반법칙이 포함되어야 한다'는 것과, 설명문이 참이어야 피설명문도 참이 된다'는 두 가지 기본적인 요구가 들어 있다(Hempel, 1966a: 101). 과학적인 설명은 법칙에 근거한 설명이며, 이런 법칙과 관련을 맺어야 과학적인 인과관계이다.

한편, 주어진 사건이 반사실조건문으로 환원될 수 있는지도 주어진 사건이 인과성을 지닌 사건인지의 여부를 가늠할 수 있는 준거이다. 관칠 명제 가운데 법칙문과 우연적인 보편문은 그 형식이 외견상으로는 유사하다. 그러나 법칙문은 그 일반 진술에 관한 증거가 개방적임에 반하여, 우연적인 보편문은 그렇지 못하다. 이런 사실은 반사실조건문이 성립되는지의 여부에 따라 그 특징이 잘 드러난다. 인과성이 일반법칙과 직접, 간접으로 관련되어 있다고 할 경우에는, 인과성을 지닌 언명도 그 반사실조건문이 참인 것으로 드러난다. 왜냐하면 모든 법칙문은 반사실조건문으로 바꾸어 보아도 참인 문장으로 드러나기 때문이다. 물론, 반사실조건문이 성립된다고 해서 모두 인과성을 지닌 문장이라고 할 수는 없다. 다시 말해 인과성을 지닌 문장은 모두 반사실적인 문장으로 바꾸어도 참이지만 그 역은 성립하지 않는다. 이런 관계는 법칙문과 반사실조건문과의 관계에서도 드러난다. 과학적 인과관계를 위한 기준 설정의 문제는 일반법칙이나 반사실조건문과의 관련성 이외에도 또 다른 접근 방법이 가능하다. 특히 원인을 무엇으로 규정하느냐 하는 측면은 이런 점에서 매우 중요한 역할을 한다. 원인을 사건에만 국한시킬 수 없다는 것이 그 좋은 예이다. 인과관계는 사건들 사이의 관계라기보다는 전체에 관한 상태나 구조파악과 관련시켜야 한다는 주장도 그런 측면에서 우리에게는 새로운 시사점이다.

11장 공리체계로 본 이론의 논리구조*

1. 문제의 제기

이론이 과학에서 하는 역할은 학문 탐구의 길잡이 역할뿐만 아니라, '새로운 법칙의 산파역(産婆役)을 어느 정도 하고 있는지' 와도 관련되어 있다. 물론, 이론이 그 힘을 지니기 위해서는 그 속의 진술들이 논리의 세계에서뿐만 아니라 사실의 세계에서도 참이어야 한다.

그런데 이론은 여러 진술들이 일정한 체계로 조직된 것이므로 내부적으로 어떤 공통된 특징들을 지닐 법도 하다. 11장에서는 이상적인 과학이론이 되기 위해 이론들이 내부적으로 어떤 공리체계를 공통으로 지녀야 하는지를 구명하려 한다. 특히 이론이 공통으로 지니는 논리구조를 살펴보는 일은, 과학의 공통된 특징을 더 체계적으로 구명한다는 측면에서뿐만 아니라, 기호논리학의 응용에 관한 탐구라는 측면에서도 의의 있는 일이라 여겨지기 때문이다. 이론이 지녀야 할 기

---

* 11장은 필자가 지은 『기호논리학과 그 응용』의 「5장 이론, 공리체계 및 그 검증방법」이다. 그 내용은 이초식 외(2000) 공저인 『귀납논리와 과학철학』에서 필자가 쓴 부분인 「7. 이론, 공리체계 그리고 그 판별방법」을 수정, 보완한 것이다. 이 글과 관련된 것으로는 필자가 한국철학자 연합대회(1992. 10)에서 발표한 「이론의 논리적 기초」를 들 수 있다. 아울러 이 논문의 몇몇 주요 부분은 미시간주립대학의 논리학 교수였던 고(故) Herbert E. Hendry교수의 강의에서 시사(示唆)받았음을 밝혀 둔다.

본적인 공리체계, 공통된 공리체계의 특징으로는 어떤 것이 있을까? 나아가서 그런 특징을 지니는지의 여부는 어떻게 계산하여 판별할 수 있을까?

2. 이론의 특징

이론이 과학에서 하는 역할은 '새로운 탐구를 향한 노력을 어느 정도 계속 촉진시킬 수 있느냐'와 깊은 관련을 맺는다. 이러한 사실은 이론을 평가하는 하나의 실용적인 준거(pragmatic norm)가 되기도 한다. 그런데 법칙이 그 자격을 지니기 위해서는 다른 법칙과의 정합성(coherence)이 유지되어야 하는 것처럼, 이론도 다른 이론과 정합성을 유지하여야 한다. 나아가서 법칙이 사실의 세계와 대응(correspondence)을 이루고 있을 때 좀 더 설득력이 있는 것처럼 이론도 그렇다. 이론 내에 있는 공리(axiom)와 같은 역할을 하는 진술들 가운데 경험적으로 무의미하거나 거짓인 것이 섞여 있으면 이론 전체도 무의미하거나 거짓이 된다. 그러므로 이론은 언제나 논리적으로 문제점이 없을 뿐만 아니라, 그 속의 진술들이 사실적으로도 참일 때 참다운 힘을 지닌다. 하지만 법칙에서 사용되는 용어들은 검증가능한 경험내용들을 지니는 경우가 많으나 이론에서 사용되는 용어들은 꼭 그렇지는 않다. 예컨대, 전자, 쿼크(quark) 등 소립자와 관련된 용어들은 실험이나 관찰 이전에 이론을 위한 기본가정이나 공리형성을 위해 도입된 용어였다.

정합성, 대응성과 더불어 자폐성(closure)도 이론의 특징이라 할 수 있다. 자폐성은 이론 내에 있는 개념들이 이론 밖에 있는 개념들에 비하여 자기들끼리 어느 정도 밀접하게 서로 관련되어 있는지를 알려준다. 자연과학에서 사용되는 이론은 사회과학에서 사용되는 이론보다 자폐성이 큰 것이 일반적인 경향이다. 예컨대, 특수상대성이론($E=MC^2$) — 질량은 에너지의 한 형태이며 두 개념은 서로 변환될 수 있다 — 의 경우, E, M, C만으로 이루어져 있으므로 그 자폐성이 크다고 할 수 있다.

공리를 타당한 논증의 전제로 여기는 견해에서는 결론이 그 체계의 정리로 간주되기도 한다. 이런 견해에서는 설명하는 법칙이나 진술은 공리로서, 설명된 법칙이나 진술은 정리(theorem)로 각각 간주되는 경우가 많다(Copi, 1979: 229-230). 대체로, 이론은 법칙과 같은 일반진술을 포함한 공리들의 체계화이며 조직체이다. 법칙은 관찰된 자료들의 일반화에 관한 것이라면, 이론은 이러한 공리들의 조직에 관한 것이다. 경우에 따라서는 법칙들이 어떤 규칙이나 원리들에 따라 서로 관련되어 있을 때 이 체계를 이론이라 하기도 한다. 이러한 논거들에 따른다면 법칙과 같은 일반진술들의 그물이 이론을 형성한다. 이론은 연역적으로 연결된 이런 것들의 그물이기 때문에 그 자체는 하나의 논리체계[47]를 지닌다.

지금까지 이론이 지니는 일반적인 특징에 관해 서술하였다. 이런 서술이 이론이 지니는 외적인 특징에 그 초점이 주어졌다면, 이제부

---

47) Abraham Kaplan(1963)의 견해에 따른다면, 이러한 논리체계는 크게 연쇄적 이론체계(concatenated theory)와 위계적 이론체계(hierarchical theory)로 나뉜다. 전자는 요인유형(factor type)이라고도 하는 것으로, 어떤 중심점으로 수렴되는 법칙들이 있으며, 그 각각의 법칙들은 주어진 이론이 설명하려는 현상에서 어떤 역할을 담당하도록 되어 있는 경우이다. 예컨대, 우주론에서 대폭발이론(big bang theory)이나 진화론 등이 그런 중심점을 이룬다. 한편, 위계적 이론체계는 일련의 기본원리에 근거하여 연역법에 따라 나타내져 있는 경우이다(298).

터는 어떤 이론을 공리들로 나타낼 때, 그 이론이 공통으로 지녀야 할 내적으로 바람직한 공리체계의 특징들에 관하여 살펴보겠다. 이론이 공통으로 지녀야 할 바람직한 공리체계는 그에 따른 어떤 논리체계를 수반한다고도 할 수 있으므로, 이런 체계의 파악은 이론의 형식적인 틀을 알게 하는 지름길도 되기 때문이다.

3. 공리들의 논리체계

이상적인 형식체계를 지닌 과학이론은 일련의 상호 연관된 진술들로 이루어져 있다. 이런 일련의 진술들이 이론으로서 자격을 지니기 위해서는 앞에서 제시한 특징들 이외에도 기본적으로 지녀야 할 몇 가지 제한이 있는데, 이론은 공허(空虛)하지 않아야 하며, 이론을 구성하고 있는 문장들은 어떤 집합을 드러내는 표현으로써 나타내져야 하며, 이론을 구성하는 진술들 사이에 논리체계가 있어야 한다는 것 등이다. 이론은 공리(axiom)와 의미로써 나타내진다. 어떤 이론을 공리로써 나타내려면[48], 공리라고 일컬어지는 일련의 문장들을 상술하고, 그 문장들이 주어진 이론에 속하게 되는 이유를 밝히면 된다. 아울러 어떤 이론이 의미를 지니게 하려면, 그 이론에 속하는 표현들에

48) 이론을 공리로써 나타내는 경우 다음과 같은 점들에 유념할 필요가 있다. 예컨대, 교육출판공사(1985)에서 펴낸 『세계철학대사전』을 보면 공리란 크게 몇 가지 뜻을 지니는데 그 가운데 대표적인 것으로는, '증명을 필요로 하지 않거나 증명할 수 없는 것으로서 직접 자명한 진리로 승인되는 근본명제'를 뜻하기도 하고, '자명하든 안 하든 연역체계의 기초로서 바르다고 가정되는 명제'를 뜻하기도 한다. 그리고 엄밀한 연역체계를 위해 공리의 무모순성(공리로부터의 연역이 결코 모순에 이르러서는 안 됨), 독립성(공리체계 가운데 한 공리는 다른 공리와 독립되어야 함), 완전성 등이 요구된다.

해석을 가하면서 상술하고, 그런 후에는 그 이론에 속하는 문장들이 그런 해석에 근거해 참이 된다는 사실을 밝히면 된다. 그렇다면 공리들이 이론에서 지녀야 할 바람직한 체계로는 어떤 것들이 있을까?

3. 1 무모순성

우선, 이론을 구성하는 공리체계가 공통으로 지녀야 할 바람직한 특징으로는 무모순성(consistence)을 들 수 있다. 무모순성을 지닌 이론이란, '어떤 이론 속에서 그 이론이 용인하면서 동시에 거부하는 그러한 문장이 없는 경우' 이다. 예컨대, S와 T가 어떤 문장과 이론을 각각 나타낸다고 할 때, S ∈ T이면서 동시에 ~S ∈ T인 그러한 S가 없기만 한다면 T는 무모순성을 지닌다. 달리 말하면, S와 ~S가 T에 의하여 함께 주장되지 않으면 T는 무모순이라 한다.[49] 만일 어떤 이론을 구성하는 문장들이 의미가 서로 통하도록 나타내져 있다면 그 이론은 자동적으로 무모순적이다. 왜냐하면 그러한 이론에 속하는 명제들은 제시된 상세화된 해석에 근거해 참이 되는 명제들이기 때문이다. 만일 의미론에 따라 나타내진 어떤 이론의 내용이 모순을 이룬다면, 그 이론을 구성하고 있는 문장들이 상세화된 해석에 근거해 참이면서 동시에 거짓이 되는 경우이다. 그러므로 모순을 일으키는 그런 문장들이 이론 속에는 없어야 한다.

어떤 이론이 공리로써 나타내져 있고 그러한 공리들의 집합이 무모순적인 어떤 모형(model)[50]을 이루고 있다면, 그 이론도 동시에 무모순적인 것이 된다. 왜냐하면 이 경우에 일련의 문장들로 이루어진 그

---

49) Benson Mates(1979)의 저서인 *Elementary logic*(183-187), Irving M. Copi(1979)의 저서인 *Symbolic logic*(164-166) 그리고 Herbert F. Hendry이 *Theory* (An unpublished draft, M.S.U., 1981: 4) 참조.

모형은 각 문장이 그 모형 속에서 참이 되는 해석을 지닌 어떤 문장을 지니기 때문이다. 그러므로 공리로써 나타내진 어떤 이론이 무모순적임을 보여 주기 위해서는, 제시된 일련의 공리들이 그런 어떤 모형을 지니고 있음을 보여 주면 된다.

예컨대, 공리로써 나타내진 T_1이라는 이론을 고찰하여 보자. T_1은 '=' 와 더불어 Φ, Ψ라는 두 개의 단항술어로 구성되어 있으며, T_1에 속하는 공리들을 각각 $(\exists x)(\Phi x \ \& \ \Psi x)$, $(x)(y)[(\Phi x \ \& \ \Psi y) \rightarrow x = y]$라 하자. T_1이 무모순적이려면 위에서 제시된 집합이 적어도 하나의 모형을 지닌다는 사실이 밝혀져야 한다. 이러한 사실을 보여 주기 위하여, 정의역(domain)으로서 '자연수로 된 집합' 을 설정하고, Φ에는 '짝수이며 소수(even prime)인 집합' 을, Ψ에는 '5보다 작은 자연수의 집합' 을, 각각 할당하는 해석을 생각하여 보자. T_1에 속하는 공리들은 이 해석에 따라 분명히 참이 되므로 T_1은 무모순적이라 하겠다.

3개 이상의 공리로써 이루어진 이론의 경우도 마찬가지이다. 예를 들어, T_2라는 이론에 속하는 공리들을 각각 $(x)(y)(z)[(Rxy \ \& \ Ryz) \rightarrow Rxz]$, $(x)\sim Rxx$, $(x)(y)(Rxy \rightarrow \sim Ryx)$이라고 하자. 이 경우에 T_2가 무모순적임을 보여 주기 위하여 정의역으로는 '자연수의 집합' 을, Rxy는 'x는 y보다 크다 $(x > y)$' 를 나타내는 것으로 각각 간주한다면, 위의 공리들로써 이루어진 T_2는 무모순적인 것이 된다. '3개의 자연수로 이루어진 집합에서는 그 수들이 어떤 것이든지 간에 그들 사이

---

50) Abraham Kaplan(1963)은 그의 저서인 *The conduct of inquiry*에서, 모형이라는 용어의 의미를 "모사, 모범, 이상적인 것에 두드러지게 어울리는 어떤 것"(something eminently worthy of imitation, an exemplar or ideal)이라 하면서, "그 용어는 흔히 기호적, 요청적, 형식적인 양식으로 표현된 과학이론과 관련되어 사용되곤 한다"(258; 263)고 말했다.

에 이행관계(transitive relation), 반재귀관계(irreflexive relation), 반대칭관계(asymmetrical relation)가 성립될 수 있다'는 이론을 나타내기 때문이다.

물론, 이론을 구성하는 공리들이 서로 무모순성을 지니는지의 여부를 판별하는 방법은 계산을 통해서도 가능하다. 진리수방법을 사용해 판별한다면, T_2에 속하는 공리들 — A_1, A_2, A_3 — 이 무모순성을 지님은 아래와 같은 방법으로도 검증이 가능하다.

A_1 : $(x)(y)(z)[(Rxy \,\&\, Ryz) \rightarrow Rxz]$ ***a***, ***a***

A_2 : $(x)\sim Rxx$ ***a***

A_3 : $(x)(y)(Rxy \rightarrow \sim Ryx)$ ***a***

$\sim Raa$

$(y)(Ray \rightarrow \sim Rya)$ ***a***

$Raa \rightarrow \sim Raa$ ✓

$\sim Raa$		$\sim Raa$	
$(Raa \,\&\, Raa) \rightarrow Raa$ ✓		$(Raa \,\&\, Raa) \rightarrow Raa$ ✓	
$\sim(Raa \,\&\, Raa)$ ✓	Raa	$\sim(Raa \,\&\, Raa)$ ✓	Raa
	×		×
$\sim Raa$　$\sim Raa$		$\sim Raa$　$\sim Raa$	
○　○		○　○	

무모순은 모순이 아닌 경우로서 제시된 공리들이 적어도 하나의 해석 아래에서는 참이 되는 바로 그런 경우이다. 그러므로 이론을 구성

하는 공리체계가 서로 무모순성을 지녀야 한다는 것 — 서로 모순을 일으키지 말아야 한다는 것 — 은 공리들의 집합이 이론이 되기 위해 요청되는 최소한의 기본조건이라고 하겠다. 그렇다면 제시된 공리들이 서로 무모순인지의 여부를 진리수를 사용해 판별하는 경우는, 각 공리들 속에 있는 결합사들을 선언과 연언결합사들로 환원하고 명제들을 배열할 경우, 진리수의 모든 가지들이 모순을 일으키지는 않는 경우라고 하겠다. 요컨대, 진리수가지 가운데 적어도 하나는 열려 있는 경우이다. 그런데 위의 진리수에서는 열린 진리수가지가 나타나 있으므로, 위의 공리들로써 이루어진 이론은 무모순성을 지닌다.

3. 2 완전성

이론들이 공통으로 지녀야 할 또 다른 바람직한 특징으로는 완전성(completeness)을 들 수 있다. 완전성이란 '주어진 이론이 그 이론에 속하는 문장들 가운데 어느 것에 대해서도 중립적이지 않는 경우'이다. S와 T가 각각 어떤 문장과 이론을 나타낸다면 'S와 T의 관계에 있어서 S ∈ T이거나 아니면 ~S ∈ T인 때'이다. 달리 말하면, T에 관한 어떤 문장이 있다고 할 경우 그 문장이 T에 의하여 받아들여지거나 아니면 그 문장의 부정이 T에 의하여 받아들여진다면 그러한 T는 완전하다(Mates, 1979: 184). 완전한 이론이란 그 이론에 속하는 문장들 가운데 어떤 것이든 주어지면, 그 이론이 그 문장을 용인하거나 거부하거나 둘 가운데 어느 하나라는 점에서 결정적(decidable)이다. 그러므로 어떤 이론이 모순된 표현이라는 사실도 그 이론이 완전함을 알려 준다. 반면에, 어떤 이론이 의미론에 들어맞게 나타내져 있다면, 그 이론에 속하는 명제들은 상세화된 해석에 근거해 참이 되는 그러한 이론에 속하는 문장들이 되게 마련이므로 또한 완전하다. 다시 말해, 어떤 이론이 완전하다는 것은 그 이론에 속하는 각 문장이 상세화된 구체적인 해석 아래서 참이거나 거짓이 되어, 그 이론에 의하여 전적으로 받아들여지거나 거부될 수 있음을 뜻한다. 요컨대, 결정가능함을 뜻한다. 그래서 어떤 이론이 결정 가능하다면 그 이론은 완전하다고 할 수 있다.

공리로써 나타내진 어떤 이론이 불완전하다는 것을 확인하기 위하여 다음과 같은 비교적 간단한 방법이 있다. 물론, 여기서 필요로 하는 것은 그 이론이 전적으로 용인하지도 거부하지도 않는 문장 — 예컨대, a라는 문장 — 이 그 이론 속에 있음을 찾아내는 일이다. 그러므로 어떤 이론이 불완전하다는 것을 보여 주기 위해서는 a라는 문장과 더불어 예컨대, 아래와 같은 두 조건들을 만족시켜 주는 적어도 한 쌍의 해석들 — I_1, I_2 라는 해석들 — 을 찾아내면 된다.

(i) 주어진 어떤 이론에 속하는 각각의 공리들은 a라는 공리를 제외하고는 I_1에서 참이다. 이것은 a가 그 이론에 의하여 거부됨을 알려 준다.

(ii) a를 포함하여 이러한 공리들은 I_2에서 참이다. 이것은 a가 그 이론에 의하여 용인됨을 알려 준다.

한 예로, 다음에 제시된 두 가지 해석들을 예로 들어, $(\exists x)(\Phi x \ \& \ \Psi x)$, $(x)(y)[(\Phi x \ \& \ \Psi x) \rightarrow x = y]$, $(x)(\Psi x \rightarrow \Phi x)$라는 공리들로 이루어진 T_3가 불완전함을 밝히겠다.

〈I_1〉

정의역 : 자연수의 집합

사전

Φx : x는 짝수이면서 소수(素數)이다.

Ψx : x는 5보다 작다.

〈I_2〉

정의역 : 자연수의 집합

사전

Φx : x는 짝수이면서 소수이다.

Ψx : x는 2와 동일하다.

T_3를 구성하는 공리들은 위에서 제시된 두 가지 해석 가운데, I_2에서는 모두 참이지만 I_1에서는 그렇지 않다. $(x)(\Psi x \rightarrow \Phi x)$라는 공리는 I_1에 따르면 거짓이 된다는 점이다. 곧, $(x)(\Psi x \rightarrow \Phi x)$는 어떤 해석 — I_2라는 해석 — 에 따르면 용인되지만, 다른 해석 — I_1이라는 해석 — 에 따르면 거부된다. I_2에서는 2와 동일한 수라면 짝수이면서 소수인 수를 뜻하므로 그 공리가 성립하지만, I_1에서는 그 공리가 성립하지 않는다. 5보다 작은 수라 해서 모두 다 짝수이면서 소수라고 할 수는 없기 때문이다. 그러므로 $(\exists x)(\Phi x \ \& \ \Psi x)$, $(x)(y)[(\Phi x \ \& \ \Psi y) \rightarrow x = y]$, $(x)(\Psi x \rightarrow \Phi x)$로써 구성된 이론〔$T_3$〕은 불완전하게 마련이다.

앞에서 제시한 T_2라는 이론도 불완전하다. 예컨대, 정의역으로 '자연수'를, Rxy는 'x는 y보다 크다 $(x > y)$'를 나타내는 것으로 각각 해석한다면 위의 공리들로써 이루어진 T_2는 참이 된다. 그러나 정의역으로 '자연수'를, Rxy는 'x와 y는 서로 같다 $(x = y)$'를 나타내는 것으로 각각 해석한다면, 그러한 해석에 따라 T_2는 거짓이 된다. (x)~Rxx, (x)(y)(Rxy → ~Ryx)라는 공리는 거짓으로 판명되기 때문이다. 해석의 종류에 따라 참이 되기도 하고 안 되기도 한다면 그런 이론은 불완전하다. 이렇게 해서, T_2는 무모순적이지만 불완전한 이론이 된다. 무모순은 모순이 아닌 경우로서, 논리적 참인 명제형식과 논리적 미결정인 명제형식이 무모순에 포함된다. 위의 경우는 무모순이기는 하지만 불완전한 이론 곧, 논리적으로 미결정인 그런 이론에 속한다.

진리수방법를 사용하여 위의 공리들로써 이루어진 T_3가 불완전한지의 여부를 판별하는 방법은, 제시된 일련의 공리들을 진리수규칙들에 따라 그대로 배열해도, 주어진 공리들로써 이루어진 연언명제형식을 부정한 것을 배열해도 모두 모순된 것으로 드러나지 않는지의 여부에 근거한다. 모두 모순된 것으로 드러나지 않으면 T_3는 불완전한 이론이다. 다시 말해 논리적 거짓도 논리적 참도 아니면 논리적으로 미결정인 이론이며, 이는 불완전한 이론으로 이어진다. 우선, 앞에서 제시된 일련의 공리들이 서로 모순을 일으키는지의 여부를 살펴보자.

A_1 : (∃x)(Φx & Ψx)

A_2 : (x)(y)[(Φx & Ψy) → x = y]

A_3 : (x)(Ψx → Φx)

(i) (∃x)(Φx & Ψx)　　*a*

(x)(y)[(Φx & Ψy) → x – y]　　*u*, *u*

(x)(Ψx → Φx)　　*a*

Φa & Ψa　　✓

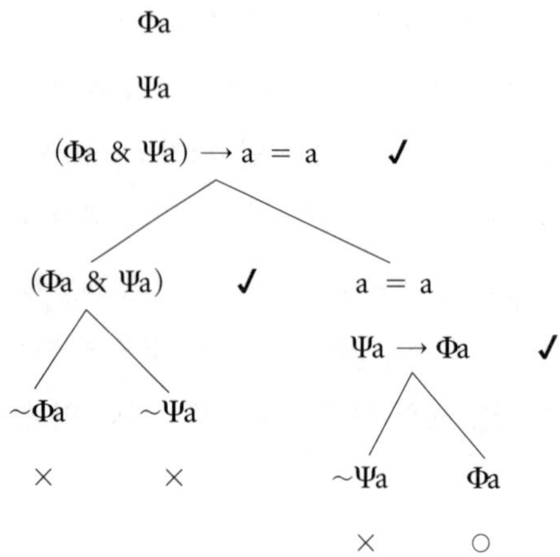

다음에는 이들 공리들로 이루어진 연언명제형식이 논리적 참인지의 여부를 살펴보자.

(ii) $\sim[(\exists x)(\Phi x \ \& \ \Psi x) \ \& \ [(x)(y)\{(\Phi x \ \& \ \Psi y) \rightarrow x = y\}] \ \& \ (x)(\Psi x \rightarrow \Phi x)]$

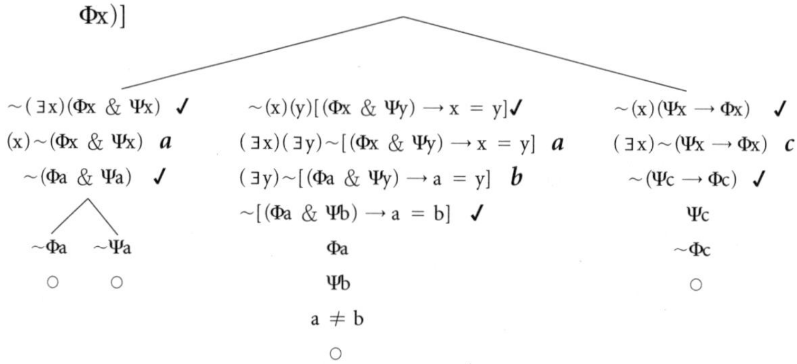

(i), (ii)도 모두 모순된 것으로 드러나지 않으므로, A_1, A_2, A_3로 이루어진 이론은 불완전한 이론이다.

3. 3 독립성

이론을 나타내기 위하여 사용된 공리들이 서로 독립성(independence)을 지녀야 함도 이론들이 공통으로 지녀야 할 특징이다. 일반적으로, 일련의 문장들이 있다고 할 경우에 문장들이 서로 독립적이라고 함은, 그 성원들 가운데 어느 하나도 다른 성원들의 결과가 되지 않는 경우이다(Mates: 184; Copi: 165). 이론에서도 그 이론의 성원들 가운데 어느 하나도 다른 성원들의 어떤 결과가 아니면 그 이론은 독립적이다. 예컨대, 문장들의 집합 S 속에 있는 A라는 공리를 살필 때, I_1이라는 해석에 근거해 S-{A}에 속하는 각 성원이 참이 되고 A는 거짓이 되는 경우와, I_2라는 해석에 근거해 A는 참이 되고 S-{A}에 속하는 각 성원은 거짓이 되는 그런 I_1과 I_2가 있다는 것을 제시하면, 이 경우에 S-{A}와 A는 서로 독립적이다. 이론을 구성하는 공리들이 서로 독립적이라는 것을 증명하기 위해 $(x)(y)(Rxy \rightarrow Ryx)$와 $(x)\sim Rxx$라는 공리들로 이루어진 이론인 T_4를 들어 살펴보자. 이 경우에 다음과 같은 두 가지 종류의 해석 곧, $(x)(y)(Rxy \rightarrow Ryx)$는 참이지만 $(x)\sim Rxx$는 거짓이 되는 해석과, $(x)(y)(Rxy \rightarrow Ryx)$는 거짓이지만 $(x)\sim Rxx$는 참이 되는 또 다른 해석이 가능한지 말이다.

〈I_1〉

정의역 : 자연수의 집합

사전

Rxy : x는 y와 같다.

> ⟨I_2⟩
>
> 정의역 : 자연수의 집합
>
> 사전
>
> Rxy : x는 y보다 크다〔x 〉 y〕.

물론, T_4를 나타내기 위하여 사용된 공리들은 위의 두 해석을 충족시키고 있으므로, 서로 독립적이다.

진리수방법을 통해 T_4를 구성하고 있는 공리들이 서로 독립적인지의 여부를 판별하는 방법은, 한 공리를 전제로 하여 다른 공리가 추론되는지의 여부를 검증해 보고, 후자를 전제로 하여 전자가 추론되는지의 여부도 검증하여 보아야 한다. 두 경우 모두 추론되지 않을 경우 그 공리들은 서로 독립적이라고 할 수 있다. 두 경우를 아래와 같은 진리수방법을 통해 검증하여 보기로 한다. 우선, $(x)(y)(Rxy \rightarrow Ryx)$를 전제로 하고 $(x)\sim Rxx$를 결론으로 삼았을 경우를 살펴보자.

(i) $(x)(y)(Rxy \rightarrow Ryx)$ ***a***

$(x)\sim Rxx$

$\sim(x)\sim Rxx$

$(\exists x)\sim\sim Rxx$

$(\exists x)Rxx$ ***a***

Raa

$(y)(Ray \rightarrow Rya)$ ***a***

$Raa \rightarrow Raa$ ✓

$\sim Raa$ Raa

× ○

(i)의 경우에는 전제로부터 결론이 추론되지 않는다.

다음에는, (x)~Rxx로부터 (x)(y)(Rxy → Ryx)가 추론되는지의 여부를 살펴보기로 한다.

(ii) (x)~Rxx　　***a***, ***b***

(x)(y)(Rxy → Ryx)

~(x)(y)(Rxy → Ryx)

(∃x)(∃y)~(Rxy → Ryx)　　***a***

(∃y)~(Ray → Rya)　　***b***

~(Rab → Rba)

Rab

~Rba

~Raa

~Rbb

○

(ii)의 경우에도 전제로부터 결론이 추론되지 않는다. 그러므로 T_4를 구성하는 공리들은 서로 독립적이다.

3. 4 공리화가능성

공리화가능성(axiomatizability)도 이론들이 지녀야 할 특징이다. 만일 어떤 이론에 속하는 각 명제들이 그 이론에 속한다는 것을 결정하여 주는 어떤 결정과정이 있다고 한다면, 그 이론은 공리화가능성을 지닌다(Mates, 1979: 185; Hendry, 1981: 11-12). 만일 어떤 주어진 이론에서 그 이론의 하위집합에 속하는 어떤 공리집합이 있기만 한다면 그 이론은 공리화된다. 여기서 결정가능하다는 말은 어떤 주어진 대상이 그 대상이 관련된 집합의 구성원인지의 여부를 결정지어 주는 결정과정이 있다는 것이다. 그리고 주어진 이론에 대하여 아래와 같은 경우를 만족시키는 어떤 유한한 공리집합이 있기만 하면 그 이론은 유한하게 공리화될 수 있다. 예컨대, S가 결정가능하고, S ⊂ T이고, 각 A ∈ T에 대하여 S ⊧ A이기만 한다면 그리고 그런 경우에만 S는 T에 대하여 공리집합이다. 이와 같이 어떤 이론이 위와 같은 조건에 따라 공리로써 나타내질 때 그것은 자동적으로 공리화될 수 있다.

4. 이론의 확대

이제까지 이론들이 공통으로 지녀야 할 바람직한 특징으로 무모순성, 완전성, 독립성, 공리화가능성을 제시하였다. 주어진 이론은 이론을 이루는 문장들 사이에 서로 모순이 없어야 하며, 제시된 정의역과 해석 속에서는 완전성을 지녀야 하며, 그 공리들은 서로 다른 것의 단순한 논리적 귀결이 아닌 각자의 독립성을 지녀야 한다. 아울러 이론을 구성하는 문장들은 그 이론에 속한다는 것을 결정하여 주는 어떤 결정과정에 따른 공리집합이어야 한다.

그렇다면, 예컨대, '정의역을 자연수로 하고 대칭관계, 이행관계, 전재귀관계를 공리로 하는 것은 이론(T_5)이다'라는 주장이 옳은지를 살펴보기로 한다. 대칭관계, 이행관계, 전재귀관계를 나타내는 공리를 각각 A_1 = (x)(y)(Rxy → Ryx), A_2 = (x)(y)(z)[(Rxy & Ryz) → Rxz], A_3 = (x)Rxx라 하고, 이들 공리가 이론이 공통으로 지니는 특징들을 충족시키는지 살펴보자. 우선, A_1, A_2, A_3라는 공리로써 이루어지는 이론에서 Rxy란 'x는 y와 같다(x = y)'를 나타내는 것으로 간주한다면, A_1, A_2, A_3는 서로 모순을 일으키지 않으며, T_5는 참인 이론이 된다. 그리고 A_1, A_2, A_3는 서로 다른 것으로부터 추론되지도 않으므로 독립적이다. 그러나 Rxy란 'x는 y보다 크다(x 〉 y)'를 나타내는 것으로 간주한다면, A_1, A_2, A_3로써 이루어진 이론은 거짓이 된다. 곧, T_5에서 Rxy를 어떻게 해석하느냐에 따라 T_5는 참도 되고 거짓도 된다. 결국 T_5의 공리들은 무모순성과 독립성을 지니지만 불완전한 이론이다. 나아가서 T_5에 속하는 각 공리들로써는 그 이론을 이론으로서 성립시켜 주는 결정과정이 형성될 수 없으므로, T_5는 공리화 가능성도 지니지 않는다. 따라서, '정의역을 자연수로 하고 대칭관계, 이행관계, 그리고 전재귀관계를 공리로 하는 것은 이론이다'라는 주장은 옳지 못하다.

한편, 만일 T와 T′가 이론들이고 T ⊂ T′이라면 T′는 T의 확대라고 할 수 있다. T′가 T의 확대라면 T에 관한 언어는 T′에 관한 언어 속에 포함될 것이며, T에 관한 모든 문장은 또한 T′에 관한 문장일 것이다. 물론, 그 역은 성립되지 않는다. 아울러 T ⊂ T′이고 T′가 T의 확대라면 T′는 모형을 지닌다. 왜냐하면 T는 일종의 모형이기 때문이다. 만일 T′가 모형을 지니지 않는다고 가정하여 보자. 그렇다면 T′에 속하는 어떠한 유한한 부분집합도 모형을 지니지 못한다. 달리 말한다면 T와 T′가 모두 이론이기 위해서는 둘 다 일련의 공리들로 이루어진 모형을 필수적으로 지녀야 한다. 두 모형에서 각각의 정의역과 사전이 1대 1 대응관계를 지니면 두 모형은 동일구조를 지니게 된다. 물론, 동형의 해석을 지니면, 자연히 동일구조를 지닌다.

5. 요약 및 결론

이론은 여러 진술들이 일정한 체계로 조직된 것이므로 어떤 공통된 특징들을 지녀야 한다. 그래서 필자는 이상적인 과학이론이 되기 위해 이론들이 지녀야 할 주된 일반적인 특징들과 더불어, 내부적으로 어떤 공리체계들을 지녀야 할지를 구명하였다. 특히 후자에 초점을 맞추어 이론을 구성하는 공리들의 논리체계가 어떤 것인지를 살펴봄으로써 이론의 특징들을 밝히려 하였다. 이어서 이상적인 이론이기 위해 공통으로 지녀야 할 최소한의 바람직한 특징으로, 이론을 구성하는 공리들 사이에 이루어지는 무모순성, 완전성, 독립성, 공리화가능성을 논의하였다. 아울러 이론이 이런 특징들을 지니는지의 여부를 구체적인 공리들을 제시하면서 진리수방법을 사용하여 검증하여 보았다. 왜냐하면 진리수를 사용한 판별방법이 다른 방법에 비하여 간편하면서도 분명하게 그런 특징들을 보여주기 때문이다.

이런 특징 가운데서도 가장 기본적인 것은 무모순성이라 하겠다. 주어진 이론의 구성원들 사이에 모순이 드러난다면 그 이론은 기초부터 잘못된 것이다. 물론, 이론이 완전성을 지녀야 함도 필요하다. 만일 이론이 완전하다면 기계적인 순서가 있게 마련이며, 주어진 문장이 용인되는지 않는지의 여부도 그것에 따라 결정될 수 있다. 이런 점에서 이론의 완전성은 사람들이 현시점에서 바랄 수 있는 최상의 체계이기도 하다. 공리화가능성도 무모순성과 완전성의 기초 위에서만 이론의 성립을 위하여 이루어질 수 있다. 나아가서 이론을 이루고 있는 공리들이 단지 서로 다른 것의 단순한 논리적 결과가 아님도 밝히는 것이 중요하다. 곧, 공리들마다 독립성을 유지하는 것도 중요하다.

우리가 사용하는 많은 용어들이 그렇듯이 이론이라는 용어도 애매성과 모호성을 지니면서 사용되는 용어이다. 다의성(多義性)과 불명확성을 지니면서 너르게 사용되고 있는 이론이라는 용어도 이제는 좀 더 다듬어져야 한다. 아울러 이론이 공통으로 지니는 외적인 특징 — 정합성, 대응성, 자폐성, 실용성, 간결성 등 — 뿐만 아니라, 이론을 구성하는 공리들 사이에 이루어지는 내적인 논리체계의 특징이 무엇인지를 구명하여 나가는 일은, 이론이라는 용어를 이해하고 다듬는 일에서 무엇보다도 우선시되어야 할 일이라 여겨진다.

12장 설명과 예측의 논리구조*

1. 문제의 제기

우리가 많이 사용하는 개념 가운데 '설명'(explanation)이라는 것이 있다. 나아가서 어떤 주장은 '설명력'이 있다고 하고, 또 어떤 주장은 설명력이 약하다고도 한다. 그러면 설명이나 설명력이란 무엇인가? 사람들은 자연과 사회 속에 살면서, 다양한 현상이나 사건에 관하여 그것들을 전체적, 체계적으로 파악하고 싶어한다. '왜?'라는 계속되는 질문이나, 그런 질문에 대답하려고 노력하는 것이 모두 그 증거라고 하겠다. 사람들은 이런 질문에 대답하기 위하여 설명을 하여 왔고 다양한 설명유형을 제시하여 왔다.

설명과 '예측'(prediction)의 논리구조는 유사하다. 예측의 경우에는 피설명문이 미래형으로 나타내진다. 이상적인 설명은 예측까지도 고려한다. 그러므로 설명력이 강하면 예측력도 강하게 마련이며, 설명이나 예측으로 현재나 미래의 상황들을 '통제'(control)할 수도 있다. 설명의 경우는 피설명문은 알고 있으나, 설명문을 모르므로 조건이나

---

* 이 글은 필자(2001)의 저서인 『과학, 기술 그리고 철학』 가운데 「6장 4절 설명과 예측의 논리구조」를 부분적으로 수정한 것이다.

법칙들을 제기하는 것이요, 예측은 설명문은 알고 있으나 피설명문을 모르므로 현실을 바탕으로 미래의 일을 이끌어 내는 것이다.

물론, 설명으로서 적합하지 못한 것들도 있다. 날씨가 추운 날 '그 파이프는 왜 터졌는가?' 라는 질문에 '기온이 빙점 아래로 내려갔으니까…' 라든가, '그 약을 복용하면 왜 잠들게 되는가?' 라는 질문에 '그 약은 수면력(睡眠力)을 지니고 있기 때문에…' 라고 대답하는 경우가 그렇다. 이런 유형의 설명에는 '어떤 특정한 사실만을 지적하는 것' 으로 그쳤다든가, '질문의 요점을 그대로 대답의 내용으로 삼았다' 든가 하는 문제점이 있으므로, 발생한 사건들을 체계적으로 설명하는 데 문제가 있다. 그러면 더 적합한 설명유형이라고 여겨지는 것으로는 어떤 것들이 있을까? 여기에서는 주로 헴펠(Carl G. Hempel)의 견해를 중심으로 살펴보기로 한다. 왜냐하면 그는 이런 질문들에 대한 대답을 위해 그 누구보다도 관심을 기울였으며, 그가 제시한 설명형들은 그 후 많은 사람들에게 영향을 끼쳐 왔기 때문이다.

2. D-N형 설명

D-N형 설명 — 연역적 · 법칙정립적 설명(deductive nomological explanation) — 은 설명의 대상이 되는 사건을 그것과 관련된 선행조건을 이루는 문장들과, 자연법칙인 법칙들로부터 연역적으로 이끌어 내는 형식을 취한다. 여기서 일반법칙이라는 특성을 지니는 원칙은 피설명문(explanandum sentence)인 사건을 연역적으로 포섭하는 역할을 한다.

예컨대, '고무풍선이 왜 터졌는가?' 라는 질문에 대답하기 위해서는

'대기의 온도가 뜨거웠다(C)', '고무풍선의 탄력이 약했다(C)', '풍선 속의 기체압력이 풍선 밖의 기체압력보다 강했다(C)'와 같은 어떤 주어진 시간과 장소에서 발생한 조건을 나타내는 개별적인 사실들을 지적하는 것과 더불어, '기체의 부피는 온도에 비례하고 압력에 반비례한다(L_1)'와 같은 일반법칙도 제시되어야 한다. 물론, D-N형 설명에서의 피설명현상은 앞의 예와 같은 특정한 시간과 장소에서 발생한 특정 사건일 수도 있고 경험법칙과 같은 어떤 일양성(一樣性)을 띤 진술일 수도 있다. 후자와 같은 그런 일양성을 띤 진술들은 더 큰 범위의 법칙들을 설명문에서 필요로 한다. '갈릴레오법칙'이나 '케플러법칙'이 피설명문으로 사용되었다고 하면, '반사와 굴절의 법칙'이나 '운동과 중력에 관한 뉴턴법칙'처럼 더 큰 범위의 법칙이 설명문을 구성하는 법칙으로 각각 요청된다(Hempel, 1966b: 51). 이처럼 C_1, C_2, …, C_k로써 표현된 '어떤 조건을 나타내는 개별적 사실들에 관한 문장'들과, L_1, L_2, …, L_r로써 표현된 '일반법칙'들에 근거해 E라는 사건이 설명된다. 여기서 C_1, C_2, …, C_k는 대체로 '…하면, …한다'와 같은 형식을 갖춘 진술이다. C_1, C_2, …, C_k와 L_1, L_2, …, L_r이 설명문을 이루고 E가 피설명문을 이룬다. 곧, 설명문은 개별적인 사실을 나타내는 문장들과 일반법칙으로 이루어진 집합으로 설명형의 전제를 이루고, 피설명문은 그 결론을 이룬다.

이런 D-N형 설명에는 다음과 같은 특징들이 있다. D-N형 설명에는, "'설명문인 전제들 속에 적어도 하나의 일반법칙이 포함되어야 한다'는 것과, '설명문이 참이어야 피설명문도 참이 된다'는 두 가지 기본적인 요구가 그것이다"(Hempel, 1966a: 101). 헴펠이 제시한 설명문들과 피설명문으로써 구성된 설명양식을 도식화하면 다음과 같다.

논리적 연역

$C_1, C_2, \cdots, C_k$ ⎤
$L_1, L_2, \cdots, L_r$ ⎦ 설명문

→ E] 피설명문

이처럼 D-N형 설명은 선행조건을 이루는 진술들 — 주어진 시간과 장소에서 발생한 개별사건들에 관한 진술 — 과 일반법칙들을 전제로 삼고, 그 전제로부터 결론을 논리적으로 연역해 내는 형식을 취한다. 따라서 전제를 이루는 이 두 종류의 진술들이 사실적 · 경험적으로 참인 경우에는 결론도 사실적 · 경험적으로 참이 되게 마련이다.

과학적 설명으로 내세워지는 D-N형 설명에서는 법칙의 역할이 특히 중요시된다. 그래서 여러 가지 설명형 중에서도 D-N형 설명은 포괄법칙형(covering law model) 또는 연역형(deductive model)설명이라고 일컬어지기도 한다(Hempel, 1970: 412). 이런 법칙들은 피설명현상을 포섭한다는 점에서 포괄법칙이라 불리어지며, 설명적인 논증이란 그런 법칙들 속에 피설명문을 포섭하는 논증이다(Hempel, 1966b: 51).

그런데 이런 D-N형 설명과 혼동하기 쉬운 것으로는 설명문에서 일반법칙을 생략하는 형식을 취하면서 설명하는 경우이다. 사실상 상당수의 일상인들은 이런 형식을 많이 취하고 있다. 일반법칙을 알지 못하여 제시하지 못하는 사람들이 있는가 하면, 일반법칙을 많은 사람들이 알고 있는 것으로 간주하고 일부러 생략하는 경우도 있다. 그러나 이런 일상인들의 설명형식은 주어진 사건에 대한 과학적인 설명형식이 될 수 없다. 설명문에서 '$C_1, C_2, \cdots, C_k$'와 같은 조건을 나타내는 개별적 사실들만을 지적한다고 하여 그것이 곧 피설명문을 설명하는 것으로 이어질 수는 없다. 헴펠은 바로 이러한 점을 중시하여 D-N형 설명을 착안해 냈다. D-N형 설명에서는 일반법칙이 필수적으로 요청된다. 설명문에서 인용된 개별적인 사실들이 피설명문을 설명하기 위하여 관련되어 있음을 알려 주는 것도 바로 이러한 일반법칙에 근거한다. 설명문에 일반법칙이 아닌 준법칙문들이 들어 있는 경우에도, 비록 그 설명형식은 D-N형 설명과 유사하다고 할지라도, 일반법칙이 아닌 준법칙문(유사 법칙문)을 설명문 속에서 사용하고 있으므로, 엄격히 말해서 D-N형 설명과 똑같지는 않다. 일반법칙은 규칙성을 띤 보편적 · 일반적인 경험명제로서 반사실적인 조건문으로 바꾸어도 참인 것으로 성립하고, 다른 이론이나 법칙과도 논리적으로 정합을 이루고, 사실의 세계와도 대응하는 등 법칙이 지녀야 할 기준들을 충족시키고 있는 반면에, 준법칙문은 그렇지 못하기 때문이다. 그러므로 설명형식은 D-N형 설명과 비슷하다고 하더라도 설명력은 D-N형 설명에 비해 떨어진다고 하겠다. 법칙이 지녀야 할 기준을 만족시키는 일반법칙이 들어 있는 설명문일수록 설명력이 강하다는 것은 당연하다.

물론, 어떠한 법칙도 그것이 관계되어 있는 모든 사건들을 완전하게 설명하지는 못한다. 형이상학적인 결정론을 근거로 한 법칙이라면 가능하겠으나, 인식의 한계를 인정하는 한 완전한 법칙이란 있을 수 없기 때문이다. 헴펠 역시 이러한 점을 인정한다. 그는 법칙이 지닌 완전성을 '어떠한 것도 설명됨이 없이 남겨지지 않는 상태'인 설명적 자폐성(explanatory closure)과 관련시키면서, 관련된 모든 현상들이 깨끗하게 설명되는 자폐성을 지닌 그런 법칙에는 도달하기 힘들다는 것과, 그런 완전성(completeness)을 추구하는 것이 설명의 본성을 옳게 이해하는 것도 아님을 밝힌다(Hempel, 1970: 423). 경험과학에서 내세우는 법칙이나 원리들은 주어진 상황 속에서, 자연현상을 효과적으로 설명하기 위한 유용한 도구의 역할을 한다. 이런 점에서 본다면 D-N형 설명도 그 속에 프래그머티즘이 지닌 특성을 다분히 지니고 있다. 헴펠이 설명이라는 용어나 이 용어와 유사한 성질을 지닌 용어들을 프래그머티즘상의 용어로 규정한 것도 이런 의도에서였으리라 여겨진다.

3. D-S형 설명

D-N형 설명은 엄격한 형식 안에서 이루어지는 것이 보통이다. 자연법칙인 일반법칙이 꼭 필요하다는 점에서 더욱 그렇다. 여기서 사용되는 법칙은 그 자폐성이나 완진성이 사회과학에서 사용되는 법칙에 비하여 매우 높다. 자연과학이나 수리경제학에 관한 법칙들에 따라 예증되고 있는 것처럼, 설명문 중 법칙을 구성하고 있는 요인들 사이의 상호관계는 수학적 함수로써 나타내진다. 그러나 D-S형 설명 — 연역적 · 통계적 설명(deductive-statistical explanation) — 은 D-N형 설명에서의 자연법칙인 일반법칙과는 달리, '빈도(頻度)와 관련되어 있다고 주장되는 중요한 과학적 가설들과 원리' 들이 설명문 속에 있다. 이러한 것들은 보통 통계적 일반화, 통계적 형식을 지닌 법칙, 혹은 통계적 진술 등으로 불리곤 한다. 방사능붕괴법칙, 양자역학의 기본원리, 유전학에서의 기본법칙 등이 그 구체적인 예들이다. 사회과학에서 사용되는 상당수의 법칙이나 진술들도 이 영역에 속한다고 할 수 있다.

헴펠은 이런 개연성을 지닌 통계적 설명을 크게 D-S형 설명과 I-S

형 설명 — 귀납적 · 통계적 설명(inductive-statistical explanation) — 으로 나누어 고찰하고 있다. 이 가운데서 D-S형 설명은 그 형식적인 구조에서는 D-N형 설명과, 설명문에 있는 법칙들에서는 I-S형 설명과 각각 비슷하다. 헴펠의 견해에 따르면, D-S형 설명은 기본적으로 더욱 포괄적인 통계적 일양성에 의하여 한정된 통계적 일양성을 연역적으로 포섭하는 설명이다(380). 그래서 D-S형 설명은 통계적 형식을 갖추고 있는 적어도 하나의 법칙이나 원칙을 반드시 포함하는 어떤 설명문으로부터 통계적 법칙의 형식을 지니고 있는 또 다른 진술을 연역하는 것이 특징이다. 곧, 경험으로 확인되어 왔거나 가설로써 상정되어 온 어떤 개연성을 지닌 진술들 — 설명문 — 을 근거로 다른 파생적 개연성을 지닌 진술들 — 피설명문 — 을 추정한다. 그래서 D-S형 설명은 통계적 설명을 지닌 추정법칙(presumptive law)에 근거해 나타내진 일반적인 일양성에 따른 설명이다(381).

D-S형 설명의 일반적인 형식은 아래와 같이 나타낼 수 있다.

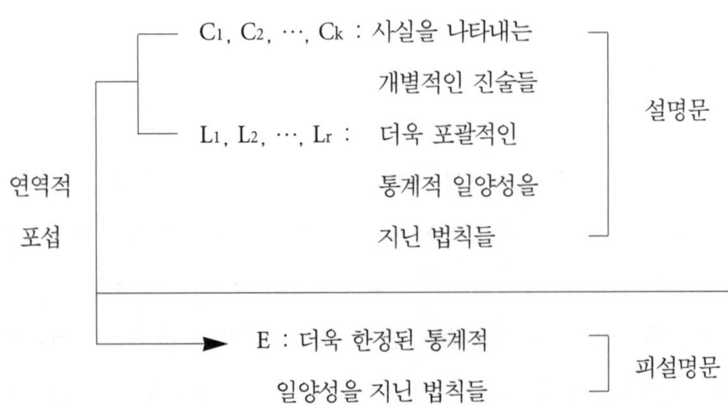

여기서 C_1, C_2, …, C_k는 어떤 조건을 나타내는 개별적인 사실들을

기술한 문장들이고, L_1, L_2, …, L_r은 자연법칙으로서의 일반법칙이 아닌 통계적 법칙이다.

그렇다면 D-N형 설명과 D-S형 설명 사이에는 어떤 종류의 유사점과 차이점이 있는가?

우선, 두 설명형 사이의 유사점은 각 설명형에서 그 피설명문은 설명문으로부터 논리적으로 연역된다는 점이다. 그러므로 만일 설명문이 참이라면 피설명문도 역시 필연적으로 참이다. 설명문과 피설명문은 논리적으로 연결되어 있기 때문이다. 또 다른 유사점으로는 D-N형 설명과 D-S형 설명 모두 법칙이 중요한 역할을 담당하고 있다는 사실이다. 한편 두 설명형 사이의 차이점은 D-N형 설명에서의 법칙은 자연법칙인 일반법칙인 반면에 D-S형 설명에서의 법칙은 개연성을 지닌 통계적 법칙이다. 그러므로, D-S형 설명은 외형적으로는 D-N형 설명과 유사하다고 할지라도, 그 설명문이 통계적 법칙과 관련되어 있다는 점에서 D-N형 설명과는 차이점이 있다.

그런데 헴펠의 D-S형 설명은 다음과 같은 문제점을 또한 지니고 있다. 우선 설명문과 피설명문의 관계가 더욱 포괄적인 통계적 일양성에 따른 더욱 한정된 통계적 일양성의 연역적 포섭에 있다고 하는 점에서 그 문제점을 찾아볼 수 있다. 설명문에서의 법칙도 피설명문에서의 법칙도 모두 개연성을 띤 통계적 법칙이다. 물론 통계적 법칙은 표집에 근거하여 이루어진다. 더욱이 포괄적인 표집에 근거한 개연성을 지닌 진술과 더욱 한정된 표집에 근거한 개연성을 지닌 진술은 그 대상이나 적용범위가 다르듯이 개연성도 다를 수 있다. 곧, 실제 경험의 세계에서는 설명형과 피설명형 속에 있는 통계적 법칙들이 그 개연성의 정도가 서로 다를 수 있다. 그러므로, 설명문에 의한 피설명문의 관계를 연역적 포섭이라고 간주하는 것은 무리가 있다. 다음 D-S

형 설명은 그 설명형이 적용되는 곳과 적용되지 않는 곳 사이가 명확하게 구별되어 있지 않다. 적용가능영역과 적용불가능영역의 경계선이 분명치 않다는 점이다. 나아가서 그는 D-S형 설명을 제시하면서도 그 구체적인 예를 제시하는 데는 소홀히 하고 있으며, 그 이유도 제시하지 않고 있다. D-S형 설명이 설명력이 있으려면 그 설명형이 사실의 세계에서 발생하는 사건들을 설명하는 데 실제로 도움을 준다는 것을 구체적인 예를 들어 밝히는 일이 중요한데도, 그는 이런 일에 소홀히 하고 있다.

그러면 이런 D-S형 설명은 통계적 법칙 하에서 어떤 개별적인 발생에 관한 근거를 제시한다고 할 수 있는 귀납적 · 통계적 설명과는 어떤 차이가 있는가?

4. I-N형 설명

한편 I-S형 설명은 통계적 법칙 속에 개별사건들을 포섭하여 설명하는 형식을 취한다. I-S형 설명의 일반적 형식은 아래와 같이 도식화될 수 있다.

$$\begin{array}{l} p(\mathrm{O},\ \mathrm{R}) = \mathrm{r} \\ \mathrm{Ra} \\ \hline\hline \mathrm{Oa} \end{array} \quad \text{[거의 확실함]}$$

위의 도식에서 $p(\mathrm{O},\ \mathrm{R}) = \mathrm{r}$이라는 진술은 R이라는 일련의 무작위

적인 실험을 수행하면, O라는 결과가 나타날 경우의 비율이 거의 확실하게 r에 가깝다는 것을 의미한다.

앞에서 언급한 I-S형 설명에서 전제들(설명문)과 결론(피설명문)을 분리하는 쌍선(雙線, ═)은 후자에 대한 전자의 관계가 연역적 함축이 아니라 귀납적 옹호임을 나타내며 귀납적 옹호의 강도는 [═] 속에 나타내어져 있다. 도식에서 쌍선은 [═] 속에 수식으로 표현된 강도가 '거의 확실한'이나 '매우 유사하게' 발생할 것임을 알려 주는 표현이다(383-384). 그러므로 I-S형 설명에서는 설명문이 참이라 할지라도 피설명문은 거짓일 수 있다. 이런 특성이 앞에서 제시한 D-N형 설명이나 D-S형 설명과 다른 점이다.

한편, I-S형 설명에서는 개별적인 사건이 속할 수 있는 하나 이상의 관련 집합들이 있을 수 있다. 그런데 I-S형 설명에서 나타나는 문제점은 서로 다른 이런 관련 집합들이 존재한다는 데서 야기된다. 관련된 집합들이 다르면 그것들에 근거한 통계치들도 서로 다르게 마련이다. 헴펠의 견해에 따르면 추리의 결과가 서로 모순된 것에 이르는 귀납추리의 유형들이란, 소위 그런 집합들과 관련된 통계적 삼단논법에 근거한다. 우리 주변에서 찾아볼 수 있는 몇 가지 구체적인 예들을 헴펠이 사용하는 표기법에 근거하여 살펴보면서, 이런 I-S형 설명에서 나타나는 문제점들도 또한 지적하여 보기로 한다.

영수의 상처(a)는 피부병 때문이어서(Pa), 그 상처에 잘 낫는다는 연고를 발랐다(Qa). 사람들이 피부병에 걸렸을 때 연고를 바를 경우 회복될(R) 개연성을 $p(R, P \cdot Q)$라고 하고 그 개연성은 아주 높다고 하자. 개연성의 정도가 숫자로 나타내지지는 않았지만 우리의 경험으로 보아 아주 높다고 할 경우, '영수의 상처는 낫는다(Ra)'는 것은 거의 확실하다. 곧, 설명문인 '$p(R, P \cdot Q)$는 아주 높다'와 'Pa · Qa이다' 에서 피설명문인 'Ra는 거의 확실하다' 가 추론될 수 있다. 이것을 식으로 나타내면 다음과 같다.

〈a〉 p(R, P · Q) : 아주 높음

Pa · Qa

══════════ [거의 확실함]

Ra

한편, 영수는 피부 알레르기가 있는 사람이라고 하자. 그런데 피부 알레르기가 있는 사람이 피부병에 걸렸을 경우(P*), 그 연고를 바를 때 피부병으로 얻은 상처로부터 회복될 개연성 곧, 'p(R, P* · Q)' 이 아주 낮다고 하자. 이런 사실들로부터 다음의 식이 성립될 수 있다.

〈b〉 p(R, P* · Q) : 아주 낮음

Pa* · Qa

══════════ [거의 확실함]

Ra

이런 특수한 사례는 어떻게 설명할 것인가? 예외로서 제외시킬 것인가? 또는 무시하여도 좋은 것으로 다루어야 할 것인가? 아니면, 〈a〉보다 상세화된 설명으로 〈b〉를 마땅히 택할 것인가? 물론, 일반적으로는 〈b〉를 택하겠지만, 의문이 깨끗이 없어지지는 않는다.

헴펠은 이제까지 다룬 이러한 유형의 문제점들을 귀납적 · 통계적 설명의 애매성(ambiguity of inductive-statistical explanation) 혹은 간단히 통계적 설명의 애매성이라고 불렀다(394). 이런 애매성은 주어진 사례가 속할 수 있는 서로 다른 관련 집합들이 각각 존재한다는 사실로부터 야기된다. 앞에서 제시한 '영수의 상처'의 경우에서 볼 수 있듯이, 어떤 주어진 개별적 사건이, 존재하는 특정 관련 집합들과 결합될 때는 이런 문제가 발생한다.

이런 유형의 애매성은 주어진 개별사건이 속할 수 있는 다양한 '관련된 집합'들이 존재하기 때문에 야기된다는 점에서 '존재론적인 애매성'이라고 할 수 있다. 존재론적인 애매성은 논의하는 자가 생각하는 것에 관계없이 사실상 그러한 경우들이 존재하는 것과 관련되어 있다. 앞에서 언급한 것처럼, 동일한 사람을 위하여 서로 다른 관련 집합들이 존재하는 경우이다. 물론, 영수의 상처가 회복될 개연성은 영수의 상처를 이런 관련 집합들 가운데 어느 것과 관련시키느냐에 따라서 달리 나타날 수 있다. 그러나 우리는 그런 사실들이 유래되는 세계 그 자체를 정확히 알지는 못한다. 이 세상에 얼마나 많은 종류의 관련 집합들이 존재하는지, 그리고 어떤 종류의 관련 집합들이 더 정확한 해답을 위하여 필요한지 알려지지 않은 경우가 많기 때문이다.

이러한 애매성 이외에도 I-S형 설명에는 또 다른 종류의 애매성이 있는데 다음과 같은 예가 그런 경우에 속한다.

춘천시에서는 5월(M)에 맑은 날씨(C)일 개연성이 .7이라고 하자. 이 경우에 5월 5일(a)에 맑을 날씨일 개연성(Ca)은 다음과 같이 나타낼 수 있다.

〈c〉 $p(C, M) = .7$

Ma

══════════ [.7]

Ca

한편, 춘천시에서는 일반적으로 비가 온 다음날(S)에 맑지 않을 개연성이 .7이라고 하자. 그리고 5월 4일(b)에 비가 왔다고 할 경우 5월 5일에 맑은 날씨가 아닐 개연성은 또한 다음과 같이 나타낼 수 있다.

〈d〉 $p(\sim C, S) = .7$

Sa

═══════════ [.7]

$\sim Ca$

이처럼 〈c〉에 근거한다면 5월 4일에 날씨가 맑을 개연성이 .7인데 반하여, 〈d〉에 근거한다면 날씨가 맑지 않을 개연성이 .7이다. 그렇다면 5월 5일에는 날씨가 맑을 것인가, 아닐 것인가? 이런 경우에는 〈c〉와 〈d〉 가운데 어느 것이 더 상세화된 논증인지 구별되지 않는다. 우리의 인식능력이나 지식으로서는 어느 것이 더 설득력 있는 논증인지 판별되기 어려운 논증들이다.

이 논증에서의 애매성은 주어진 사례를 서로 다른 관련 집합들에 속하게끔 우리를 안내하는, 그런 과학지식에 속하는 여러 가지 항목들로부터 야기된다. 이 애매성은 논증의 전제들을 각각 참이라고 간주하는 데서 야기된다. 설명이 제시될 당시의 경험과학에 따라 용인되거나 주장되는 다양한 설명문들에서 야기된다는 점이다. 이런 다양성은 통계적 설명에 속하는 '인식론적인 애매성'의 문제라고 불린다(395). 가능성의 정도를 구체적인 숫자를 사용하면서 나타내고 있는 설명문의 진술들은, 설명이 이루어질 당시의 경험과학을 근거로 보증되거나 받아들여진다. 그러므로 설명문 속에 있는 진술들 가운데서 개연성에 따라 나타내져 있는 진술들은 변할 수도 있다. 이런 진술들은 실제로 그렇다는 것이 아니라 그 당시의 과학수준에 따라 알려진 것이기 때문에 또한 애매성을 지니게 마련이다. 이런 유형의 애매성은 인간이 지닌 앎의 한계로부터 유래한다. 이 애매성은 사실들을 밝혀 주는 지식이 애매하기 때문에 발생하므로 인식론적인 애매성이라고 할 수 있다.

이처럼 헴펠이 제시한 I-S형 설명에서 찾아볼 수 있는 애매성은 크게 존재론적인 애매성과 인식론적인 애매성으로 나누어 고찰될 수 있다. 전자는 주어진 단 하나의 경우와 관련되어 있는 서로 다른 관련 집합들이 이 세상에 존재함으로써 야기된다. 반면에 후자는 그런 집합들에 관하여 우리가 인정하는 과학지식으로부터 야기된다. 존재론적인 애매성이 주어진 사건과 관련지을 수 있는 다양한 관련 집합이 세계 속에 존재함으로써 야기되는 데 비해, 인식론적인 애매성은 세계에 대한 우리의 불완전한 지식이나 인식능력의 한계로부터 유래한다. 물론 전자와 후자는 종종 서로 밀접한 관련을 맺고 있다. 앞에서 제시한 예들에서도 그렇듯이 어떤 예들은 존재론적인 애매성과 인식론적인 애매성을 함께 지니는 경우도 있다.

지금까지 어떤 사건을 설명하기 위한 과학적인 설명구조를, 헴펠이 제시한 D-N형 설명, D-S형 설명, 그리고 I-S형 설명을 중심으로 그 각각의 특징과 문제점들을 살펴보았다. 각 설명형의 일반적인 특징은 결론이 주어진 전제로부터 추론되며, 설명문 속에 있는 일반법칙이나 통계적 법칙 또는 개연성을 지닌 일반적 진술이 피설명문 — 자연현상이나 사회현상 속에서 나타난 개별적이거나 일양성을 지닌 사건에 관한 진술 — 을 포섭하는 형식을 취하고 있다. 이런 그의 설명형들은 자연이나 사회에서 발생하는 개별적인 사건이나 어떤 일양성을 지닌 사건들을 체계적으로 파악하는 데 도움을 준다는 점에서 그 설명력이 강하다. 설명과 예측이 시제만 다르지, 같은 구조를 지니고 있다고 할 경우에는, 이런 설명형들은 설명력이 있을 경우 예측력도 있게 마련이다. 그런데 이런 설명형들이 지닌 설명력이나 예측력은 각 설명문 속에 있는 일반법칙이나 통계법칙이 좋은 법칙인지의 여부에 의존하고 있다. 물론 법칙은 개선 가능성을 지니고 있는 잠정적인 것이라고 하는 데에 그 한계성을 지니고 있다. 주어진 법칙은 그것을 대체할 만한 대안이 제시되지 않는 한에서만 통용된다.

이처럼 그가 제시한 설명형들은 자연현상이나 사회현상에서 나타난 사건들을 체계적으로 설명하는 데는 도움을 주지만, 법칙에 근거한 포섭을 통한 설명이라는 점에서 법칙이 일반적으로 안고 있는 문제점을 또한 안고 있다. 특히, D-N형 설명의 경우에는 이 설명형이 자연현상이 아닌 역사 속에서의 사건들을 설명하는 데 어느 정도 도움을 줄 수 있는지도 계속 논의하여 볼 필요가 있다. 이어서 D-S형 설명에서 드러나 있는 모호성이나 I-S형 설명이 지니고 있는 애매성들도 각각 감소 또는 제거시킬 필요가 있다.

5. 역사에서의 설명

학문의 연구방법론에 관한 논의에서는, 크게 보아 연구하는 대상이 다르면 그 방법론도 다를 수밖에 없다는 다원적인 접근방법에 기초한 '방법론적 다원론'과, 그렇지 않다는 '방법론적 일원론'이 있어 왔다. 과학의 경우는 그것이 자연과학이든 사회과학이든 어느 정도 불완전성을 지니고 있다. 하지만 설명을 위한 방법은 어느 분야이든 대동소이하며 그 가운데서 가장 표준이 되는 것은 자연과학에서 사용하는 설명방법이라는 것이 헴펠이 내세우는 또 하나의 특이한 주장이다. 그는 앞에서 제시한 D-N형 설명을 자연과학이 아닌 역사와 같은 영역에도 적용이 가능한 것으로 본다. 그래서 그는 역사에서의 설명구조도 과학적 설명의 구조로써 해명하려 한다. 그는, "사건이란 '우연한 일'이 아니며, 어떤 선행조건이나 동시에 존재하는 조건들에 비추어 예측될 수 있으며, 그런 예측은 예언이나 점(占)이 아니라, 법칙에 의존해서 이루어지는 합리적인 과학적 기대"(Hempel, 1952: 39)라고 말했다. 이처럼 그는 역사에 관한 설명의 이상적인 형태를 자연과학적인 설명유형에 둔다. 이어서 그는 과학이나 역사나 그 속에 흐르는 설명기능은 유사하다고 본다. 그래서 그는 포괄법칙이 자연과학에서 자연현상을 설명할 때 하는 역할과 유사한 것을 역사에서도 찾아내어 그것을 가지고 역사에서의 사건도 설명하려 한다.

물론, 역사에서 나타나는 사건들은 그런 사건들이 발생하기까지는 복잡한 요인들이 있게 마련이므로, 이런 요인들을 엄밀하게 구체적으로 제시하기는 힘들다. 일반법칙이나 통계적으로 일반화된 것이 많으면 많을수록 좀 더 완전한 설명이 되겠으나, 역사에서 나타나는 사건들의 경우는 그처럼 간주될 수 있는 것이 두드러지지 않기 때문이다. 예컨대, D-N형 설명이라는 구조를 통하여 이해하려 할 때도 C와 L의 구별이 불확실한 경우가 많다.

그래서 그는 설명구조라는 측면에서 역사에서의 설명을 말할 때는, 그 이상적인 형태를 실증적인 자연과학적인 설명에서 찾지만, 실제에서는 준과학적 설명인 것으로 그것을 이해한다. 역사에서의 설명이란 '개인심리'나 '사회심리'에 따라 크게 영향을 받게 되므로, 자연과학에서 찾아볼 수 있는 정도의 공식화는 힘들다는 점이다. 그러면서도 그는 역사나 과학이나 그 속에 흐르고 있는 설명적인 기능은 유사하다고 본다. 이런 점에서 그의 견해는 포괄법칙에의 포섭에 의한 설명에 우호적이므로 그의 견해는 크게 보아 방법론적인 일원론에 기울어져 있다.

그러나 헴펠의 이런 견해에 대한 비판도 만만치 않다. 예컨대, 가디너(P. Gardiner)는, "역사에서의 설명은 그 형식적인 구조면에서는 과학에서의 설명과 유사하지만, 역사가들은 역사를 과학적인 이상언어가 아닌 일상언어수준에서 서술하므로, 원인이나 결과에 대해 과학에서와 같은 용어법을 사용하지는 않는다"(1952: 24)고 말하면서, "어떤 주어진 사례에서 사건의 원인이라고 불리는 것은, 탐구영역의 용어로 또는 말하는 사람의 관심 및 목적의 용어로 정해져야 할 문제이다"(10)라고 주장했다. 이런 그의 견해는 과학적 설명만이 전형적인 설명이라고는 볼 수 없다는 것과 서술방법에 다원적인 접근방식이 존재함을 또한 시사한다.

역사철학자인 월쉬(W.H. Walsh)는 역사를 인류 과거에 관한 연구로 보면서, 역사의 주된 관심사를 인간의 경험과 행위로 파악한다. 그도 역사를 과학처럼 파악하는 데 이의를 제기하면서, 역사가를 듣는 이에게 어떤 역사상의 사건을 말할 수 있는 특정한 사람으로 간주한다. 역사가는 역사의 흐름 속에서 주어진 사건이 지닌, '중요성'을 생각하면서 특정한 견지에서 역사상의 사건을 평가하면서 서술하는 사람이라는 점이다. 역사에서 말하는 '중요성'이라는 개념은 과학에서의 그것과는 다르다. 예컨대, 어떤 사람이 의학에 관해 알려는 청중들에게 글을 쓰려고 할 경우에 그가 채택하는 자료 선정 기준과, 물리학도들에게 이야기하려고 할 경우에 그가 채택하는 자료 선정 기준이 서로 다르듯이 말이다. 이런 그(1968)의 견해는 다음과 같은 그의 서술에서도 잘 반영되어 있다.

> 역사가가 우리에게 과거 어느 시절에 실제로 발생하였던 것을 말하려고 할 때, 그는 일련의 사건들을 상술하는 것 이상의 어떤 것을 해야 한다. 나아가서 그는 그의 독자들이 그러한 사건들을 신중하게 생각하도록 도와야 한다. 역사란 기술이 아니라 기술이면서 평가이다(184).

한편, 드레이(W.H. Dray)는, "역사가란 개별적인 역사적 사건들 — 예컨대, 프랑스 혁명이나 찰스 1세의 처형 등 — 에 관심이 있지, 혁명이나 처형 그 자체에 관심이 있는 것이 아니다"(1964: 8)라고 주장하면서, 역사가는 사건들이 지니는 독자성과 특이성 속에서 역사를 연구함을 강조한다.

여하튼, D-N형 설명이 역사에서의 사건들을 설명하는 데에도 그 적용이 어느 정도 가능하다는 헴펠의 견해는 이처럼 여러 측면에서 논전을 야기해 왔다. 헴펠의 견해가 역사에 관한 서술방법에 관한 논의에서 신선한 충격을 준 것도 부인할 순 없지만, 그의 견해에 대한 비판도 만만치는 않다는 점이다. "역사에서의 설명이 과학적인 설명 모델을 기준으로 고찰되고 있기 때문에, '역사도 과학의 일부로 환원되어 그 고유 영역이 소멸될 수밖에 없다' 든가, '역사와 과학의 연구 대상이 모두 같은 것으로 간주된다' 든가, '역사적 지식의 구성 요소 중 역사 해석의 역할이 무시된다든가 하는 것' "(신일철, 1979: 30)도 그런 비판적인 맥락에서 이해될 수 있겠다.

6. 요약 및 시사점

설명력과 예측력이 있으려면 법칙에 의한 설명이나 예측이어야 한다. 설명과 예측의 논리구조는 서로 같으나, 그 시제는 다르다. 설명은 그 피설명형이 현재나 과거로 되어 있으나, 예측은 미래로 되어 있다. 설명형들 가운데 D-N형 설명은 '설명문인 전제들 속에 적어도 하나의 일반법칙이 포함되어야 한다'는 것과, '설명문도 피설명문도 모두 참이어야 한다'는 두 가지 기본적인 요구가 들어 있다. 자연현상이나 사건을 설명하는 데는 매우 효과적이라 여겨진다. 그러나 역사에서의 사건이나 현상을 설명하는 데는 일반법칙을 찾기 힘들다는 측면에서, 또는 각각 독특한 1회적인 사건들이라는 측면에서 이의가 많이 제기되기도 한다.

D-S형 설명은 그 형식적인 구조에서는 D-N형 설명과, 설명문에 있는 법칙들에서는 I-S형 설명과 각각 비슷하다. D-S형 설명은 기본적으로 더욱 포괄적인 통계적 일양성에 따라 한정된 통계적 일양성을 연역적으로 포섭하는 설명이다. 그래서 D-S형 설명은 통계적 형식을 갖추고 있는 적어도 하나의 법칙이나 원칙을 반드시 포함하는 어떤 설명문으로부터 통계적 법칙의 형식을 지니고 있는 또 다른 진술을 연역하는 것을 그 특징으로 한다. 그러므로, D-S형 설명은 외형적으로는 D-N형 설명과 유사하다고 할지라도, 그 설명문이 통계적 법칙과 관련되어 있다는 점에서 D-N형 설명과는 차이가 있다.

그런데 헴펠의 D-S형 설명에서의 큰 문제점은 설명문과 피설명문의 관계가 더욱 포괄적인 통계적 일양성에 의한 더욱 한정된 통계적 일양성의 연역적 포섭에 있다고 하는 점에서 찾아볼 수 있다. 통계적 법칙은 표집에 근거하여 이루어진다. 포괄적인 표집에 근거한 개연성을 지닌 진술과 더욱 한정된 표집에 근거한 개연성을 지닌 진술은 그 대상이나 적용범위가 다르듯이 개연성도 다를 수 있다.

한편 I-S형 설명은 통계적 법칙 속에 개별사건들을 포섭하여 설명하는 형식을 취한다. 그런데 이런 I-S형 설명에서 찾아볼 수 있는 문제점으로는 우선, 주어진 단 하나의 경우와 관련되어 있는 서로 다른 관련 집합들이 이 세상에 존재함으로써 야기되는 존재론적인 애매성과, 그런 집합들에 관해 우리가 인정하는 과학지식으로부터 야기되는 인식론적인 애매성이 있다. 전자는 주어진 사건과 관련지을 수 있는 다양한 관련 집합이 세계 속에 존재함으로써 야기되는 데 비해, 후자는 세계에 대한 우리의 불완전한 지식이나 인식능력의 한계로부터 유래한다.

물론, 여기서 소개된 설명형들 이외에 다른 설명형들도 과학적인 설명형으로 제시되어 왔다. 헴펠이 제시한 설명형들은 '과학적인 설명이란 무엇인가?' 라는 물음에 관한 답변을 위한 하나의 접근방법이었다. 그가 제시한 설명형들은 비록 그 속에 문제점들을 지니고 있지만, 그런 물음에 관한 답변에 설명력과 예측력을 더하여 준다. 이런 점에서 우리에게 시사하는 바가 크다. 나아가서 그런 물음에 관하여 진지하게 논의하는 하나의 계기도 마련하여 주었음을 부인할 수 없다. 적용범위와 그 정확성에 관해서 말이다.

5부
추리와 응용

추리 가운데 핵심을 이루는 것은 논증이다. 제시된 결론이 주어진 전제로부터 정당하게 이끌어 내지는지의 여부나, 주어진 전제로부터 어떤 결론들이 이끌어 내질 수 있는지를 알기 위해서 말이다. 이를 위해 경우에 따라서는 보조전제를 내세울 필요도 있다. 그렇다면 조건언이 담긴 추론의 경우, 보조전제의 역할은 무엇이며, 어떤 것을 택할 것인가? 세거규칙과 도입규칙을 동원할 경우, 논증과정에서의 역할은 구체적으로 어떤 것인가?

기호논리학은 언어생활에서뿐만 아니라, 과학기술분야에서도 응용된다. 예컨대, 현대생활에서 전기가 없으면 생활하기 힘들 정도로 전기의 역할은 대단하다. 그렇다면 전류의 흐름이나 스위치회로는 기호논리로는 어떻게 나타내질 수 있을까? 논리망과 회로망의 관계는 어떤가? 선언표준형과 연언표준형 사이에는 어떤 관계가 성립하는가?

기호논리는 의무논리, 시제논리, 양상논리 등에서도 응용된다. 각 논리들의 진술형식과 논증형식에서 말이다. 그렇다면 예컨대 의무, 허용, 금지 등과 같은 용어들로 이루어져 있는 윤리적인 진술이나 논증들은 기호논리를 사용해 어떻게 나타내지며 분석될 수 있는가? 그런 방법이 지니는 적극적인 측면과 소극적인 측면으로는 각각 어떤 것이 있을까?

13장 조건언이 담긴 추론에서 보조전제의 역할*

1. 머리말

대입에 의한 추론방법(derivation by substitution)은 주로 추론형식에서 주어진 논증이 타당한지의 여부를 밝히기 위하여 사용되어 온 방법이다. 이 방법은 연역규칙(deduction rule)이라는 몇 가지 규칙을 통해 제시된 전제로부터 결론을 이끌어 내는 것과 관련되어 있다.

타당한 논증인지를 검증하는 방법으로서, 전통적인 진리표를 사용하는 방법(truth table method)은 자세하지만 계산하는 데 시간이 많이 소모되는 문제점이 있다. 반면에 현대적인 진리수를 사용하는 방법(truth tree method)은 전자의 방법보다는 간결성과 신속성을 지닌다는 점에서 그 적극적인 측면이 있다. 그러나 추리의 과정이 단조로워, 추리의 과정이나 추리의 능력을 통한 사고력증진이라는 측면에서는 아쉬움이 있다.

대입에 의한 추론방법은 앞의 두 방법에 비해 사고력증진이라는 측

---

* 이 글은 필자(2005)가 펴낸 『기호논리학과 그 응용』 가운데 '3.4. 대입에 의한 추론방법'과, 필자(2006)가 19회 한국철학자대회 기간 중에 한국논리학회에서 발표했던 내용과, 이것들을 바탕으로 하여 작성된 논문인 「조건문이 담긴 논증에서 차용전제와 신호의 역할」(『철학연구』 81집)에 근거하여 쓰여졌다.

면에서 좀 더 적극적이다. 추론의 각 단계마다, 적절한 추론규칙을 찾아내어 무리 없이 추론해 나가야 하므로 적극적인 사고활동을 필요로 한다. 물론, 그 결과는 타당한지의 여부로 귀결된다.

제시된 논증이 타당한지의 여부를 밝히는 과정은 크게 두 가지 방법으로 전개될 수 있다. 하나는 제시된 논증의 전제로부터 결론이 추론규칙을 통해 무리 없이 추론되는지를 밝히는 방법이고, 다른 하나는 제시된 논증의 결론으로부터 역으로 추적하여 전제에 이르는 방법이다. 특히 후자의 경우는 이제까지의 일반적인 경향과는 다른 새로운 방법이라 하겠다. 이런 점에서 더 주목을 끌 만하다.

논증을 펴 나가는 데 여러 가지 방법이 있을 수 있다. 그러므로 전통적인 방법들과는 다른 방법도 찾아내어 기존의 방법과 비교하여 보는 것도 그 나름대로 의의가 있으리라 여겨진다. 사고력증진과 더불어 논리전개의 폭도 더 넓힐 수 있기 때문이다. 13장은 특히 수업현장에서 이루어지는 논리교육에 유념하면서 작성했다.

2. 제거규칙과 도입규칙

대입에 의한 추론방법에서는 여러 가지 규칙이나 원칙이 사용된다. 다양한 규칙이나 원칙들 때문에 산만하기까지 하다. 이런 문제점을 극복하기 위해, 크게 제거규칙(elimination rules; E)과 도입규칙(introduction rules; I)을 통해 정리해 보기도 한다.[51)]

이 가운데 제거규칙을 살펴보면, 연언제거(&E)는 기존의 소위 분리논법이나 단순화의 원리(Simp.)에 대응하는 것으로, 연언명제형식이 전제일 경우, 연언명제형식을 이루는 어떠한 연언지(連言肢, conjunct)도 결론으로 이끌어 낼 수 있음을 뜻한다. 선언제거(∨E)는 선언삼단논법에서 그 선언지(選言肢. disjunct)들 가운데 어느 것을 부정해서 그 결론을 이끌어 내는 것으로, 부정긍정식(否定肯定式. modus tollendo ponens)이라고도 부른다.

조건언제거(→ E)는 대전제가 가언명제로 된 가언삼단논법에서 사용된다. 조건언제거는 대전제의 전건을 긍정하여 소전제로 삼고 그 후건도 긍정하여 결론으로 삼는 전건긍정식(modus ponens; MP)과, 대전제의 후건을 부정하여 소전제로 삼고 그 전건을 부정하여 결론으로 삼는 후건부정식(modus tollens; MT)이 있다. 양조건언제거(↔ E)는 양조건언으로부터 조건언이 추론될 수 있음을 가리키며, 부정제거(~E)는 이중부정(二重否定. DN)을 뜻한다.

한편, 도입규칙을 살펴보면, 연언도입(& I)은 연언논법(adjunction; Adj.)을 선언도입(∨I)은 선언논법(addition. Add.)을 각각 가리킨다.[52] 조건언도입(→ I), 양조건언도입(↔ I), 부정도입(~I)의 경우는 다음과 같은 측면에 특히 유념할 필요가 있다. 조건언도입에서는, 만일 ○와 △이 연역논증에서 i번째 행과 j번째 행에 각각 나타나고, i가 j행의 전제를 이루는 행이라 한다면, 예컨대 k행과 같은 j 이후의 행에

---

51) 이 방법은 우리가 이제까지 사용하여 오던 여러 가지 규칙이나 원칙들을 5가지의 결합사들 — 연언(conjunction; &), 선언(disjunction; ∨), 조건언(conditional; →), 양조건언(biconditional; ↔), 부정결합사(negation; ~) — 과 관련시켜 재정리하여 단순화하는 데서 비롯된다. 곧, 연언, 선언, 조건언, 양조건언, 부정명제에 제거규칙과 도입규칙을 적용하여, 5개의 제거규칙과 5개의 도입규칙을 만들어 추론의 규칙으로 대체해 보는 방법이다.

52) 연언도입 선언도입

연언도입	선언도입
○	
△	○
―――――	―――――
○ & △	○ ∨ △

는 '○ → △'이 도입될 수 있다.

⋮	⋮
○	i
⋮	⋮
△	j
⋮	⋮
○ → △	k

양조건언도입에서는, 만일 '○ → △'와 '△ → ○'이 연역논증에서 i번째 행과 j번째 행에 각각 나타난다면, j 이후의 행에는 '○ ↔ △'이 도입될 수 있다.

⋮	⋮
○ → △	i
⋮	⋮
△ → ○	j
⋮	⋮
○ → △	k

부정도입(~I)에서는, 만일 ○, △, ~△가 연역논증에서 h, i, j번째 행에 각각 발생한다면, 그리고 h가 i행이나 j행의 전제라고 한다면, j 이후의 행에는 ~○이 도입될 수 있다. 전환원리(轉換原理. principle of transposition)에 따른 것이다. 물론, i행과 j행의 번호는 h행의 번호보다는 크게 마련이다. 특히 부정도입을 구사하는 능력이 사고력증

진을 위해서는 매우 필요하다.

⋮	⋮
○	h
⋮	⋮
△	i
⋮	⋮
~△	j
⋮	⋮
~○	k

이제까지 대입을 통한 추론방법을 위해 사용될 5개의 제거규칙과 5개의 도입규칙을 소개했다. 그렇다면 다음에 주어진 논증들은 이러한 규칙들을 통해 어떻게 검증될 수 있을까? 직접검증이 되지 않을 경우는, 왜 보조전제가 필요한가?

3. 명제논리에서 보조전제의 역할

제시된 전제로부터 결론을 직접적으로 추론할 수 없을 경우에는 새로운 보조전제 곧, 차용된 전제(借用前提. borrowed premise)들을 내세워서 추론하는 것이 편리한 경우가 많다. 새로운 보조전제로서는 주로 결론의 전건이나 결론을 부정한 명제형식 등을 설정하는 것이 도움이 된다. 왜냐하면 결론과 관련된 명제나 명제형식을 보조전제로서 세우는 것이 다른 것을 세우는 것보다는 검증의 신속성과 편의성을 제공할 수 있기 때문이다. 그리고 결론의 구성원이나 결론과 관련된 명제나 명제형식을 보조전제로 세우고, 추론규칙에 근거해 주어진 전제와 관련지으면서 주어진 결론을 추론하였을 때는, 부당한 논증이 될 수 없기 때문이다. 그렇다면 이러한 규칙들이나 원리들, 보조전제들이 구체적으로 어떻게 적용되는지 다음의 예들을 들면서 살펴보기로 한다.

〈예 1〉

$$\frac{\sim A \rightarrow (B \rightarrow \sim C)}{C \rightarrow (B \rightarrow A)}$$

전제번호	차례번호	연역과정	연역규칙
{1}	1	∼A → (B → ∼C)	RP
{2}	2	C	RP*
{3}	3	B	RP*
{4}	4	∼A	RP*
{1,4}	5	B → ∼C	1,4 : → E
{3,1,4}	6	∼C	3,5 : → E
{~~4~~,3,1,2}	7	∼∼A	4,6,2 : ∼I
{3,1,2}	8	A	7 : ∼E
{~~3~~,1,2}	9	B → A	3,8 : → I
{~~2~~,1}	10	C → (B → A)	2,9 : → I

위의 논증은 타당하다. 왜냐하면 위의 논증은 전제로부터 결론의 내용이 추론규칙을 지키면서 정당하게 이끌어 내졌기 때문이다. 그런데 위의 논증에서는 주어진 전제만으로는 결론을 직접 이끌어 낼 수 없으므로 보조전제들 [RP*] — C, B, ∼A — 을 차용하였다. 보조전

제들을 차용한 결과 이러한 보조전제들이 원래 주어진 전제 [RP] — ~A → (B → ~C) — 와 관련을 맺으면서, 그 연역과정이 추론규칙에 따라 전개되면서, 제시된 전제로부터 'C → (B → A)' 라는 결론이 추론되었다. 예컨대, 차례번호 7에서 연역과정 '~~A' 가 추론됨은, 차례번호 4, 6, 2에서 성립되는 전환원리에 따른 것이다.

위의 전제번호들에서는 보조전제들이 도입되어 그 역할을 수행하여 가고 있다는 사실이, 그 전제들의 번호가 제거[/]되는 모습으로 드러나 있다. 연역과정에서 두 개의 서로 다른 차례번호가 처음의 것은 전건의 역할을, 나중의 것은 후건의 역할을 하는 조건언 구실을 한다면, 다시 말해 차례번호에 대응하는 두 개의 명제형식들이 전건과 후건의 역할을 하면서 연역과정을 이룬다면, 차례번호로 구성되어 있는 전제번호에서는, 그 전제번호 속에서 겹치는 차례번호를 삭제한다. 다시 말해, 연언규칙에 따른 연언과정에서, 조건언과 관련된 전제번호들이 2중으로 겹칠 때는, 보조전제로 도입된 전제들이 효력이 있음을 나타내며, 아울러 그 전제번호들을 없애는 것으로 보조전제의 소임을 다했음을 밝힌다. 만일 차용된 보조전제들이 연역과정에서 사용되지 않아, 그 역할을 수행하지 못하였을 경우에는, 전제번호 속에서 보조전제들의 번호가 겹치는 일이 없어 제거되지 않을 것이며, 이는 주어진 결론도 추론될 수 없는 것으로 귀결될 것이다.

이런 과정을 통해 예컨대, 'P가 발생하면 R도 발생하기 마련이다' 라는 유형의 언명은 'P → R' 라는 조건언명제 형식으로써 나타낼 수 있으며, 그 명제형식은 주어진 전제와 보조전제로부터 추론된다는 사실도 알 수 있다(Blumberg, 1976: 194-196). 차용된 전제인 보조전제를 사용할 경우에는 가능한, 제시된 논증의 전제 가운데 전건을 사용하거나 결론을 구성하는 문장들 가운데 조건언을 찾아내어 그 전건들을 사용하는 경우도 바람직하다. 보조전제는 추론을 돕는 역할을 하기 때문에 나타나는 자연스런 경향이라 하겠다.

4. 한량논리에서 보조전제의 역할

한량논리(양화논리)의 경우는 전칭한량명제나 특칭한량명제들이 있으므로, 추론의 편의를 위해 기본적인 추론원리인 전칭실례(universal instantiation; UI)의 원리[53], 전칭일반화(universal generalization; UG)의 원리, 존재실례(existential instantiation; EI)의 원리, 존재일반화(existential generalization; EG)의 원리[54]에 관해 알고 있어야 한다.

이 가운데 전칭일반화의 원리, 존재실례의 원리는 다음과 같이 신호(信號. flag)들 보내면서 추론하여야 한다. 우선, UG는 개체상항을 지닌 명제로부터 전칭한량명제를 추론할 경우로 다음과 같은 신호를

53) 전칭한량명제로부터 제시된 개체상항으로 된 술어상항들이 추론될 수 있다.

$$\frac{(x)xRx}{aRa} \qquad \frac{(x)xRa}{aRa} \qquad \frac{(x)(Fx \ \& \ Gx)}{Fa \ \& \ Ga} \qquad \frac{(x)(Fa \ \& \ Gx)}{Fa \ \& \ Ga}$$

그러나 다음과 같은 명제들은 추론될 수 없다.

$$\frac{(x)xRx}{aRb} \qquad \frac{(x)(Fx \ \& \ Gx)}{Fa \ \& \ Gb}$$

54) EG의 경우는 개체상항을 지닌 명제로부터 제시된 특칭한량명제들이 추론될 수 있다.

$$\frac{aRa}{(\exists x)xRx} \qquad \frac{aRa}{(\exists x)xRa} \qquad \frac{Fa \ \& \ Ga}{(\exists x)(Fx \ \& \ Gx)} \qquad \frac{Fa \ \& \ Ga}{(\exists x)(Fx \ \& \ Ga)}$$

그러나 다음과 같은 특칭한량명제들은 추론될 수 없다.

$$\frac{aRb}{(\exists x)xRx} \qquad \frac{Fa \ \& \ Gb}{(\exists x)(Fx \ \& \ Gx)}$$

보낸다.

차례번호	연역과정	연역규칙(RP)
i	Fa	
j	(x)Fx	i : UG, ***a***(신호)

EI의 경우는 특칭한량명제로부터 개체상항을 지닌 명제를 추론할 경우로, 다음과 같은 제한을 가하는 신호를 보내면서 추론한다.

차례번호	연역과정	연역규칙(RP)
i	(∃x)Fx	
j	Fa	i : EI, ***a***(신호)

그렇다면 이러한 원리들이 구체적으로 어떻게 적용되는지 다음의 예들을 들면서 살펴보기로 한다. 특히, 제한을 가하는 신호를 보내면서 추론하여야 할 경우들을 중심으로 해서 말이다.

〈예 2〉 $\dfrac{(x)(Fx \rightarrow Ga)}{(\exists x)Fx \rightarrow (\exists x)Gx}$

{1}	1	(x)(Fx → Ga)	RP
{2}	2	(∃x)Fx	RP*
{2}	3	Fb	2 : EI, ***b***
{1}	4	Fb → Ga	1 : UI
{2,1}	5	Ga	3,4 : → E

{2,1}	6	(∃x)Gx	5 : → EG
{2̸,1}	7	(∃x)Fx → (∃x)Gx	2,6 : → I

위의 연역과정 가운데 '(∃x)Fx'에서 'Fb'를 추론할 때는 — 개체변항에서 '*b*'라는 개체상항을 이끌어 내어 한량기호가 없는 명제형식으로 바꾸려고 할 경우에는 — 추론규칙란에 '*b*'라는 신호를 나타내야 한다. 위의 연역과정에서, '(∃x)Fx'를 개체상항이 있는 술어상항으로 바꾸려고 할 경우에는, 이미 전제에 제시된 *a*라는 개체상항이 들어 있는 'Fa'만은 제외해야 한다. '(∃x)Fx'가 *a*라는 개체상항을 가리킨다는 내용이 없기 때문이다. 그래서 '(∃x)Fx'를 *a*가 아닌 *b*, *c*, *d*, …, *n*과 같은 개체상항을 사용하여 'Fb', 'Fc', 'Fd', …, 'Fn'과 같은 술어상항으로 바꾸되, 그 가운데 여기서는 유독 'Fb'만을 선택하여 제시했으므로 *b*라는 신호를 보내야 한다. 물론, 위의 논증은 보조전제와 신호를 사용하였다고 할지라도, 연역과정에서 알 수 있듯이 주어진 전제로부터 주어진 결론이 추론규칙을 따르면서 무리 없이 이끌어 내질 수 있으므로 타당하다.

〈예 3〉 (x)[Lx → (Px & ~Wx)]
(x)[(Px & ~(∃y)Nxy) → Wx]
―――――――――――――――
(x)(Lx → (∃y)Nxy)

{1}	1	(x)[Lx → (Px & ~Wx)]	RP
{2}	2	(x)[(Px & ~(∃y)Nxy) → Wx]	RP
{3}	3	La	RP*
{1}	4	La → (Pa & ~Wa)	1 : UI

{2}	5	(Pa & ～(∃y)Nay) → Wa	2 : UI
{6}	6	～(∃y)Nay	RP*
{3,1}	7	Pa & ～Wa	3,4 : → E
{3,1}	8	Pa	7 : &E
{3,1}	9	～Wa	7 : &E
{6,3,1}	10	Pa & ～(∃y)Nay	6,8 : &I
{6,2,3,1}	11	Wa	5,10 : → E
{6̸,2,3,1}	12	～～(∃y)Na	6,11,9 : → ～I
{2,3,1}	13	(∃y)Nay	12 : ～E
{3̸,2,1}	14	La → (∃y)Nay	3,13 : → I
{2,1}	15	(x)[Lx → (∃y)Nxy]	14 : UG, *a*

위의 논증 역시 타당하다. 차례번호 15에, *a*라는 개체상항을 나타내는 신호가 있기는 하지만, 주어진 논증의 전제가 전칭한량명제이므로, 제시된 결론이 전칭한량명제로 귀결된다 해서 문제시 될 것은 없다.

그런데 위의 논증형식처럼 그 연역과정이 복잡할 경우에는, 차례번호순서대로 추론규칙에 따라 연역하여 나가는 동시에, 다른 한편으로는 차례번호 맨 마지막 행(n행)으로부터 거꾸로 추론규칙을 적용시켜 나가면서, 주어진 전제(들)로 연역과정을 거꾸로 거슬러 나가는 것이 편리하다. 곧, 중간쯤 어디선가 두 연역과정이 서로 만나게 하는 방법이다. 차례번호 끝에서 역으로 추론규칙을 적용시키면서 연역하여 나갈 경우에는 〈예 3〉은 다음과 같은 형태로 연역되게 마련이다.

{1}	1	$(x)[Lx \rightarrow (Px \ \& \ \sim Wx)]$	RP
{2}	2	$(x)[(Px \ \& \ \sim(\exists y)Nxy) \rightarrow Wx]$	RP
{3}	3	La	RP*
⋮	⋮	⋮	⋮
{2,3,1}	n-2	$(\exists y)Nay$	n-3 : ~E
{2,3̸,1}	n-1	$La \rightarrow (\exists y)Nay$	3, n-2 : →I
{2,1}	n	$(x)[Lx \rightarrow (\exists y)Nxy]$	n-1 : UG, ***a***

〈예 3〉에서 차례번호 맨 마지막 행을 n으로 나타낼 경우에는 그 바로 전의 차례번호는 n-1로 나타내지게 되며, 이어서 차례번호가 거슬러 올라가면서 n-1, n-2, n-3, … 등으로 매겨지게 된다. 이런 방식으로 거슬러 올라가면서 연역과정을 살펴볼 경우에는 거슬러 올라감에 따라, 설정된 보조전제번호들도 제거되게 된다. 이런 보조전제들은 위에서 아래로 차례번호순으로 연역규칙을 적용시키면서 연역과정을 살피는 과정에서 필요에 따라 차용된 전제들이다. 그런데 이런 보조전제들이 제거되지 않고 남아 있을 경우는, 보조전제들이 그 역할을 다하지 못하였음을 드러내는 것이므로 부당한 논증으로 판명된다. 왜냐하면 보조전제들을 사용해도 주어진 전제로부터 제시된 결론이 추론되지 않았기 때문이다.

〈예 4〉 $\dfrac{(x)[(\exists y)(Fxy \ \& \ Gy) \rightarrow (\exists z)(Jxz \ \& \ Hz)]}{\sim(\exists z)Hz \rightarrow \sim(\exists x)(\exists y)(Fxy \ \& \ Gy)}$

{1}	1	$(x)[(\exists y)(Fxy \ \& \ Gy) \rightarrow (\exists z)(Jxz \ \& \ Hz)]$	RP
{2}	2	$\sim(\exists z)Hz$	RP*

{3}	3	(∃x)(∃y)(Fxy & Gy)	RP*
{1}	4	(∃y)(Fay & Gy) → (∃z)(Jaz & Hz)	1 : UI
{3}	5	(∃y)(Fay & Gy)	3 : EI, ***a***
{1,3}	6	(∃z)(Jaz & Hz)	4,5 : → E
{1,3}	7	Jab & Hb	6 : EI, ***b***
{1,3}	8	Hb	7 : &E
{1,3}	9	(∃z)Hz	8 : EG
{~~3~~, 1, 2}	10	~(∃x)(∃y)(Fxy & Gy)	3,9,2 : ~I
{~~2~~,1}	11	~(∃z)Hz → ~(∃x)(∃y)(Fxy & Gy)	2,10 : → I

위의 논증 역시 타당한 논증이다. 비록 차례번호 5에서는 '*a*' 라는 신호를 올려 제한을 가하고, 차례번호 7에서는 '*b*' 라는 제한을 가하였다고는 하지만, *a*와 *b*가 다시 반복되어 나타나지도 않고, 서로 상충하지도 않으므로 추론하여 나가는 데 무리를 주지 않기 때문이다. 주어진 논증의 연역과정에서, 논증에 제한을 가하는 곧, 존재실례(EI)를 나타내는 반복된 신호를 보내면서 논증을 펴 나간다는 것은 무리임에 틀림없다. 반복된 신호를 보내야 된다는 단서가 없기 때문에 나타나는 당연한 귀결이다. 만일 주어진 전제로부터 주어진 결론을 이끌어 내기 위하여, 연역과정에 반복된 신호를 가하면서 무리한 추론을 할 경우에는 다음의 예처럼 부당한 논증으로 판명되게 마련이다.

〈예 5〉 (∃x)Fx
――――
(x)Fx

{1}	1	(∃x)Fx	RP

{1}	2	Fa	1 : EI, ***a***
{1}	3	(x)Fx	2 : UG, ***a***

특칭한량명제에서 전칭한량명제를 이끌어 내기 위해, 제한을 가하는 신호를 두 번씩이나 반복해 사용하는 것은 무리이다. 더욱이 차례번호 3에서 가해진 신호는 무리임에 틀림없다. 특칭한량명제에서 전칭한량명제가 어떻게 추론될 수 있는가 하는 점이다.

5. 요약 및 결론

이제까지 조건언이 담긴 추론을 중심으로 대입을 통한 추론방법을 논의하면서, 여러 가지 경우들을 몇 가지 유형으로 분류하여 놓고, 이러한 논증들이 타당한지의 여부를 살펴보았다. 그리고 제시된 전제들만으로는 결론이 직접적으로 추론될 수 없는 경우에는 보조전제들을 차용하여 활용하였다. 새로 추가된 보조전제가 전제와 관련을 맺으면서 추론규칙에 따라 주어진 결론을 무리 없이 추론하면 주어진 논증은 타당하다. 보조전제가 그 역할을 수행한 것은 보조전제를 나타내는 전제번호를 다시 제거[/]시켜서 그 역할이 끝났음을 표시한다. 물론, 이런 표시는 보조전제가 그 역할을 수행하지 못한 것 곧, 보조전제를 설정하여도 주어진 논증이 타당한 논증으로 밝혀지지 않는 것과 구별 짓는 역할도 한다. 보조전제들을 설정함에 있어서는, 명제논리나 한량논리에서 제시된 결론의 부정이나, 결론을 구성하고 있는 명제형식들 가운데 그 전건과 관련된 명제들을 택하는 것이 유용하다. 이런, 대입을 통한 추론방법은 진리수나 진리표와 같은 방법들에 비해 추론의 단계가 복잡하며, 진리수방법에 비해서는 계산속도도 늦다. 그러나 대입을 통한 추론방법은, 특히 보조전제를 사용해야 되는 경우는 전제설정이나 논증의 각 단계에서 찾아볼 수 있는 추론의 묘미가 있으며, 이는 사고활동을 북돋우는 데도 도움을 준다 하겠다.

14장 명제논리를 통한 스위치회로 분석*

1. 머리말

우리의 주변에 있는 것들 가운데는 기호논리체계와 대응관계를 유지하는 것이 있다. 예컨대, 스위치회로의 회로망이 그것이다. 전기회로는 병렬회로와 직렬회로로 나뉜다. 스위치가 병렬로 가설되어 있는 병렬회로의 경우에는 스위치 가운데 적어도 어느 하나만 닫혀 있으면 — 회로가 연결되어 전기가 통하면 — 전등은 켜지게 되어 있다. 물론, 스위치가 직렬로 가설되어 있는 경우에는 스위치가 모두 닫혀 있어야 전등은 켜진다. 여기서는 명제들이 결합사로써 결합되어 새로운 명제형식으로 되는 과정과 전기회로를 나타내는 대수적 표현과는 어떤 관련이 있는지를 살펴보겠다.

---

* 14장은 여훈근 외(1996)의 『논리와 진리』에서 「명제논리와 스위치회로」에 관한 필자의 글을 보완한 것이다. 이 글과 관련된 신행연구로는 필자가 한국동서철학연구회 12회 학술대회(1991. 11)에서 발표했던 「논리망과 스위치회로와의 관계」를 들 수 있다. 『논리와 진리』에서는 특히 CNF, DNF 및 회로의 단순화과정에 초점을 두어 작성되었다.

2. 논리망과 회로망

2. 1 대수적 표현과 회로[55)]

회로망에 관한 논의는 집합계산이나, 집합들 사이의 결합과 밀접한 관련을 맺고 있다. 예컨대, Φ와 Ψ가 각각 집합이라고 할 때 Φ와 Ψ의 합집합은 $\Phi + \Psi$이나 $\Phi \cup \Psi$로 나타내지는데, 이것은 논리학에서는 선언결합사로써 결합된 명제형식인 $\Phi \vee \Psi$에 해당한다. 그리고 Φ와 Ψ의 교집합은 $\Phi \times \Psi$나 $\Phi \cap \Psi$로 나타내지는데, 이것은 연언결합사로써 결합된 Φ & Ψ에 해당한다(Thomas, 1966: 154). 그러면 이러한 표현방법이 병렬회로와 직렬회로와는 각각 어떻게 관련되어 있는지 살펴보기로 한다. a, b라는 스위치가 가설되어 있는 경우를 살펴보자. 병렬회로에서 전등이 켜지는 경우는 a와 b 가운데 적어도 하나의 스위치가 닫히면 되므로 이것에 해당하는 논리형식은 a ∨ b이며, 집합에서는 a + b나 a ∪ b로 나타내지는 합집합이다. 직렬회로의 경우는 모든 스위치가 닫혀야 전등이 켜지므로 이것에 해당하는 논리형식은 a & b이며, 집합에서는 a × b나 a ∩ b로 나타내지는 교집합이다. 곧, 직렬회로를 나타내는 논리적 표현형식은 a & b이며, 대수적 표현형식은 a × b다. 그리고 병렬회로를 나타내는 논리적 표현형식은 a ∨ b이며, 대수적 표현형식은 a + b다. 그래서 a + (b × c)와 a × (b + c) — a ∨ (b & c)와 a & (b ∨ c) — 라는 직병렬회로를

---

55) 이 부분은 Norman L. Thomas(1966)의 저서인 *Modern logic* (New York: Barnes & Noble Books)에서 많은 도움을 받았다. 아울러, Jeffrey(1967)의 *Formal logic: Its scope and limits* (New York: McGraw-Hill Book), Seymour Lipschutz(1964)의 *Theory and problems of set theory* (New York: McGraw-Hill), Frank Ayres, Jr(1965)의 *Theory and problems of modern algebra* (New York: McGraw-Hill)도 도움이 되었다.

나타내는 대수적 표현은 다음의 도형 ⟨1⟩, ⟨2⟩로 각각 나타낼 수 있다.

⟨1⟩ a + (b × c)

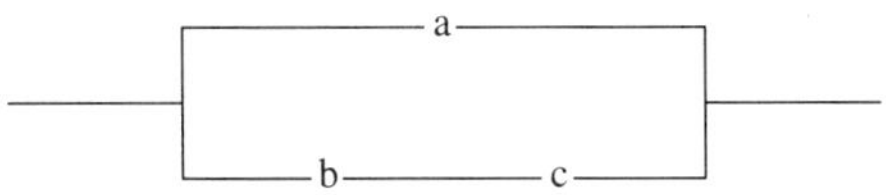

⟨2⟩ a × (b + c)

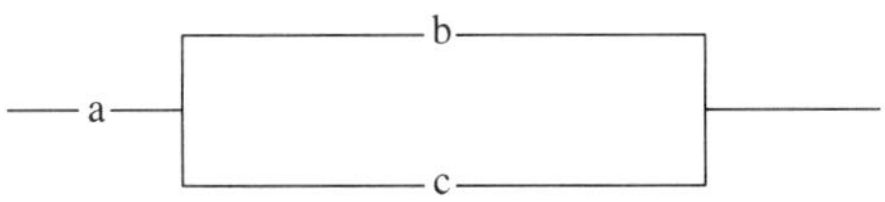

그런데 a + (b × c) = (a + b) × (a + c)이고, a × (b + c) = (a × b) + (a × c)이므로, 아래에 있는 도형 ⟨3⟩, ⟨4⟩는 앞에서 소개한 도형 ⟨1⟩, ⟨2⟩와 회로특징이 각각 같세 바린이나.

⟨3⟩ (a + b) × (a + c)

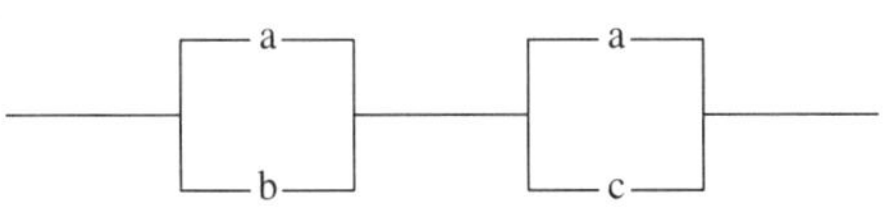

⟨4⟩ (a × b) + (a × c)

2. 2 매트릭스의 작성

한편, 스위치가 열려 있어 전기가 통하지 않는 상태를 0으로 나타내고, 스위치가 닫혀 있어 전기가 통하는 상태를 1로 나타낸다면, 병렬회로와 직렬회로에서 전등이 켜지는 경우를 보여주는 표(matrix)는 각각 다음과 같다(Thomas, 1966: 158-160; Lipschutz, 1964: 218-219; Ayres, 1965: 222-237).

〈5〉 a ∨ b, a + b

a	b	a × b	a	b	a + b
T	T	T	1	1	1
T	F	T	1	0	1
F	T	T	0	1	1
F	F	F	0	0	0

〈6〉 a & b, a × b

a	b	a & b	a	b	a × b
T	T	T	1	1	1
T	F	F	1	0	0
F	T	F	0	1	0
F	F	F	0	0	0

그러므로 병렬회로의 경우는 a, b가 모두 열려 있을 경우에만 전등이 꺼지고, 직렬회로의 경우는 a, b가 모두 닫혀 있을 경우에만 전등이 켜진다. 이 경우에 a + b와 a × b의 회로지표는 1110과 1000로써 각각 표기된다. 만일 a가 아닌 것을 a′라 하고 b가 아닌 것을 b′라고 한다면, a′ + b′와 a′ × b′에 관한 표는 각각 다음과 같다.

〈7〉 $a' + b'$

a	b	a′	b′	a′ + b′
1	1	0	0	0
1	0	0	1	1
0	1	1	0	1
0	0	1	1	1

〈8〉 $a' \times b'$

a	b	a′	b′	a′ × b′
1	1	0	0	0
1	0	0	1	0
0	1	1	0	0
0	0	1	1	1

〈7〉, 〈8〉의 회로지표는 각각 0111과 0001이 된다. $a \times b$, $a' \times b'$ 처럼 직렬회로를 나타내는 대수적 표현형식의 경우에는, ×를 생략한 채 ab, $a'b'$와 같이 각각 나타내지기도 한다. 이 책에서는, 앞으로 후자와 같은 표기법을 사용하기로 한다.

2. 3 회로의 단순화

전기회로망들에는 겉보기는 복잡한 것 같으나 전기회로의 원리를 알고 나면 간단히 나타낼 수 있는 것도 적지 않다. 예컨대, $ab + ab' + bb + bb'$로써 나타낸 회로를 살펴보자. bb'는 전기가 흐를 수 없는 직렬회로 — $bb' = 0$ — 이며, bb는 회로에서는 b와 마찬가지이므로 ab + ab′ + bb + bb′라는 대수적 표현은 회로에서는 ab + ab′ + b와 같다. 이것은 다시 a(b + b′) + b와 같다. 여기서 b + b′는 b와 b′ 가운데 어느 하나는 스위치가 닫힌 상태이므로 전기가 흐를 수 있음을 뜻한다. 다시 말해, b + b′는 1이다. 그러므로 a(b + b′) + b는 a(1) + b 곧, a + b가 된다. 물론, ab + ab′ + bb + bb′를 인수분해 하여 (a + b)(b + b′)를 얻고, b + b′ 대신에 1을 대입하여 (a + b)(1)이나 a + b를 얻을 수도 있다.[56] 이러한 사실을 회로망과 매트릭스로써 나타내면 각각 다음과 같은 회로망 〈9〉, 〈10〉과 표 〈11〉, 〈12〉가 된다.

〈9〉 ab + ab′ + bb + bb′

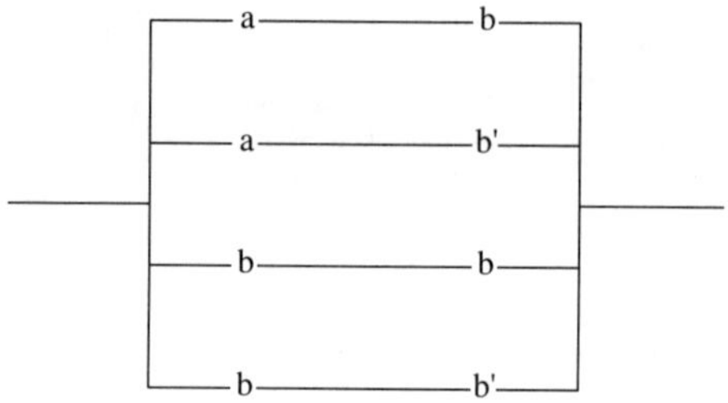

〈10〉 a + b

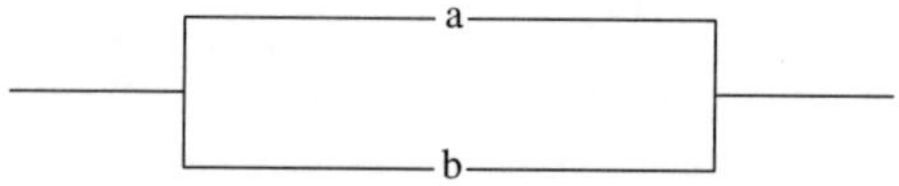

56) b + b′는 병렬회로로 전류가 통할 수 있는 반면에, b × b′는 직렬회로로 전류가 통할 수 없다. 곧, 전자와 후자는 각각 1과 0으로 나타내진다.

〈11〉 ab + ab′ + bb + bb′

a	b	b′	ab	ab′	bb	bb′	ab + ab′ + bb + bb′
1	1	0	1	0	1	0	1
1	0	1	0	1	0	0	1
0	1	0	0	0	1	0	1
0	0	1	0	0	0	0	0

〈12〉 a + b

a	b	a + b
1	1	1
1	0	1
0	1	1
0	0	0

위의 회로망과 표를 보면 알 수 있듯이, ab + ab′ + bb + bb′와 a + b는 그 회로의 회로망이 서로 같은 기능을 지니는 특징이 있으며, 회로지표도 서로 같다. 특히, 매트릭스에서는 그 회로지표가 모두 1110이다. 이처럼 회로망이 동치이거나 회로지표가 같을 경우에는 더 단순한 회로나 대수적 표현을 선택하는 것이 현실생활에서는 경제성이 있고 유용하다.

3. 신인표준형과 연언표준형[57)]

이제까지 전기회로를 대수적 표현으로 나타내는 방법에 관하여 논의하였다. 나아가서 회로의 지표를 나타내는 매트릭스를 구성하는 방법도 논의하였다. 이제부터는 역으로 회로지표에 근거하여 대수적 표현이나 회로망을 구성하는 방법에 관하여 살펴보기로 한다. 그 예로 선언표준형(選言標準型. disjunctive normal form; DNF)과 연언표준형(連言標準型. conjunctive normal form; CNF)을 들어 고찰하려 한다. 그 이유는 이러한 표준형들이 다른 예들보다도 회로망, 대수적 표현, 회로지표의 특징 및 그것들 사이의 관계를 논의하는 데 적합하기 때문이다.

3. 1 선언표준형

우선, 선언표준형은 대수적 표현 속에서 발견되는 각종 변항이나 상항들이 그 표현의 각 선언지(選言肢. disjunct)에서도 또한 나타나는 선언적인 표현이다(Thomas, 1966: 167). 그러므로, $ab' + a'$나 $ab + b'c$라는 대수적 표현들은 DNF가 아니지만, $ab' + ab$나 $xyz + x'yz'$는 DNF이다. 이와 같이 DNF에서는 DNF에서 필요로 하는 모든 변항이나 상항들이 그 선언지에서도 다시 드러나 있다. DNF의 유용성은 주어진 회로에서 표준이 되는 회로를 찾을 수 있다는 점에 있다. 예를 들어, $ab' + a$라는 표현을 DNF로 바꾸어 보자. 여기서 우리는 a는 a(1)과 같으며 $1 = b + b'$이라는 점에 근거하여, $ab' + a$를 $ab' + ab + ab'$ 혹은 $ab' + ab$로 바꾸어서 쓸 수 있다. 왜냐하면 회로에서는 $a + a$는 a와 같으므로 $ab' + ab'$도 ab'와 같기 때문이다. 마찬가지 방법으로 $a + b'$라는 표현도 DNF로 바꿀 수 있다. $a + b'$는

57) 이 부분은 Norman L. Thomas(1966)의 책인 *Modern logic* (New York: Barnes & Noble Books) 가운데, '5. The algebra of electrical switches' 에서 많은 도움을 받았다.

a + b′는 a(b + b′) + b′(a + a′), ab + ab′ + ab′ + a′b′, ab + ab′ + a′b′[58] 등으로써 나타낼 수 있다.

다음에는 회로지표로 대수적 표현이나 회로망을 구성하는 방법에 관하여도 살펴보기로 한다. 예컨대, DNF에서 회로지표가 10101000인 매트릭스를 구성하여 보자. 하나의 스위치는 닫히거나 열리거나 둘 가운데 어느 하나에 속하므로, 위와 같이 8개의 숫자로 구성된 회로지표는 3개의 스위치가 결합됨으로써 드러나는 지표이다. 2치논리에 근거한 진리표에서는 그 진리표의 행의 수가 2^n이 되며, 이때 n은 서로 다른 유형의 원자명제의 수를 나타내듯이, 전기회로에서 회로지표도 2^n으로 나타내지며, 이때의 n은 서로 다른 스위치의 수를 나타낸다. 전기회로의 경우도 전류는 흐르거나 아니거나 둘 중에 어느 하나로 표시되므로 2치논리에 해당되기 때문이다. 3개의 스위치를 a, b, c라고 하고, 스위치가 논리적으로 결합될 수 있는 가능성을 살펴보기로 하자. 물론, 회로지표가 10101000일 경우, 그 각각의 숫자마다 3개의 스위치가 하나의 연언을 형성하는 그런 대수적 표현들과 대응을 이루게 마련이다. 그래서 위의 회로지표는, 서로 다른 3개의 스위치를 연언결합사로 짝지운 8종류의 연언들이, 또 다시 선언결합사로 결합된 그런 선언과 대응을 이룬다. 10101000이라는 회로지표에서, 제일 처음 지표를 나타내는 1에 해당하는 대수적 표현은 abc, abc′, ab′c, ab′c′, a′bc, a′bc′, a′b′c, a′b′c′ 가운데 어느 것이라도 될 수 있다. 물론, 처음 지표에 해당하는 대수적 표현이 무엇인가에 따라 그 이후의

58) 만일 ab + ab′ + a′b′로써 나타내신 대수적 표현에 a′b라는 표현이 첨가된다면, a와 b에 의하여 나타내질 수 있는 모든 결합의 종류가 연언 결합사에 의하여 결합된 ab + a′b + ab′ + a′b′라는 대수적 표현을 얻게 된다. 이 경우 이러한 식을 특히 완전한 선언표준형(complete disjunctive normal form: CDNF)이라고 한다.

대수적 표현의 특성도 달라진다. 그러므로 10101000에 대응하는 대수적 표현의 종류도 그에 따라 상당히 다양해지게 마련이다. 더욱이 만일 전류가 통하는 경우를 0, 전류가 통하지 않는 경우를 1로 나타낸다면 지금까지의 논의과정에서 제시된 대수적 표현에서 a는 a′로, a′는 a로 나타내야 할 것이다. 본 논문에서는 전류가 통하는 상태를 1, 전류가 통하지 않는 상태를 0으로 각각 나타낸다. 그리고 a는 스위치가 닫힌 상태이고 a′는 열린 상태를 나타낸다. 논의의 편의상 a, b, c라는 스위치들이 닫히고 열린 상태들을 아래와 같은 순서로 서술하기로 하고, 주어진 회로지표도 그 순서에 따라 서술된 것으로 간주하면서 표를 구성하여 보겠다.

〈13〉

a	b	c	*f*(a,b,c)
1	1	1	1
1	1	0	0
1	0	1	1
1	0	0	0
0	1	1	1
0	1	0	0
0	0	1	0
0	0	0	0

〈13〉에서 *f*(a,b,c)는 a, b, c라는 스위치들이 열리고 닫힘에 따라 최종적으로 이루어지는 전류의 흐름 상태를 나타낸다. 〈13〉에 나타난 회로지표에 근거한다면 전기가 통할 수 있는 회로의 대수적 표현은 abc + ab′c + a′bc임을 알 수 있다. 그리고 이 대수적 표현에 대응하는

스위치회로는 아래와 같다.

〈14〉

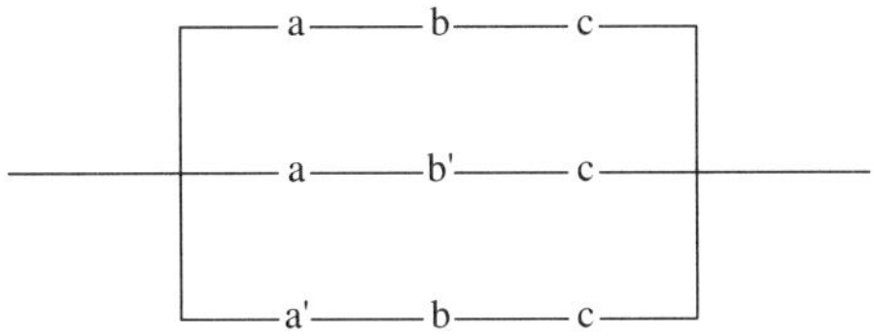

이러한 DNF에 근거하여 논리적으로는 동치이면서도 회로에서는 더욱 간단한 다음과 같은 대수적 표현을 계산을 통해 제시할 수 있다.

$$abc + ab'c + a'bc$$
$$= ac(b + b') + a'bc$$
$$= ac + a'bc$$
$$= c(a + a'b)$$

그런데 $a + a'b$는 아래의 매트릭스에서 볼 수 있듯이 $a + b$와 같은 회로지표를 지닌다.

〈15〉

a	b	a′	a′b	a + a′b	a + b
1	1	0	0	1	1
1	0	0	0	1	1
0	1	1	1	1	1
0	0	1	0	0	0

그러므로 $c(a + b)$가 10101000이라는 회로지표를 나타내는 가장

간단한 대수적 표현이다. 이 대수적 표현에 따른 스위치회로는 아래와 같다.

〈16〉

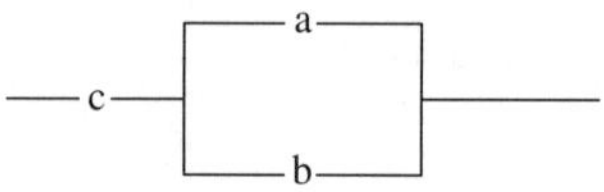

우리는 스위치회로 〈14〉를 좀 더 간단한 회로인 〈16〉으로 대치하여, 더 경제적이고 편리한 회로망을 구성할 수 있다.

3. 2 연언표준형

선언표준형과 더불어 주어진 회로의 대수적 표현을 위해 사용되는 또 다른 유형으로는 연언표준형을 들 수 있다. 연언표준형은 대수적 표현에서 발견되는 여러 가지 변항이나 상황들이 그 표현의 각 연언지(連言肢. conjunct)에서도 또한 나타나는 연언적인 표현이다. 그러므로 $(a + b)(a' + b')$나 $(x + y + z)(x' + y + z)(x' + y' + z)$와 같은 표현들은 CNF에 속하지만 $(a')(a + b)$나 $(x + y')(z + y)$는 CNF에 속하지 않는다.[59] DNF와 더불어 CNF도 어떤 주워진 회로지표를 대수적 표현으로써 나타낼 수 있다. 예컨대, DNF에 따른 표현이 전기가 통할 수 있는 지표에 근거하여 이루어졌다고 한다면, CNF에 따른 표현은 전기가 통할 수 없는 회로지표에 근거하여 이루어진다. 후자의 경우는 전기가 통할 수 없는 지표를 나타내는 각 행의 대수적 표현들을 찾아 그 각각을 부정하여 선언결합사로 함께 묶은 후

---

59) CNF에서도 $(a + b)(a' + b)(a + b')(a' + b')$처럼 논리적으로 가능한 a, b와 관련된 모든 항들이 결합되어 있는 것을 완전한 연언표준형(complete conjunctive normal form; CCNF)이라 한다.

에 이러한 묶음들을 연언결합사로 다시 묶는다. 왜냐하면 전기가 흐르지 않는 경우[0]들을 찾아내어, 그것들을 전기가 흐르는 것[1]으로 바꾸려면, 0에 대응하는 대수적 표현도 부정[~0 = 1]하여야 하기 때문이다. 예컨대, 다음의 표에 나타난 회로지표에서 전기가 통하지 않는 행을 근거로 CNF를 구성하여 보기로 한다.

〈17〉

a	b	c	*f*
1	1	1	1
1	1	0	1
1	0	1	1
1	0	0	0
0	1	1	1
0	1	0	1
0	0	1	0
0	0	0	0

표 〈17〉로부터 CNF로 나타내진 대수적 표현은 (a′ + b + c)(a + b + c′)(a + b + c)이 되며 그 스위치회로는 아래와 같다.

〈18〉

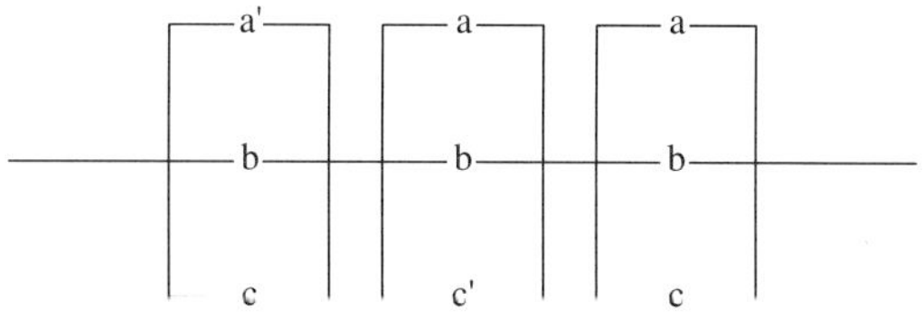

4. 표준형 사이의 교환

표 〈17〉을 DNF로 나타낸다면 $abc + abc' + ab'c + a'bc + a'bc'$이 된다. 물론, $\sim(ab'c' + a'b'c + a'b'c')$로써 나타낼 수도 있다. 이 가운데 후자의 경우는 CNF로 나타내진 대수적 표현과 같은 것이 된다.

앞의 $(a' + b + c)(a + b + c')(a + b + c)$는 DNF에 따라 다음과 같이 단순화될 수도 있다. 다시 말해, 위와 같은 대수적 표현의 여집합(餘集合. complement)을 부정하여, 다음과 같은 과정을 거쳐 단순화된다.

$$
\begin{aligned}
& abc + abc' + ab'c + a'bc + a'bc' \\
&= ac(b + b') + a'b(c + c') + abc' \\
&= ac + a'b + abc' \\
&= a(c + bc') + a'b \\
&= a(c + c')(b + c) + a'b \\
&= a(b + c) + a'b \\
&= ab + ac + a'b \\
&= b(a + a') + ac \\
&= b + ac
\end{aligned}
$$

앞의 대수적 표현에 따른 스위치회로는 아래와 같다.

〈19〉

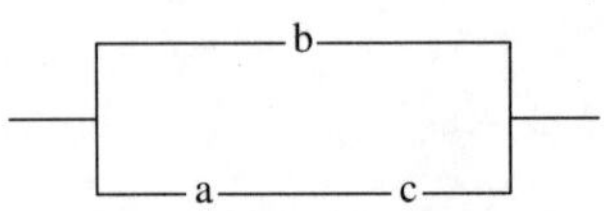

〈18〉과 〈19〉는 회로에 있어 동치이지만 〈19〉가 훨씬 단순화된 회로이다.

물론, 전기가 통할 수 없는 경우들을 중심으로 다음과 같은 간접적인 추론도 가능하다.

$$ab'c' + a'b'c + a'b'c'$$
$$= a'b'(c + c') + ab'c'$$
$$= a'b' + ab'c'$$
$$- b'(a' + ac')$$
$$= b'(a' + c')$$

그런데 $b'(a' + c')$는 전기가 통할 수 없는 대수적 표현에서 추론되었으므로, 이것을 전기가 통할 수 있는 대수적 표현으로 바꾸면, 닫힌 스위치는 열린 스위치로, 선언은 연언으로, 연언은 선언으로 환원되어, $b + ac$라는 대수적 표현이 된다.

이처럼 CNF는 DNF의 여집합을 부정한 것으로 연언결합사로 결합되어 있고, DNF는 CNF의 여집합을 부정한 것으로 선언결합사로 결합되어 있다. 그러므로 $(a + b + c)(a' + b + c)(a + b + c')$라는 CNF를 DNF로 바꿀 경우에는 우선 그 CNF의 여집합인 $(a + b' + c)(a' + b' + c)(a' + b + c')(a + b' + c')(a' + b' + c')$를 제시해야 한다. 그런 후 제시된 CNF의 여집합을 부정하면 된다. 그런데 $(ab)' = a' + b'$이고, $(a + b)' = a'b'$이므로, DNF는 $a'bc' + abc' + ab'c + a'bc + abc$가 된다. 한편, $a'b'c' + ab'c' + a'b'c$라는 DNF를 CNF로 바꾸기 위해서는 위의 대수적 표현의 여집합인 $abc + a'bc + ab'c + abc' + a'bc'$를 부정해야 한다. CNF는 DNF

의 여집합을 부정한 것과 같으므로 결국 a′b′c′ + ab′c′ + a′b′c라는 DNF를 CNF로 바꾸면 (a′ + b′ + c′)(a + b′ + c′)(a′ + b + c′)(a′ + b′ + c)(a + b′ + c)이 된다.

물론, (a + b + c)(a′ + b + c)(a + b + c′)라는 CNF는 a′bc′ + abc′ + ab′c + a′bc + abc라는 DNF와 회로 지표가 같게 마련이고, a′b′c′ + ab′c′ + a′b′c라는 DNF는 (a′ + b′ + c′)(a + b′ + c′)(a′ + b + c′)(a′ + b′ + c)(a + b′ + c)라는 CNF와 그 회로 지표가 같게 마련이다. 왜냐하면 어떤 CNF의 여집합을 부정한 것은 결국 그 CNF를 지칭하는 것이 되고, 어떤 DNF의 여집합을 부정한 것도 결국은 그 DNF를 지칭하는 것이기 때문이다. DNF는 스위치의 배열을 선언적으로 정리한 것이고, CNF는 연언적으로 정리한 것에 불과하다. 그리고 '전기가 통한다[1]'라는 것은 '전기가 통하지 않는다[0]'라는 것을 부정한 것과 같은 것이기 때문이다.

5. 결론 및 시사점

엄밀히 말한다면, 카르납(Rudolf Carnap, 1958)도 지적하였듯이, 물리세계에 관한 위상구조는 실제 측정치와는 구별된다. 하지만 시간과 공간의 위상적인 성질들을 다루기 위해 물리학에서는 그 방법으로 측정치를 이용한다(197). 마찬가지로 실제 회로상에 나타난 특성도 순수한 계산을 통해 드러난 특성과 꼭 일치한다고는 할 수 없지만 그로 말미암은 문제점은 거의 발견되지 않는다. 그런 점에서 이제까지 논의한 논리망도 스위치회로 체계를 이해하는 데 도움을 준다. 명제들을 결합시키는 결합사 가운데 선언결합사와 연언결합사는 스위치회로에서는 병렬회로, 직렬회로와 각각 관련지어진다. 그렇다면 조건언과 양조건언의 경우도 연언이나 선언으로 환원시켜 놓고서 스위치회로와 관련지을 수 있겠으며, 이때 '부정결합사는 변환장치(inverter)'(Jeffrey, 1967: 35)로 간주된다. 물론, ＊, ⊕, □와 같은 임의의 결합사를 제시할 경우도 이러한 결합사에 대응하는 스위치회로를 작성할 수 있다. 이 경우에는 우선 그러한 결합사의 논리적 구조를 연언형식이나 선언형식으로 환원시킬 필요가 있다.

진리표에서 명제에 할당하는 T, F라는 진리치는 스위치가 닫혀져 전기가 통하는 상태와, 스위치가 열려 전기가 통하지 않는 상태를 나타내는 1, 0과 각각 대응을 이룬다. 아울러 명제형식의 주결합사를 이루는 진리치 가운데 T와 F는, 회로망에서는 전류가 흘러 전등이 켜진 상태와 그렇지 않은 상태와 각각 서로 대응관계에 있게 된다. 물론, 전기가 통하지 않는 상태를 부정한 것은 곧 전기가 통하는 상태이므로, DNF는 CNF에서 나타난 대수적 표현의 여집합을 부정한 것과 회로지표가 일치하고, DNF에서 나타난 대수적 표현의 여집합을 부정한 것은 CNF의 회로지표와 같게 마련이다. 이러한 대수적 표현은 계산에 의하여 단순화될 수 있다. 마찬가지로 스위치회로의 경우도 단순화될 수 있다. 나아가서 복잡한 논리망이나 스위치회로도 그 기본이 되는 골격이 무엇인지 파악될 수 있다.

한편, T, F로 나타내지는 진리표나 0, 1로 나타내지는 스위치회로나 모두 2진법의 세계에 속한다. 이러한 사실은 진리표의 진리치가 2진법으로 나타내지는 모든 영역에 응용될 수 있음을 보여준다. 나아가서 2치논리가 아닌 다치 논리도 그것에 대응하는 세계를 설명하는 데 응용될 수 있음을 시사해 준다. 우리 생활과 밀접한 관련을 맺고 있는 전기와 스위치회로의 예를 통해서도 알 수 있듯이, 이러한 가능성은 기호논리학의 응용가능성을 보여주는 좋은 예라 여겨진다. 아울러 기호논리학이 경험계를 설명하거나 이해하기 위해서 매우 요청됨을 보여 준다.

15장 의무논리에서의 조건문*

1. 머리말

15장에서는 '…이 의무이다', '…이 허용된다', '…이 금지된다'와 같이 행위나 규범과 관련된 용어들로 이루어진 문장들 가운데 조건문을 살펴보려 한다. 논의의 편의상 O는 의무(obligation)를, P는 허용(permission)을, F는 금지(forbidden)를 각각 나타내는 기호로 사용하기로 한다. 이어서 의무논리(deontic logic)가 명제논리나 양상논리(modal logic)와 그 구조나 해석에 있어 어떻게 관련되어 있는지도 살펴보려 한다. 아울러 이런 용어들이 사용되는 상황이나 이런 용어들의 의미는 의무논리에서 어떤 제한요인으로 작용하는지에 관해서도 살펴보겠다.

* 이 논문은 1990년 3회 한국철학자 연합학술대회 대회보 3집(191-201)에 실렸던 필자의 글임을 밝힌다.

2. 진술형식에서의 조건문

의무논리 가운데 조건적인 의무의 체계는 흔히, 'A라는 행위를 한다면, B라는 행위도 해야 한다'라는 문장은, 'A라는 행위를 하면서 B라는 행위를 하지 않는다는 것은 허용되지 않는다'는 것과 동치관계에 있는 것으로 간주함으로써 이루어진다(Wright, 1951: 4). 그렇다면 이러한 두 문장이 과연 동치관계에 있는지 밝혀보기로 한다. 리히트(G.H. von Wright)가 제시한 기호화방법에 따라 위의 문장을 'OA → B'와 '~(PA & ~B)'로써 각각 나타내고(4-14),[60] 논증하여 나가기로 한다.

OA → B: 만일 A라는 행위를 한다면, B라는 행위도 해야 한다.

~(PA & ~B): A라는 행위를 하면서 B라는 행위를 하지 않는다는 것은 허용되지 않는다.

S_1: OA → B

S_2: ~(PA & ~B)

앞의 기호 가운데 OA = ~(P~A)[61]이므로 S_1은 ~(P~A) → B와 같이 나타낼 수도 있다. 그리고 이 식은 다음과 같은 방법들로써

---

60) OA & B는 OA & OB와, PA ∨ B는 PA ∨ PB와 각각 서로 같고, OA ∨ OB는 OA ∨ B를, PA & B는 PA & PB를 각각 필연적으로 수반한다.

61) O, P, F, I가 의무, 허가, 금지, 무상관(indifferent)을 각각 나타내다면, OA, PA, FA, IA의 관계는 다음과 같이 나타내진다.

OA = df. ~(P~A)
FA = df. ~PA
PA = df. ~(O~A)
IA = df. PA & P~A

$\sim$(PA & $\sim$B)로 나타내진다.

$$OA \rightarrow B = \sim(P\sim A) \rightarrow B = \sim[\sim(P\sim A)] \vee B$$

$$= (P\sim A) \vee B = \sim(PA \,\&\, \sim B)$$

또는

$$OA \rightarrow B = \sim[P \sim(A \rightarrow B)] = \sim[P \sim(\sim A \vee B)]$$

$$= \sim P\ (A \,\&\, \sim B) = \sim(PA \,\&\, \sim B)$$

곧, OA → B와 $\sim$(PA & $\sim$B)는 서로 동치임이 밝혀졌다. 그런데 이러한 의무논리체계로부터 알 수 있는 흥미로운 점은 예컨대, 'O$\sim$A는 OA → Φ라는 명제형식을 그 결과로서 필연적으로 수반(entailment)한다' 라는 점이다.[62] 이것에 관한 증명은 다음과 같다.

S_3: O$\sim$A

S_4: OA → Φ

진리수에 의한 검증

S_3

$\sim S_4$

O$\sim$A

$\sim$(OA → Φ)

OA

62) A.N. Prior(1954)는 그의 논문 The paradoxes of derived obligation (*Mind*, 63: 64)에서, O$\sim$A대신에 $\sim$PA로 대체하고, 이러한 특징은 '$\sim$PA → O(A → B)로써 나타냈다.

~Φ

×

한편, OA = ~(P~A)이고, FA = ~PA라는 정의로부터 O~A = ~PA = FA이 성립함을 알 수 있으며, 이로부터 '만일 A를 행하는 것이 금지되면, A를 하여야 한다면 어떤 행위를 하여야 한다' 라는 문장을 논리적 참으로 받아들여야 한다(11).

이처럼 'O~A는 OA → Φ를 수반한다' 라는 의무논리의 법칙은 ~PA → (OA → Φ) 곧, FA → (~OA ∨ OΦ)이 되어, 'A라는 행위를 금지한다면 A라는 행위를 의무적으로 한다는 것은 아니거나 의무적으로 Φ라는 행위를 하여야 하는 것' 을 뜻한다. Φ라는 어떤 행위 속에는 B라는 행위도 포함될 수 있다. 여기서 우리는 'A를 금지하면 B를 의무적으로 하여야 하는 경우가 있음' 과 더불어, OA → B라는 형식에 근거하여 'A를 의무적으로 하면 B도 의무적으로 하여야 한다' 는 서로 대비되는 사실을 눈여겨 볼 필요가 있다. 이것은 이상한 언명임에 틀림없다. 그리고 형식논리와 구별되는 의무논리가 지닌 특징은, 맥러글린(R.N. McLaughlin, 1973)이 지적한 바 있는 다음과 같은 예들에서도 찾아볼 수 있다. 예컨대, " '만일 내가 A라는 행위를 한다면 B라는 행위를 하는 것은 의무적이다' 라는 문장은, '만일 내가 A라는 행위를 한다면 B라는 행위를 하는 것이 허용된다' 는 것과 더불어, 'A와 B를 행하는 것이 허용된다[PA & B]' 는 것을 드러내 보인다고 할지라도, 논리계산으로 보면, '~(PA & ~B) 곧, OA → B는 PA & B를 수반하지 않는다' 는 점이다. 그리고 'PA → B의 부정은 OA & ~B' 이지만, '만일 내가 A라는 행위를 한다면 B라는 행위를 하는 것이 허용된다' 라는 것의 부정이, '나는 A라는 행위는 하지만 B라는 행위는 하지 않는 것이 의무이다' 라는 것과 같은 뜻은 아니라는 점이다" (207-208).

이러한 문제점은 의무논리에서 사용되는 중요한 개념들 — 예컨대, 의무, 허용, 금지, 그리고 무상관 등 — 이 들어 있는 문장들을, 명제 논리에서의 정형정식(well formed formula; wff)처럼 사용하는 데는 무리가 있음을 알려준다. 물론, 이러한 개념들은 이상언어가 아니라 일상언어이다. 그러므로 이런 개념들은 그것들이 사용되는 상황과 문맥 속에서 이해되어야 하는 경우가 많다.

그러나 이러한 문제점이 있기는 하지만, 의무논리도 그 논의를 전개하는 데 표준이 되는 어떤 일정한 형식은 있어야 되겠다. 이러한 취지에서 논의의 편의상 기호화된 정형정식을 제시하면서, 의무논리에서도 문장들 상호 간의 논리적인 관계를 밝혀 보는 것도 의의 있는 일이리 여겨진다. 특히, 의무논리는 진리의 양상을 다루는 양상논리와 관련시켜 논의되기도 한다.[63] 그러므로 의무논리에서의 문장들은 양상논리에서의 문장들과는 어떤 관계를 구체적으로 지니는지도 살펴볼 필요가 있다. 흔히, 양상논리에서는 필연(necessity, □P), 우연(contingency, ~□P & ~□~P), 가능(possibility, ◇P), 불가능

63) 예컨대, 이러한 관계를 드러내 보이는 예로는 A.R. Anderson과 O.K. Moore(1957)의 논문인 The formal analysis of normative concepts (*The American Sociological Review, 22(1)*: 9~17) 가운데 'Table 1' 에서 찾아볼 수 있다.

Table 1. Modal Categories

	Alethic	Existential	Epistemic	Deontic
a	necessary	universal	verified	obligatory
b	possible	existing	unfalsified	permitted
c	contingent	partial	undecided	indifferent
d	impossible	empty	falsified	forbidden

(impossibility. □~P)과 같은 개념들이 사용된다(Gorovitz, 1979: 79).[64] 그리고 양상논리체계 가운데 조건언형식을 취하는 중요한 체계로는 5◇, T, T◇, 5, B◇, D, B, 4, 4◇, 4c, U, M, C, K 등이 있다(Chellas, 1980: 6-20; 82; 239). 이러한 양상논리체계에 근거한다면 O4, O5, OU, O4c와 같은 의무논리체계는 다음과 같이 각각 나타내진다(193-194).

O4. OA → OOA

O5. ~OA → O~OA

OU. O(OA → A)

O4c. OOA → OA

P, F의 경우도 양상논리체계와 관련을 맺으면서 나타내질 수 있다. 물론, 앞에서도 지적하였듯이 이런 개념들이 지니는 문제점들이 있기는 하지만 말이다.

이제까지의 문장을 중심으로 의무논리의 특징을 살펴보았다. 그런데 논리개념을 담고 있는 문장들에 관한 논의 가운데서도, 주어진 전제가 참이라고 할 경우에 주어진 결론도 결코 거짓이 될 수 없는지의 여부에 관한 곧, 타당한 논증인지의 여부에 관한 논의가 특히 중요시

64) S. Gorovitz 등은 필연, 가능, 우연, 불가능 사이의 관계를 다음과 같이 나타냈다.

	나타내는 법	동치인 것
필 연	□P	~◇~P
가 능	◇P	~□~P
우 연	(~□P & ~□~P)	(◇~P & ◇ P)
불가능	□~P	~◇P

된다. 그러므로 의무논리의 특징을 주어진 논증을 중심으로 또한 밝혀 보기로 한다.

3. 논증형식에서의 조건문

우선, 전제와 결론이 각각 조건언형식으로 이루어져 있는 논증 가운데 가장 단순한 것으로는, 양상논리에서는 양상결과의 규칙(rule of modal consequence, RM)이라고 하는 다음과 같은 추론규칙이다(17).

$$\text{RM.}\quad \frac{A \rightarrow B}{\Box A \rightarrow \Box B}$$

RM은 다음과 같은 추론규칙을 통해 성립된다.

1. $A \rightarrow B$ 가설
2. $\Box(A \rightarrow B)$ 1 : RN
3. $\Box(A \rightarrow B) \rightarrow (\Box A \rightarrow \Box B)$ K
4. $\Box A \rightarrow \Box B$ 2,3 : PL

위의 논증에서 RN은 필연성의 규칙(rule of necessity)으로서, A를 전제로 하였을 때, □A가 결론으로 추론될 수 있음을 말한다. 그리고 PL은 명제논리를 나타내는 기호로서, 차례번호 2, 3으로부터 4가 추론되는 것은 조건언제거(conditional elimination, arrow elimination,

→ E) 곧, 전건긍정(modus ponens. MP)에 따른 것이다. 그렇다면 이러한 양상논리의 추론규칙에 따라 다음과 같은 의무논리의 추론규칙도 가능해진다.

$$\text{ROM.}\quad \frac{A \rightarrow B}{OA \rightarrow OB}$$

물론, A → B로부터 OA → OB가 추론되는 과정은, A → B로부터 □A → □B가 추론되는 과정과 같은 논법에 따른다.[65)]

1. A → B	가설
2. O(A → B)	1 : RON
3. O(A → B) → (OA → OB)	OK
4. OA → OB	2,3 : PL

이러한 논법에 근거한다면 □과 관련된 양상논리의 RR에서 의무논리의 ROR도 이끌어 낼 수 있다.

$$\text{RR.}\quad \frac{(A \,\&\, B) \rightarrow C}{(\Box A \,\&\, \Box B) \rightarrow \Box C}$$

1. (A & B) → C	가설

65) RON, OK, ROR의 표기는 RN, K, RR체계 등 양상논리표기법과 관련지으면서 필자가 나타낸 것이다. 이러한 표기법의 논거는 예컨대, 양상논리에서 □A, RM이 의무논리에서는 OA, ROM으로 표기되고 있는 것에 근거하였다(Chellas, 190-193 참조).

2. $\Box(A \& B) \rightarrow \Box C$	1 : RM
3. $(\Box A \& \Box B) \rightarrow \Box(A \& B)$	C
4. $(\Box A \& \Box B) \rightarrow \Box C$	2,3 : PL

ROR. $\dfrac{(A \& B) \rightarrow C}{(OA \& OB) \rightarrow OC}$

1. $(A \& B) \rightarrow C$	가설
2. $O(A \& B) \rightarrow OC$	1 : ROM
3. $(OA \& OB) \rightarrow O(A \& B)$	OC
4. $(OA \& OB) \rightarrow OC$	2,3 : PL

요컨대, 전제와 결론으로 이루어진 논증의 경우에는, 표준을 이루는 양상논리와 의무논리의 일반적인 추론규칙은 다음과 같이 각각 체계화될 수 있다.[66]

RK. $\dfrac{(A_1 \& \cdots \& A_n) \rightarrow A}{(\Box A_1 \& \cdots \& \Box A_n) \rightarrow \Box A}$ $(n \geq 0)$

ROK. $\dfrac{(A_1 \& \cdots \& A_n) \rightarrow A}{(OA_1 \& \cdots \& OA_n) \rightarrow OA}$ $(n \geq 0)$

66) RK에 관한 증명

1. $(A_1 \& \cdots \& A_n) \rightarrow A$	가설
2. $\sim A \rightarrow (\sim A_1 \vee \cdots \vee \sim A_n)$	1 : PL
3. $\Diamond\sim A \rightarrow (\Diamond\sim A_1 \vee \cdots \vee \Diamond\sim A_n)$	2 : RK◇
4. $(\sim\Diamond\sim A_1 \& \cdots \& \sim\Diamond\sim A_n) \rightarrow \sim\Diamond\sim A$	3 : PL
5. $(\Box A_1 \& \cdots \& \Box A_n) \rightarrow \Box A$	4 : Df. □ 그리고 PL

물론, 이 경우에 n = 0일 때는 RK와 ROK는 각각 RN 과 RON이 되며, n = 1일 때는 RM과 ROM이 되며, n = 2일 때는 RR과 ROR이 된다.

지금까지는 O라는 연산자(演算子. operator)가 들어 있는 논증을 중심으로 의무논리를 살펴보았다. 이제부터는 이러한 논법이 P나 F라는 연산자가 들어 있는 논증에도 적용이 가능한지를 살펴보겠다. 앞에서 논의한 □체계와 ◇체계를 비교하면서 O, P, F 상호 간의 관계도 고찰하여 보기로 한다(114-117).

〈□체계〉

RM. $\dfrac{A \rightarrow B}{\Box A \rightarrow \Box B}$

RR. $\dfrac{(A \,\&\, B) \rightarrow C}{(\Box A \,\&\, \Box B) \rightarrow \Box C}$

RK. $\dfrac{(A_1 \,\&\, \cdots \,\&\, A_n) \rightarrow A}{(\Box A_1 \,\&\, \cdots \,\&\, \Box A_n) \rightarrow \Box A}$ (n≥0)

〈◇체계〉

RM◇. $\dfrac{A \rightarrow B}{\Diamond A \rightarrow \Diamond B}$

RR◇. $\dfrac{A \rightarrow (B \vee C)}{\Diamond A \rightarrow (\Diamond B \vee \Diamond C)}$

RK◇. $\dfrac{A \rightarrow (A_1 \vee \cdots \vee A_n)}{\Diamond A \rightarrow (\Diamond A_1 \vee \cdots \vee \Diamond A_n)}$ (n≥0)[67]

위의 체계와 더불어 □체계를 ◇체계로 바꿀 경우에는, □양상기호가 괄호 밖에 있을 경우에는 ◇으로 바꾸어 괄호 안으로 끌어들이고, 괄호 안에 있을 경우에는 ◇으로 바꾸어 밖으로 이끌어 내되, &은 ∨으로, ∨은 &으로 각각 바꾼다는 사실을 또한 주목할 필요가 있다.[68] 그렇다면, 의무, 허용, 금지와 같이 의무논리와 관련된 개념들 사이의 관계도 이러한 관계가 성립될 수 있음을 위의 체계와 사실들로부터 미루어 추론할 수 있다. 예컨대, 의무와 허용의 관계는 $OA = \sim(P\sim A)$이므로, 허용에 관한 논증은 ROM, ROR, ROK에 근거하여 각각 다음과 같이 정리될 수 있다.

---

67) RK◇에 관한 증명

1. $A \rightarrow (A_1 \vee \cdots \vee A_n)$	가설
2. $(\sim A_1 \,\&\, A) \rightarrow (A_2 \vee \cdots \vee A_n)$	1 : PL
3. $\Diamond(\sim A_1 \,\&\, A) \rightarrow (\Diamond A_2 \vee \cdots \vee \Diamond A_n)$	2 : 귀납적 가설
4. $(\sim\Diamond A_1 \,\&\, \Diamond A) \rightarrow \Diamond(\sim A_1 \,\&\, A)$	K◇
5. $(\sim\Diamond A_1 \,\&\, \Diamond A) \rightarrow (\Diamond A_2 \vee \cdots \vee \Diamond A_n)$	3,4 : PL
6. $\Diamond A \rightarrow (\Diamond A_1 \vee \cdots \vee \Diamond A_n)$	5 : PL

68) 이러한 사실은 다음에서 알 수 있듯이 N, M, C, K를 N◇, M◇, C◇, K◇로 바꿀 때에도 잘 나타나 있다.

N. $\Box T$
M. $\Box(A \,\&\, B) \rightarrow (\Box A \,\&\, \Box B)$
C. $(\Box A \,\&\, \Box B) \rightarrow \Box(A \,\&\, B)$
K. $\Box(A \rightarrow B) \rightarrow (\Box A \rightarrow \Box B)$
N◇. $-\Diamond T$
M◇. $(\Diamond A \vee \Diamond B) \rightarrow \Diamond(A \vee B)$
C◇. $\Diamond(A \vee B) \rightarrow (\Diamond A \vee \Diamond B)$
K◇. $(\sim\Diamond A \,\&\, \Diamond B) \rightarrow \Diamond(\sim A \,\&\, B)$

$$\text{RPM.}\quad \frac{A \rightarrow B}{PA \rightarrow PB}$$

$$\text{RPR.}\quad \frac{A \rightarrow (B \lor C)}{PA \rightarrow (PB \lor PC)}$$

$$\text{RPK.}\quad \frac{A \rightarrow (A_1 \lor \cdots \lor A_n)}{PA \rightarrow (PA_1 \lor \cdots \lor PA_n)} \qquad (n \geq 0)$$

그리고 허용과 금지의 관계는 FA = ~PA이므로 예를 들어, PA → PB는 ~PB → ~PA 곧, FB → FA와 필요충분조건관계에 놓이게 된다. 이러한 논법에 따라 다음과 같이 RFM*, RFR*, RFK*도 성립될 수 있다.

$$\text{RFM}^*.\quad \frac{A \rightarrow B}{FB \rightarrow FA}$$

$$\text{RFR}^*.\quad \frac{A \rightarrow (B \lor C)}{(FB \,\&\, FC) \rightarrow FA}$$

$$\text{RFK}^*.\quad \frac{A \rightarrow (A_1 \lor \cdots \lor A_n)}{(FA_1 \,\&\, \cdots \,\&\, FA_n) \rightarrow FA} \qquad (n \geq 0)$$

한편, 의무와 금지의 관계는 FA = O~A이므로 예컨대, O~A → O~B는 FA → FB와 같은 것이 된다. 따라서 다음과 같은 논증은 타당한 것으로 밝혀지게 된다.

$$\frac{(O{\sim}A \ \& \ O{\sim}B) \rightarrow O{\sim}C}{(FA \ \& \ FB) \rightarrow FC}$$

$$\frac{(O{\sim}A_1 \ \& \ \cdots \ \& \ O{\sim}A_n) \rightarrow O{\sim}A}{(FA_1 \ \& \ \cdots \ \& \ FA_n) \rightarrow FA} \qquad (n \geq 0)$$

지금까지 조건적 의무를 그 진술형식과 논증형식으로 나누어 살펴보았다. 아울러 양상논리와 의무논리의 관계도 살펴보았다. 물론, 의무논리체계는 □체계나 ◇체계와 같은 양상논리체계로부터 유추될 수 있는 것도 있지만 그렇지 않은 것도 있다. 예컨대, 양상논리에서는 NP → P이 참인 것으로 성립되지만 의무논리에서는 OP → P가 성립된다는 보장이 없다(Hilpinen, 1971: 159-160). 그렇다면 의무논리에 관한 진술형식과 논증형식에서 드러날 수 있는 한계성과 문제점은 무엇인지에 관하여 살펴보기로 한다.

4. 상대적인 조건과 용어의 불명료성

4. 1 상대적인 조건

첼러스(Brian F. Chellas, 1980)도 지적하였듯이 의무는 상황이라는 함수(function of circumstance) 속에서 발생하여 소멸한다(195). 여러 가지 가능세계(possible world)에서 찾아볼 수 있는 의무는 그 모양이 가지각색이다. 지속성을 지닌 의무가 있는가 하면 일시적인 의무도 있다. 이처럼 의무논리에서 사용되는 용어들 가운데 상당수는 어떤 상대적인 조건 속에서 사용되게 마련이다. 그래서 리히트(G.H. von Wright, 1956)도 처음에 발표한 그(1951)의 논문을 보완하기 위하여 나중에 발표한 논문[69]에서, 이러한 용어들이 사용되는 상황과 관련된 조건들을 부각시켰다. 이어서 'p는 c라는 조건들 속에서 허용된다'는 문장을 나타내기 위하여 P(p / c)라는 기호를, 'p는 c라는 조건들 속에서 금지된다'는 문장을 나타내기 위하여 ~P(p / c)라는 기호를, 'p를 무시하는 것은 c라는 조건들 속에서 금지된다' — p는 c라는 조건들 속에서 의무적이다 — 는 문장을 나타내기 위하여 ~P(~p / c)라는 기호를 각각 사용했다. 이어서 그는 위의 기호들을 사용하면서 다음과 같은 두 가지 공리들을 소개했다(1956: 509).

A_1: P(p / c) ∨ P(~p / c)

A_2: P(p & q / c) ↔ P(p / c) & P(q / c & p)

이러한 두 공리들 가운데 A_1은 'c라는 주어진 조건들 속에서 p라는 임의의 어떤 행위를 하거나 안 하는 것이 허용된다'는 것을 나타낸다. 그리고 A_2는 'p와 q라는 두 행위가 함께 c라는 조건들 속에서 허용된다는 것'은, 'p가 c속에서 허용되고 q도 p가 이미 행하여졌다는 것을 가정하면서 마찬가지로 허용된다'는 것과 서로 필요충분조건관계에 있음을 알려 준다.

그런데 이러한 주변상황과 관련된 상대적인 의무, 상대적인 허용, 상대적인 금지와 더불어 의무논리에서 유념해야 할 것은, 이러한 용어들의 의미가 지니는 불명료성으로부터 야기되는 문제점들이다.

---

69) G.H. von Wright가 1951년에 발표한 논문은 Deontic logic (*Mind, 60*: 1-15)이며, 이 논문을 보완하기 위하여 1956년에 발표한 논문은 A note on deontic logic and derived obligation (*Mind, 65*: 507-509)이다.

4. 2 용어의 애매성과 모호성

'의무', '허용', '금지' 처럼 의무논리에서 사용되는 용어들은 추상적인 용어들이다. 그런데 추상적인 용어들은 일반적으로 그 의미가 애매성(ambiguity)과 모호성(vagueness)을 지닌다. 어떤 용어나 문장이 애매하다는 것은 그러한 용어나 문장이 하나 이상의 의미를 지니거나, 그것의 의미가 쉽게 혼동되는 경우이다. 그리고 어떤 용어나 문장이 모호하다는 것은 그러한 용어나 문장이 정확하게 꼭 적용되는지의 여부가 결정될 수 없는 경우이다. '모호한' 이라는 용어는 '정확한' 이라는 용어와 대비된다. 그러므로 이러한 용어들을 사용할 때는 상당히 조심하여야 한다. 예컨대, 애매한 용어들이 들어 있는 조건언들로 이루어진 다음과 같은 논증을 살펴보기로 한다.

다른 사람에게 해가 되는 행위는 법으로 금지되어 있다.
담배를 피우는 것은 다른 사람에게 해가 되는 행위이다.
따라서 담배를 피우는 것은 법으로 금지되어 있다.

위의 논증에서는 그 전제에서 사용된 '다른 사람에게 해가 되는 행위' 라는 용어가 대전제와 소전제에서 서로 다른 의미로 사용되었기 때문에 이상한 결론에 이르게 되었다. 그러므로 언어사용에서 발생하는 애매성을 제거(elimination)하기 위해서는 같은 표현이라도 서로 다른 의미를 명확하게 구별하여야 한다.

모호성을 담고 있는 용어는 그 용어가 정확하게 적용될 수 없는 불확정영역(indeterminate area)이 있음을 알려준다. a라는 용어가 있다고 할 경우에는 그 a는 P도 아니고 ~P도 아닌 그러한 특징을 지니고 있음 — ~Pa & ~~Pa — 을 알려준다(Scheffler, 1979: 65). 예컨대,

'다른 사람에게 해가 되는 행위'의 경우 어디에서 어디까지가 그러한 행위에 해당되는지 분명하지 않다고 하면 그 용어는 모호성을 또한 지닌다. 그러므로 주어진 용어가 모호하다고 할 경우, 그 용어가 지니는 모호성은 제거될 수 있다기보다는 오히려 더 명확한 정의를 가하여 불확정영역을 최소화시킴으로써, 단지 감소(reduction)될 수 있다고 하겠다.

이와 같이 '의무', '허용', '금지'와 같은 용어들은 이러한 용어들이 지니는 애매성과 모호성 때문에 그 사용에 세심한 주의가 요청된다.

5. 맺음말

이곳에서는 의무논리에서 사용되는 중요한 개념들을 사용하면서 우선, 'OA → B'와 같은 조건문에서 나타나는 기본적인 조건의무의 체계를 밝혀보고, 그러한 개념들이 들어 있는 진술들 상호 간의 관계도 규명하였다. 아울러 이어서 논증형식에서는 전제와 결론이 각각 조건문들로 이루어져 있는 RM과 같은 양상논리에서의 기본적인 추론규칙을 제시하면서, 의무논리에서의 기본적인 추론규칙과 비교하여 보았다. 이어서 의무논리에서 적용될 수 있는 여러 가지 추론규칙을 □이나 ◇와 같은 연산자를 지니는 양상논리체계로부터 이끌어내 보았다.

물론, 의무논리에 속하는 진술형식에서, OA와 O~A라는 서로 대비를 이루는 의무가 항상 서로 모순적인지는 계속 논의의 여지가 있다. RON과 같은 논증형식에서 알 수 있듯이 A라는 전제로부터 OA라는 결론이 추론된다는 것도 논의의 여지가 있다. 과연 A라는 전제가 있기만 하면 A라는 의무도 있어야 하는가? 의무적이지 않는 행위도 있지 않을까? 그리고 본 논문에서는 의무논리와 관련된 개념들이 들어 있는 진술이나 논증들은, 이러한 진술이나 논증들이 처해 있는 상황과, 관련된 여러 조건들 속에서 이해되어야 함을 밝혔다. 이러한 개념들이 들어 있는 문장들은 애매성과 모호성을 지니므로 조심스럽게 사용되어야 할 필요가 있다.

그러나 이러한 문제점들이 있음에도, 의무, 허용, 금지와 같은 개념들이 사용되는 문장이나 논증들도 어떤 표준이 되는 체계가 있어야 함이 요청된다. 사실상 이러한 표준을 세우기 위하여 의무논리가 제시되었다. 물론, 의무논리에서 사용되는 개념들을 가다듬으면서 앞에서 지적된 것과 같은 문제점들을 점차 해결해 나간다면, 그와 같은 개념들로 이루어진 문장이나 논증도 더 체계적인 것이 될 것이다.

| 부록 |

Are Mental State and Conscious State Coextensive?*

The question I want to deal with is whether mental state and conscious state are coextensive or not. Mind and consciousness seem to be related to brain. However, they are different in that mind can exist without consciousness, but consciousness cannot exist without mind. Consciousness is not a necessary condition for mind. The unconscious plays an important role in our mental activity, too. The unconscious is a mental activity of various kinds that occurs without awareness. The conscious and unconscious are the warp and weft of our mental activity. But mental state and conscious state are not always coexistent. Mental state is not identical with conscious state.

---

* 이 논문은 1991년 8월, 한국인지과학회가 주관하고 한국과학공학재단과 미국국립과학재단이 후원한 국제학술회의의 대회보인, *Proceedings of The Korea-US Bilateral Workshop on Computers, Artificial Intelligence and Cognitive Science*에 실렸던 필자의 논문(274-278)을 부분적으로 수정, 보완한 것임.

I

Some people think that there is no difference between mind and consciousness. They treat mind as coextensive with consciousness. For example, William James and Thomas Nagel among contemporary philosophers belong to this tradition. James has defined mind as 'a stream of consciousness'. According to him(1908), "The concrete fact which everyone will affirm to belong to his inner state is the fact that consciousness of some sort goes on"(152). Mind is limited to one kind of process, consciousness. Every state of mind forms part of a consciousness that is continuous. Similarly, according to Thomas Nagel(1965), "When I am in a psychological state, it is logically impossible that I should fail to know that I am in that state"(344). That is, to say that we are in a mental state is to say that we are aware of something. They talk about mind by referring to that part of the mental structure that is coextensive or coexistent with consciousness.

However, these viewpoints seem to fail to give an answer to us when we note the occurrences of apparently unconscious mental states in our daily life. Some people argue that the property of mind is not identical with that of consciousness. So we need to consider another viewpoint, too. For example, according to D.M. Armstrong(1980), "Consciousness is nothing but perception or awareness of the state of our own mind"(198).

That is, one who is aware, or conscious, of his thoughts or his emotions is one who has the capacity to make discriminations between his different states. Thus, Armstrong equated consciousness with a kind of perception of the state of our own mind. Consciousness is the awareness of the state of our mind.

In contrast with conscious mental states, there are also unconscious mental states. People cite automatic states as instances. According to White(1988), "Automatic processing does not require attention"(42). Armstrong found out such kinds of automatic states in drivers, pianists, or typists. People also regard instinct and reflex as examples of unconscious states. Hence, consciousness is not an essential, crucial characteristic of mind. Consciousness cannot exist without mind, but mind can exist without consciousness. That I have conscious experience entails that I have a mind, but to say I have a mind does not entail my having a conscious experience. That is, consciousness is not a necessary condition for mind. Of course, to say that mind is not the same as consciousness does not mean that there is no relationship between them. Even if consciousness is not identical with mind, it is related to mind. Mind is more comprehensive than consciousness. Conscious state is only a small cross section in the mental state. It includes consciousness. Both being conscious and unconscious are properties of mind.

Especially, the existence of unconscious mental states would be strong evidence in support of this position. Then, what arguments could there be for the unconscious mental functions and states?

II

Usually, 'consciousness' is said to be the capacity to make discriminations between different mental state, whereas 'unconscious states' are said to be mental processes of which the individual is not aware while they occur. For example, according to Burton(1990), " 'Choice' or 'deliberate' is the essence of conscious activity"(180). On the other hand, unconscious mental activity is that which occurs without awareness. It has frequently been supposed that there are many types of unconscious states.

In Freudian theory, the unconscious consists of instinctual energies. The instinctual energy is the primary driving force expressing a wish for moving from pain to pleasure. All mental processes are directly or indirectly associated with quantities of these instinctual psychic energies that strive toward release from unpleasantness. Freud later assumed two basic instincts Eros and Thanatos, Freud offered what we call the theory of the oedipus complex as an example. "The oedipus complex is the dominant conflictual constellation that reflects the culmination of the development of sexual and aggressive drives in the context of the representational world of early childhood, and is crucially involved in the consolidation of the super ego" (Kernberg, 1987: 199). According to this theory there is a tendency for a child to be attached to the parent of the opposite sex and to be hostile toward the other parent. In this case, the former instinct belongs to the property of Eros, while the latter belongs to the property of Thanatos. These tendencies according to Freud, are unconscious.

Freud(1950) argued that mind is divided into the conscious, the preconscious, and the unconscious. Central in his system of psychology is the concept of the unconscious. The unconscious must be accepted as the general basis of the psychic life. An unconscious wish, proceeding toward consciousness, enters the preconsciousness. That is, an unconscious wish becomes preconscious at least for a period of time. According to him(1950), "The unconscious is the larger circle which includes the smaller circle of the conscious; everything conscious has a preliminary unconscious state"(462-463). To sum up, something unconscious becomes conscious.

Reflex actions are another type of unconscious ones. Reflex is an unlearned involuntary response to stimulation. Reflex actions consist of comparatively simple behavior in which the reactions usually occur as direct and immediate responses to particular stimuli. Most reflexes seem to serve a useful, or adaptive, purpose for the organism. Reflexes occur as direct and immediate without voluntary consciousness. For example, the blinking of the eye protects this organ (eye) from strong light or foreign bodies. The reflex withdrawal of the arm or leg from damaging stimulation spares further injury, as in the case of the small child who touches a hot stove. Of course, in such cases, the person withdraws his hand before any pain consciously experiences.

Subliminal perception also belongs to the unconscious. According to Bornstein(1992), "Subliminal perception is a subcategory of implicit perception in which stimulus events are so degraded as to be denied conscious representation"(25). Subliminal perception is a response to a light, sound, or other stimulus by the mind or senses without awareness of it. If the intensity or duration of a stimulus is decreased, a point will be reached at which one is no longer aware of the stimulus. Below the point of awareness the stimulus is called subliminal.

Sometimes, subliminal messages could be broadcast which might have an effect on some people. For example, it is reported if the subliminal messages about popcorn and soft drink sales flash on a TV screen, there is a corresponding increase in popcorn and soft drink sales. It seems to me that subliminal perceptions are different from reflex in its formation. This tendency seems to come from learned responses, although we are not conscious of the perception.

On the other hand, a state of automatism is regarded as an example of the unconscious. That is another type of unconsciousness. Especially, Armstrong(1980) treats the unconscious as a state of automatism(198). For example, drivers in a state of automatism or typists in a state of automatism, are not currently conscious of all that is going on in their minds. In case of the drivers, an example of the automatism is provided by the contrasted habits of the left(clutch) and right(brake and accelerator) feet when driving. The driver keeps his car on the road, uses the brake and the clutch perhaps, yet all without any awareness of what he is doing. He is not currently conscious of his awareness of the road. He perceives the road, but he does not perceive his perceiving, or anything else that is going on in his mind. He is not conscious of what is going on in his mind. Similarly, good typists do typing well without errors, although they are not currently conscious of the inner states causing the typing. The same is true of pianists and short hand writers.

Habit is suggested as an example of the unconscious, too. Habit, in psychology, is a customary and automatic way of acting, usually as a result of continuous, repeated experience rather than of inborn or innate origin. Fuhrer(1977) argued that "The necessary and sufficient condition for the occurrence of habituation is repetition of the stimulus"(325). Habit is a kind of learned behavior that requires little thought or conscious direction. In this light, habit is distinct from behavior that is instinctive. Habits have dynamic properties. They are formed because the constituent acts are performed and found rewarding.

Habits once acquired are thought to persist because they continue to be performed and, when performed, satisfy motivating conditions. "The initial rate of habituation was shown to be age-related. The younger the subject, the faster the initial habituation or, conversely, the older the subject the slower the rate" (Eisenstein, Bonheim, & Welch, 1990: 169). When conditions of life change so that a habit is no longer rewarding, the habit tends to disappear.

Of course, there are also unconscious mental states that result from only one particular experience. Sometimes, we see a man who is extremely afraid of a certain thing. This kind of unconscious state usually comes from a definite pathological state dependent on an experience of early life. By analyzing his talk or his dreams, we are able to know that his disposition was started by a terrifying experience of that thing. For example, let's consider a man who gets frightened by a fierce dog in his childhood. The man is quite unable to remember this experience by normal means. The impressive emotional experience was suppressed in his early age. The suppression is apt to occur as a means of getting rid of painful experience in his life. We can give this as a typical example of an unconscious experience, too.

Therefore, from the facts mentioned above, it seems to me that there are, on the whole, two main kinds of unconscious mental states: those that are learned and those that are innate. It might appear that the formation of unconscious mental states is innate. For example, an unconscious mental state such as the oedipus complex or the maternal affection is not originally related to consciousness in its formation. That is, these tendencies come from their innate, unlearned instincts. Perhaps most of the mental processes of animals are related to these unconscious mental state. Similarly, reflexes such as the blinking of the eye or the withdrawal of the leg under the dangerous circumstances are unlearned, innate unconscious states, too.

But some unconscious states are learned. For example, drivers or typists in a state of automation are related to previous conscious experience. According to Schneider and Shiffrin(1977), "Automatic processing is activation of a learned sequence of elements in long-term memory that is initiated by appropriate inputs and then proceeds automatically-without subject control, without stressing the capacity limitations of the system, and without necessarily demanding attention"(1). Those kinds of unconscious states seem to come from learned behavior. They seem to come from past experiences that guide and largely control an individual's behavior, yet are repressed and thereby deliberately kept from conscious awareness. If learned behavior is repeated successfully, the behavior tends to become automated, i.e. unconscious. In the course of the life of human beings, learned behavior, if initially conscious, becomes gradually nonconscious. That is, the skills such as driving a car, typing, or taking short hand, at the beginning, may have been executed step by step in a deliberate, conscious fashion. Once acquired, however, these skills are carried out without conscious attention to detail. Similarly, subliminal perception in TV advertising and habit seem to come from learned behavior, too.

At any rate, conscious states are what we call self-scanning inner states that monitor other inner states, wheres the unconscious is a mental process of which the individual is not aware it occurs. Sometimes, the unconscious is explained physiologically. Then, what is the physiologists' viewpoint of unconscious mental process?

III

There are two main physiological views about unconscious behavior, namely; (1) that it is unlearned behavior controlled by inherited features of 'the nervous system' and other things of that kind, and (2) that it is habitual behavior learned through repeated stimulus-response conditioning.

According to the first view, unlearned behaviors are accounted for as being the manifestations of the inherited features of neurophysiological processes. These inherited features are activated unconsciously when an organism encounters various situations in its internal or external environment. For example, instincts and reflexes belong to the features.

In these features, the term instinct is a descriptive concept which can itself be analyzed into internal neuro-physiological features. The source of the instinct is an exciting process in an organ, and the immediate aim of the instinct lies in the release of this organic stimulus. This concept, then, indicates a causal relation between certain somatic or physiological processes and certain mental or psychic processes. Changes in the external environment and internal changes caused by 'metabolism' are reacted to by the nervous systems of the body. Especially, metabolism is closely related to 'homeostasis'. "The metabolisms are directed toward maintaining a constant internal environment to support life in organisms. The integrating effects of the endocrine glands and nervous system are critical to maintaining homeostasis that protects the constancy of the internal environment"(Leukel, 1976: 8-9). For example, the endocrine glands control general metabolic rate all over the body. In this way, changes in blood glucose may cause an organism to seek or shun food. Changes in body temperature may result in movement to sun or shade, or in nest building. Behavior is usually aroused by internal changes called needs that result from maintaining homeostasis. For response to arousal, animals and human beings have inherited patterns of behavior, called instincts. In summary, instincts come from maintaining a constant internal environment and homeostasis.

The nervous system as well as the endocrine glands

organize the body's response to change. Especially, the nervous system has much influence on reflexes. Reflex actions consist of comparatively simple behavior in which the reaction occurs as direct and immediate responses to particular stimuli. In this case, the brain plays a significant part in reflexes, too. The reflexes are regarded as integrated actions of the total organism, but they are simpler than actions classified as voluntary or rational. Reflexes are a kind of low level mental states.

According to the second view, unconscious behaviors are learned. Unconscious processes such as automatism and habituations are learned behaviors. These behaviors are accounted for as being the manifestations learned through repeated stimulus response conditioning. For example, the automatism such as driving a car, typing, or taking short hand come from a human being's continuous repeated stimulus-response relationship. Similarly, habituation results from past experience. Usually, recovery from habituation results from withholding the stimulus or from changing the stimulus pattern. These unconscious behaviors seem to belong to long term memory. According to the physiologist's view, short term memory(immediate memory) is believed to be based on the neural activity, whereas the long term memory is believed based on some protein change in the nerve cells. Leukel(1976) reported that "When we remember the information, the changed nerve cells initiate a version of the perseverating activity that initiated short term memory"(403).

As is stated above, the mind deals with not only the conscious but also the unconscious, although it is disputable whether brain states and mental states are coextensive or not. Then, what kinds of mental states (conscious or unconscious) are supposed to correspond with what kinds of brain states? For example, in the case of consciousness is, principally, said to be related to the front part of cortex. According to Penfield and Jasper(1954), "The frontal cortex has no motor or sensory function; nor is it employed in the recording mechanisms of memory. However, it is utilized in conscious intellectual processes that are essential to well planned initiative and which provide the individual with understanding of future consequences of present action"(154). That is, large removals of front lobes produce some defect in the patient's ability to plan future actions and to organize actions and to organize the execution of such plan. Hence, it seems to me that it is relatively certain that mind is not the same as consciousness or unconsciousness. That is, mind seems to be related to the whole brain, while the conscious or the unconscious to the parts of brain. For example, as mentioned above, the function of consciousness is principally concerned with the front part of cortex.

Until now, we have given an account of physiologists(or physiological psychologists) viewpoints about the unconscious and, partially, the conscious. We can see that these physiological views fit in with (are at least consistent with) the view that there are unconscious mental states. This consistency adds some support to the view that these are unconscious mental states. Therefore, it is unreasonable for us to think that mental state and conscious state are coextensive.

IV

I have discussed 'the properties of mind', 'the argu-ments for unconscious mental states', and 'the physiologist's view of unconscious mental states'. This discussion might be summarized in the following three ways;

First, there doesn't exist complete distinction or complete sameness between mind and consciousness. Mind and consciousness are similar in that they are nonobservable, weightless, immaterial and unextended. Mind and consciousness seem to be related to brain. They are different in that mind can exist without consciousness, but consciousness cannot exist without mind. That is, consciousness is a sufficient condition but not a necessary condition for mind. One very strong argument in favor of this conjunction is the fact there appear to be unconscious mental states.

Second, the unconscious plays an important role in our mental activity. The conscious and unconscious are that warp and weft of our daily mental activity. The unconscious is mental activity of various kinds that occurs without awareness. There are, on the whole, two kinds of unconscious mental state: those that are learned and those that are innate. For example, unconscious instinctual activity comes from innate, unlearned behavior, whereas unconscious activities such as driving a car in a state of automatism seem to come from learned experiences. Learned behavior is repeated successfully, we tend to become automated, i.e. unconscious.

Third, there are two main physiological views about unconscious behavior. The integrating effects of the endocrine glands and nervous system are critical to the unlearned behavior. For example, instincts come from maintaining a constant internal environment and homeostasis. The endocrine glands control the general metabolic rate for them. On the other hand, long term memory such as automatism and habit is believed to be based on some protein change in the nerve cells.

From these facts, we can infer the fact that mental state and conscious state are coextensive. They are not always coexistent. But, without detracting from this support, I would like to point out that there are still problems here. Physiologists or physiological psychologists don't seem to explain fundamentally innate unlearned behaviors. They only suggest superficially hormone processes, metabolism, conditional reflex, something like that for the behavior. Unfortunately, they don't explain with clarity why those observable physiological things are connected to unconscious mental states. In fact, the former are quite qualitatively different from the latter. The former belongs to physical state, while the latter mental state. Similarly, they don't seem to explain fundamentally about the conscious. They don't explain with clarity why the publicly observable brain state is connected to the non-observable mental state such as the conscious state which is quite qualitatively different from the brain state.

| 참고문헌 |

선우환(2002). 「설명의 반사실조건문적 의존모형」. 『철학연구』, 59집, 93-119.

여훈근(1999). 『현대논리학』. 서울: 민영사.

여훈근 외(1996). 『논리와 진리』. 서울: 철학과현실사.

안건훈(1986). 「인과관계는 이행관계인가, 아닌가?」. 『철학연구』(고려대), 11집, 3-12.

안건훈(1990). 「'적어도', '많아도', 그리고 '정확히'의 관계」. 『철학』, 33집, 219-227.

안건훈(2001). 『과학 · 기술 그리고 철학』. 서울: 철학과현실사.

안건훈(2003a). 「자유의지, 도덕적 책임 그리고 도덕교육」. 『아시아 교육연구』, 4권2호, 39-59.

안건훈(2003b). 「자유의지는 도덕적 책임의 필요조건인가?」. 『동서철학연구』, 28호, 225-245.

안건훈(2005a). 「'함축'과 '포함': 같은가, 다른가?」. 『철학연구』(대한철학회), 95집, 251-264.

안건훈(2005b). 『인과성분석』. 서울: 서울대학교 출판부.

안건훈(2005c). 『기호논리학과 그 응용』. 서울: 서광사.

안건훈(2007). 『현대영미철학』. 춘천: 강원대학교 출판부.

안건훈(2008). 「조건문이 담긴 논증에서 차용전제와 신호의 역할」. 『철학연구』(철학연구회). 81집, 67-78.

이초식 외(2000). 『귀납논리와 과학철학』. 서울: 철학과현실사.

정인재 외(2007). 『논쟁과 철학』. 서울: 고려대학교 출판부.

최성호(2001). 「사건인과에 관한 반사실적 조건문분석과 사건본질」. 『철학』, 66집, 207-226.

Ahn, G.H.(1999). *The free will / determinism controversy : Its implications for moral reasoning and education* (Doctoral dissertation, University of Missouri, 1999). In UMI dissertation services. Ann Arbor: A Bell & Howell Co.

Akama(1997). *Logic, language and computation*. Kluwer Academic.

Allwood, J., Andersson, L.G., & Dahl, O.(1979). *Logic in Linguistics*. Cambridge: Cambridge University Press.

Anderson, A.R. & Moore, O.K.(1957). The formal analysis of normative concepts. *The American Sociological Review, 22(1)*.

Armstrong, D.M.(1980). The nature of mind. In Ned Block(Ed.). *Readings in philosophy of psychology*. MA: Harvard University Press.

Asher, R.E. & Simpson, J.M.Y. (Ed.)(1994). *The Encyclopedia of Language and Linguistics, 2, 3, 4*. Oxford: Pergamon Press.

Ayer, A.J.(1984). *Freedom and morality and other essays*. Oxford: Clarendon.

Ayres, Frank Jr.(1965). *Theory and problems of modern algebra*. New York: McGraw-Hill.

Belnap, Jr.N.D. & Dunn, J.M.(1986). Entailment and the Disjunctive Syllogism, In G. Fløistad (Ed.), *Contemporary philosophy. 1 (Philosophy of language and philosophical Logic)* (337-366). Dordrecht: Martinus Nijhoff Publishers.

Benn, S.I. & Peters, R.S.(1967). Determinism and the concept of action. In Alston and Brandt(Eds.). *The problem of philosophy* (pp.351-355). Old Tappan : Allyn and Bacon.

Benthem(1997). *Logic and scientific methods*. Kluwer Academic.

Berofsky, B. (Ed.).(1966). *Free will and determinism*. New York: Harper & Row.

Berofsky, B.(1966). Causality and general laws. *The Journal of Philosophy,*

63, 148-157.

Berofsky, B.(1971). *Determinism. Princeton*: Princeton University Press.

Berofsky, B.(1973). The counterfactual analysis of causation. *The Journal of Philosophy, 70*, 568-569.

Berofsky, B.(1987). *Freedom from necessity : The metaphysical basic of responsibility*. New York: Routledge & Kegan Paul.

Black, Max(1949). *Language and philosophy*. Ithaca: Cornell University Press.

Blanshard, B.(1965). The case for determinism. In S. Hook(Ed.), *Determinism and freedom in the age of modern science*(pp.3-15). New York: New York University Press.

Blumberg, A.E.(1976). *Logic*. New York: Alfred A. Knopf.

Blumberg, A.E.(1976). *Instructor's manual for logic*. New York: Alfred A. Knopf.

Brand, Myles & Swain, Marshall(1970). On the analysis of causation. *Synthese, 21*, 222-227.

Brand, Myles & Swain, Marshall(1974). Causation and necessary and sufficient conditions: Reply to Hilpinen. *Philosophical Studies*, 25, 357-364.

Brand, Myles (Ed. & Intro.)(1976). *The nature of causality*. Urbana-Champaign: University of Illinois Press.

Broad, C.D.(1966). Determinism, indeterminism, and libertarianism. In B. Berofsky(Ed.), *Free will and determinism*(pp.135-159). New York: Harper and Row.

Bunge, Mario(1961). Causality, chance, and law. *American Scientist, 49*, 432-448.

Burton, P.G.(1990). A search for explanation of the brain and learning. *Psychobiology, 18(2)*, 162-194.

Campbell, C,A,(1966), Is "free will" a pseudo-problem? In. B. Berofsky(Ed.), *Free will and determinism*(pp.112-135). New York:

Harper & Row.

Campbell, C.A.(1996). Has the self "free will"? In J. Feinberg(Ed.), *Reason and responsibility*(pp.445-455). Belmont: Wadsworth. (Original work published 1957)

Campbell, J.K.(1997). A compatibilist theory of alternative possibilities. *Philosophical Studies, 88(3)*, 319-330.

Carnap, Rudolf(1958). *Introduction to symbolic logic and its applications*. New York: Dover Publications.

Carnap, Rudolph(2003). Extensions and intentions. In Javier Gutiérrez-Rexach (Ed.), *Semantics I*(pp.61-69). New York: Routledge.

Cartwright, Nancy(2002). *Nature's capacities and their measurement*. Oxford: Clarendon Press.

Chellas, B.F.(1980). *Modal logic*. Cambridge: Cambridge University Press.

Chisholm, R.M.(1946). The contrary-to-fact conditional. *Mind, 55*. 289-307.

Chisholm, R.M.(1954). Law statements and counterfactual inference. *Analysis, 15*, 97-105.

Copi, I.M.(1978). *Introduction to logic(5th Ed.)*. New York: Macmillan Publishing.

Copi, I.M.(1979). *Symbolic Logic(5th Ed.)*. New York: Macmillan Publishing.

Davis, W.A.(1980). Swain's counterfactual analysis of causation. *Philosophical Studies, 38*, 169-176.

Dray, W.H.(1964). *Philosophy of history*. Englewood Cliffs: Prentice-Hall.

Double, R.(1994). How to frame the free will problem. *Philosophical Studies, 75(1-2)*, 149-172.

Ducasse, C.J.(1951). Causality: Critique of Hume's analysis. *Nature, mind, and death, III*. La Salle: Open Court Publishing.

Ducasse, C.J.(1965-6). Causation : Perceivable? or only inferred? *Philosophy and Phenomenological Research, 26*, 173-179.

Ducasse, C.J.(1966). Concerning Berofsky's 'Causality and general laws'. *The Journal of Philosophy, 63*, 524-527.

Dummett, M.A.E.(1954). Can an effect precede its cause? *Proceedings of the Aristotelian Society, Supplementary Volume 28*, 27-44.

Dunn, J.M.(1986). Relevance Logic and Entailment. In D. Gabbay & Guenthner (Ed.), *Handbook of Philosophical Logic. III.* (pp.117-224). Dordrecht: D. Reidel Publishing.

Dunn, J.M. & Hardegree, G.(2001). *Algebraic methods in philosophical logic.* Oxford: Oxford University Press.

Edwards, Paul(1965). Hard and soft determinism. In Sidney Hook(Ed.), *Determinism and freedom in the age of modern science*(pp.104-113), New York: New York University Press.

Edwards, Paul (Ed.)(1978). *The encyclopedia of philosophy. 2. 7. 8.* New York: The Macmillan & The Free Press.

Eisenstein, E.M., Eisenstein, D., Bonheim, P., and Welch, E.A.(1990). Habituation of the galvanic skin response in adult males as a function of age. *Physiology & Behavior, 48(1)*, 169-173.

Etchemendy, John(1990). *The concept of logical consequence.* Cambridge: Harvard University Press.

Ewing, A.C.(1953). *Ethics.* New York: The Free Press.

Feinberg, J. (Ed.)(1996). *Reason and responsibility.* Belmont: Wadsworth.

Frankfurt, H.G.(1971). Freedom of the will and the concept of a person. *The Journal of Philosophy, 68(1)*: 5-20.

Freud, S.(1950). *The interpretation of dreams.* (A.A. Brill, Trans.). New York: The Modern Library.

Fuhrer, M.J.(1977). Effects of stimulus intensity on the habituation of flexor withdrawal activity mediated by the functionally transacted human spinal cord. *Physiological Psychology, 5(3)*, 321-326.

Gardiner, P.(1952). *The nature of historical explanation.* Oxford: Oxford University Press.

Garner, R.T. and Rosen, B.(1967). *Moral philosophy : A systematic introduction to normative ethics and metaethics*. New York: Macmillan.

Gendler, Tamar S. & Hawthorne, John(Ed.) (2002). *Conceivability and possibility*. Oxford: Clarendon Press.

Good, I.J.(1961). A causal calculus. *British Journal for the Philosophy of Science, 11(44)*, 305–318.

Good, I.J.(1961~1962). A causal calculus. *British Journal for the Philosophy of Science, XI(44)*, 305–318. XII(45), 43–51.

Goodman, Nelson(1947). The problem of counterfactual conditionals. *The Journal of Philosophy, 44*, 113–128.

Goodman, Nelson(1983). *Fact, fiction, and forecast(4th Ed.)*. Cambridge: Harvard University Press.

Gorovitz, S., Hintikka, M., Provence, D., & Willam, R.G.(1979). *Philosophical Analysis*. New York: Random House.

Gotthelf, Allan(1976). Aristotle's conception of final causality. *The Review of Metaphysics, 30(1)*, 226–254.

Haldane, E.S. & Ross, G.R.T.(Trans.).(1931). *The philosophical works of Descartes*. I. Cambridge: Cambridge University Press.

Hanson, N.R.(1958). *Patterns of discovery*. Cambridge: Cambridge University Press.

Harre, R.(1996). The philosophy of physics. In Stuart G. Shanker(Ed.), *Philosophy of science, logic and mathematics in the twentieth century (Routledge history of philosophy, IX)* (pp.214–234). London and New York: Routledge.

Hausman, Daniel M.(1998). *Causal asymmetries*. Cambridge: Cambridge University Press.

Hempel, C.G.(1945). Studies in the logic of confirmation. *Mind, 54*, 1–26; 97–121.

Hempel, C.G.(1952). Problems and changes in the empiricist criterion of meaning. In L. Linsky (Ed.), *Semantics and the philosophy of language* (pp.41-62). Urbana Champaign: Illinois University Press.

Hempel, C.G.(1966a). Deductive-nomological vs. statistical explanation. In H. Feigl and G. Maxwell (Eds.) (pp.98-169). *Minnesota studies in the philosophy of science III*. Minneapolis: The University of Minnesota Press.

Hempel, C.G.(1966b). *Philosophy of natural science*. Englewood Cliffs: Prentice-Hall.

Hempel, C.G.(1970). *Aspects of scientific explanation and other essays in the philosophy of science*. New York: The Free Press.

Hendry, Herbart E.(1982). *Unpublished manuscript*. East Lansing: Michigan State University.

Hilpinen, R.(Ed.)(1971). *Deontic logic: Introductory and systematic readings*. Dordrecht-Holland: D. Reidel Publishing.

Hilpinen, R.(1973). On the conditions of causality. *Philosophical Studies, 24*, 386-391.

Hilpinen, R.(1974). A note on necessary and sufficient causes. *Philosophical Studies, 26*, 447-448.

Hintikka, J.(1969). *Models for Modalities*. Dordrecht: D. Reidel Publishing.

Hobbes, Thomas(1950). *Leviathan*. (A.D. Lindsey, Intro.). New York: E.P. Dutton and Co. (Original work published 1651.)

Hobbes, Thomas(1991). *Leviathan*. (Richard Tuck, Ed.). Cambridge: Cambridge University Press. (Original work published 1651.)

Hospers, John.(1965). What means this freedom? In Sidney Hook(Ed.). *Determinism and freedom in the age of modern science* (pp.113-130). New York: New York University Press.

Hospers, John(1973). *An introduction to philosophical analysis*. London: Routledge and Kegan Paul.

Hospers, J.(1978). Free will and psychoanalysis. In J. Feinberg(Ed.), *Reason and responsibility* (pp.354-364). Encino: Dickenson Publishing.

Hospers, John.(1988). *An introduction to philosophical analysis*. Englewood

Cliffs: Prentice Hall.

Howson(1997). *Logic with trees: An introduction to symbolic logic*. London: Routledge.

Hume, David(1978). *A treatise of human nature*. In L.A. Selby-Bigge(2nd Ed.). New York: Oxford University Press (Original work published 1739-40).

Humphreys, Paul(1980). Cutting the causal chain. Pacific *Philosophical Quarterly, 61*, 305-314.

Hurford, J. & Heasley, B.(1983). *Semantics: A Coursebook*. Cambridge: Cambridge University Press.

Inwagen, P.v.(1975). The incompatibility of free will and determinism. *Philosophical Studies, 27*, 185-199.

Inwagen, P.v.(1979). Laws and counterfactuals. *Nous, 13*, 439-453.

Inwagen, P.v.(1983). *An essay on free will*. Oxford: Oxford University Press.

Inwagen, P.v.(1994). When the will is not free. *Philosophical Studies, 75(1-2)*, 95-113.

James, W.(1908). *Psychology*. New York: Henry Holt and Co.

Jeffrey, Richard C.(1967). *Formal logic: Its scope and limits*. New York: McGraw-Hill.

Jeffrey, Richard C.(1967). *Instructor's manual to accompany formal logic: Its scope and limits*. New York: McGraw-Hill.

Jones, W.T.(1952). *A history of western philosophy*. New York: Harcourt, Brace and Company.

Kant, Immanuel.(1959). *Foundations of the metaphysics of morals*. (Lewis White Beck, Trans.). New York: The Liberal Arts Press. (Original work published 1785.)

Kaplan, Abraham(1963). *The conduct of inquiry: Methodology for behavioral science*. New York: Harper & Row, Publisher.

Karttunen, Lauri(2003). Syntax and semantics of questions. In Javier Gutiérrez-Rexach (Ed.), *Semantics V*(pp.207-249). New York:

Routledge.

Kernberg, O.F.(1987). An ego psychology-object relations theory approach to the transference. *Psychoanalytic Quarterly, 56*, 197-221.

Kihlstrom, J.F., Barnhardt, T.M., and Tataryn, D.J.(1992). Implicit perception. In R.F. Bornstein & T.S. Pittman (Eds.). *Perception without awareness*. New York: The Guilford Press.

Kim, Jaegwon(1973). Causation and counterfactuals. *The Journal of Philosophy, 70*, 579-572.

Kim, Joonsung(2002). Probabilistic causality: In defense of the unanimity theory (Doctoral dissertation, University of Wisconsin–Madison).

Leukel, F.(1976). *Introduction to physiological psychology*. Saint Louis: The C. V. Mosby Company.

Lewis, C.S.(1953). The humanitarian theory of punishment. *Res judicatae*. UK: Trust of the C. S. Lewis Estate.

Lewis, David(1973a). *Counterfactuals*. Oxford: Basil Blackwell.

Lewis, David(1973b). Causation. *The Journal of Philosophy, 70*, 556-567.

Lewis, David(1979). Counterfactual dependence and time's arrow. *Nous, 13*, 455-476.

Lipschutz, Seymour(1964). *Theory and problems of modern algebra*. New York: McGraw-Hill.

Lipschutz, Seymour(1964). *Theory and problems of set theory*, New York: McGraw-Hill.

Mackie, J.L.(1962). Counterfactuals and causal laws. In R.J. Butler (Ed.), *Analytic Philosophy*(pp.66-80). New York: Barnes & Noble.

Mackie, J.L.(1965). Causes and conditions. *American Philosophical Quarterly, 2*, 245-264.

Mackie, J.L.(1966). The direction of causation. *The Philosophical Review, LXXV(4)*, 441-466.

Mackie, J.L.(1980). *Cement of the universe*. Oxford: Clarenden Press.

McLaughlin, R.N.(1973). Deontic logic and conditional obligation. *Mind*,

82.

Mares, E.D.(2004). *Relevant logic*. Cambridge: Cambridge University Press.

Mates, Benson(1979). *Elementary logic*. New York: Oxford University Press.

Mey, Sjaak de(2003). Generalized quantifier theory and the semantics of focus. In Javier Gutiérrez-Rexach (Ed.), *Semantics VI*(pp.73-83). New York: Routledge.

Nagel, E.(1961). *The structure of science*. New York: Harcourt, Brace & World.

Nagel, T.(1965). Physicalism. *The Philosophical Review, 74(3)*, 339-356.

Nowell-Smith, P.H.(1966). Freedom and responsibility. In B. Berofsky (Ed.), *Free will and determinism*(pp.364-369). New York: Harper & Row.

Nute, Donald(1984). Conditional logic. In D. Gabbay & F. Guenthner(Eds.). *Handbook of philosophical logic. Vol. II: Extensions of classical logic*(pp.387-439). Holland: D. Reidel Publishing.

O'Conner, D.J.(1971). *Free will*. New York: Doubleday & Company.

Pegis, Anton C. (Ed.). (1945). *Basic writings of Saint Thomas Aquinas. Vol. 1*. New York: Random House.

Penfield, W. and Jasper, H.(1954). *Epilepsy and the functional anatomy of the human brain*. Boston: Little, Brown and Co.

Pereboom, Derk(2005). The case for hard incompatibilism. In John Martin Fisher(Ed.), *Free wil l— Critical concepts in philosophy — Vol. IV*(pp.231-242). London and New York: Routledge.

Popper, K.R.(1949). A note on natural laws and so-called 'contrary-to-fact conditionals' *Mind, LVIII*. 62-66.

Pospesel, Howard(1974), *Propositional logic*. New Jersey: Prentice Hall.

Prior, A.N.(1954). The paradoxes of derived obligaton. *Mind, 63*.

Quine, W.V.O.(1964). *Word and object*. Massachusetts: M.I.T. Press.

Ravizza, M.(1994). Semi-compatibilism and the transfer of non-responsibility. *Philosophical Studies. 75(1-2)*, 61-93.

Russell, Bertrand(1905). On denoting. *Mind, 14.*

Russell, Bertrand(1950). On the notion of cause. *Mysticism and logic.* London: Allen and Unwin.

Salmon, Wesley C.(1980). Probabilistic causality. *Pacific Philosophical Quarterly, 61*, 50-74.

Salmon, Wesley C.(1994). Causality without counterfactuals. *Philosophy of Science, 61*, 297-312.

Schagrin, M.L., Rapaport, W.J. & Dipert, R.R.(1985). *Logic: A computer approach.* New York: McGraw-Hill Book.

Scheffler, I.(1979). *Beyond the letter — A philosophical inquiry into ambiguity, vagueness and metaphor in language —*. London: Routledge & Kegan Paul.

Schlick, Moritz.(1939). *Problems of ethics.* (David Rynin, Trans.). New York : Prentice-Hall.

Schneider, W. and Shiffrin, R.M.(1977). Controlled and automatic human information processing. *Psychological Review, 84(1)*, 1-66.

Shaffer, J.A.(1968). *Philosophy of mind.* Englewood Cliffs: Prentice-Hall.

Simon, H.A. & Rescher, N.(1966). Cause and counterfactual. *Philosophy of Science, 33*, 313-340.

Skinner, B.F.(1996). Beyond freedom and dignity. In J. Feinberg (Ed.), *Reason and responsibility*(pp.423-430). Belmont: Wadsworth Publishing.

Sosa, Ernest(Ed.) (1975). *Causation and conditionals.* Oxford: Oxford University Press.

Stace, W.T.(1976). The problem of free will. In Burr & Goldinger (2nd Eds.). *Philosophy and contemporary issues* (pp. 23-30). New York: Macmillan.

Stern, Cindy D.(1981). Lewis' counterfactual analysis of causation. *Synthese, 48*, 333-345.

Strasser, M.P.(1992). *Agency, free will, and moral responsibility.* Wakefield: Hollowbrook.

Strawson, P.F.(1950). On referring. *Mind, 59*, 320–344.

Strawson, G.(1998). Free will. In Edward Craig (Ed.). *Routledge encyclopedia of philosophy(3)*. London and New York: Routledge.

Strike, K.A., Haller, E.J., & Soltis, J.F.(1989). *The ethics of school administration*. New York: Teachers College Press (Columbia University).

Sundholm, Göran(1983). Systems of deduction. In D. Gabbay & F. Guenthner(Eds.). *Handbook of philosophical logic. Vol. I: Elements of classical logic*(pp.133–188). Holland: D. Reidel Publishing.

Suppes, Patrick(1970). *A probabilistic theory of causality*. Amsterdam: North-Holland Publishing.

Swain, Marshall(1978). A counterfactual analysis of event causation. *Philosophical Studies, 34*, 1–19.

Taylor, Richard(1963). Causation. *The monist, 47(2)*, 287–313.

Taylor, Richard(1964). Can a cause precede its effects? *The Monist, 48(2)*, 136–142.

Taylor, Richard(1966). *Action and purpose*. Englewood Cliffs: Prentice-Hall.

Taylor, Richard(1975). The metaphysics of causation. In E. Sosa(Ed.), *Causation and conditionals*(pp.39–47). New York: Oxford University Press.

Taylor, Richard & Chisholm, Roderick, M.(1960). Making things to have happened. *Analysis, 20(4)*, 73–78.

Thomas, Norman L.(1966). *Modern logic*. New York: Barnes & Noble Books.

Waller, B.N.(1990). *Freedom without responsibility*. Philadelphia: Temple University Press

Walsh, W.H.(1968). *Philosophy of history*. New York: Harper & Row Publishers.

Webster, N.(1980). *Webster's new twentieth century dictionary of the English language*(2nd. Ed). William Collins Publishers

White, P.A.(1988). Causal processing: Origins and development. *Psychological Bulletin, 104(1)*, 36-52.

Woodhouse, M.B.(1990). *A preface to philosophy*. Belmont: Wadsworth Publishing.

Wright, G.H. von.(1951). Deontic logic. *Mind, 60*.

Wright, G.H. von.(1956). A note on deontic logic and derived obligation. *Mind, 65*.

Wright, G.H. von.(1977). *Explanation and understanding*. Ithaca: Cornell University Press.

| 찾아보기 |